SAMMLUNG GUTTENTAG

46a

FGG

Gesetz über die Angelegenheiten der freiwilligen Gerichtsbarkeit mit Nebengesetzen und bundes- und landesrechtlichen Ergänzungs- und Ausführungsvorschriften

Ergänzung 1962

des Handkommentars

von

Paul Jansen

Kammergerichtsrat in Berlin

WALTER DE GRUYTER & CO · BERLIN

vormals G. J. Göschen'sche Verlagshandlung — J. Guttentag, Verlagsbuchhandlung — Georg Reimer — Karl J. Trübner — Veit & Comp.

Zitierweise: Jansen, FGG, Erg. 1962.

Archiv-Nr. 2146622
Satz und Druck: Walter de Gruyter & Co., Berlin W 30

Vorwort

Die vorliegende Ergänzung des im Herbst 1959 erschienenen Handkommentars ist durch das Familienrechtsänderungsgesetz und die Verwaltungsgerichtsordnung veranlaßt worden. Das Familienrechtsänderungsgesetz hat eine Reihe neuer Verfahrensvorschriften in das Gesetz über die Angelegenheiten der freiwilligen Gerichtsbarkeit eingefügt und Vorschriften dieses Gesetzes geändert. Durch Art. 7 FamRÄndG ist die gerichtliche Nachprüfung von Bescheiden der Justizverwaltungsbehörden über die Anerkennung ausländischer Entscheidungen in Ehesachen den Oberlandesgerichten als Angelegenheit der freiwilligen Gerichtsbarkeit übertragen worden. Ferner entscheiden die Oberlandesgerichte im Verfahren der freiwilligen Gerichtsbarkeit über die Anfechtung von Justizverwaltungsakten auf dem Gebiete des Zivilrechts nach Maßgabe der durch § 179 der Verwaltungsgerichtsordnung eingeführten §§ 23 bis 30 EGGVG. Durch alle diese Vorschriften hat der Aufgabenkreis der Gerichte der freiwilligen Gerichtsbarkeit wiederum eine erhebliche Erweiterung erfahren. Die nachstehende Erläuterung der neuen Rechtsvorschriften bringt den Handkommentar in Übereinstimmung mit der geltenden Gesetzeslage.

Berlin, im April 1962

Paul Jansen

Inhaltsübersicht

B. Anerkennung ausländischer Entscheidungen in Ehesachen (Art. 7 FamRÄndG)

C. Anfechtung von Justizverwaltungsakten (§§ 23 bis 30 EGGVG i. d. F. des § 179 VwGO)

A

Änderungen des Gesetzes über die Angelegenheiten der freiwilligen Gerichtsbarkeit durch das Familienrechtsänderungsgesetz vom 11. August 1961 (BGBl. I 1221)

Vorbemerkung

1. Das Gesetz zur Vereinheitlichung und Änderung familienrechtlicher Vorschriften (Familienrechtsänderungsgesetz) vom 11. August 1961 (BGBl. I 1221) ist nach dem Gleichberechtigungsgesetz vom 18. Juni 1957 (BGBl. I 609) das zweite größere Gesetz auf dem Gebiet des Familienrechts. Das Gesetz bringt eine weitere Teilreform des Familienrechts auf Gebieten, deren Neuregelung so vordringlich erschien, daß der Gesetzgeber sie bis zu der in Aussicht genommenen Gesamtreform des Familienrechts nicht zurückstellen wollte. Ferner wird die auf einigen Teilgebieten entstandene Rechtszersplitterung durch Herstellung der Rechtseinheit beseitigt[1], [2].

Die Neuerungen des Gesetzes beziehen sich, soweit die freiwillige Gerichtsbarkeit berührt wird, auf die Anfechtung der Ehelichkeit, die Rechtsstellung des unehelichen Kindes, die Legitimation durch nachfolgende Eheschließung, die Ehelichkeitserklärung, die Annahme an Kindes Statt, die grundlegend umgestaltet worden ist, die vormundschaftsgerichtliche Genehmigung einer mit Freiheitsentziehung verbundenen Unterbringung eines Mündels durch den Vormund, die Bestellung eines Beistandes zur Geltendmachung von Unterhaltsansprüchen sowie die Befreiungen bei Eingehung der Ehe, die bisher den Justizverwaltungsbehörden zustanden und nunmehr auf die Gerichte der freiwilligen Gerichtsbarkeit übertragen werden. Auf dem Gebiet des internationalen Privat- und Verfahrensrechts sind von Bedeutung die Vorschrift des Art. 9 II Nr. 5 FamRÄndG, durch welche Deutsche i. S. des Art. 116 Abs. 1 GG bürgerlichrechtlich und verfahrensrechtlich deutschen Staatsangehörigen gleichgestellt werden, sowie Art. 7 FamRÄndG, welcher die gerichtliche Nachprüfung von Bescheiden der Landes-

---

[1]) Gesetzesmaterialien: Entwurf der Bundesregierung nebst Begründung und Stellungnahme des Bundesrats v. 7. 8. 58, BT-Drucks. 530; Bericht des Rechtsausschusses v. 9. 6. 61, BT-Drucks. 2812 und zu 2812; BR-Drucks. 246/61 v. 30. 6. 61; 2. u. 3. Lesung im Bundestag in „Das Parlament" v. 5. 7. 61; BT-Sitzungsberichte, 3. Wahlper. S. 9459—9504; BR-Sitzungsprot. v. 14. 7. 61 S. 181—183; Protokolle des BT-Rechtsausschusses v. 14., 26., 27. 4. und 8./9. 6. 61. Vorläufer des Entwurfs waren der Entwurf eines Familienrechtsgesetzes v. 23. 10. 52, BT-Drucks. 3802, und der Entwurf eines Familienrechtsänderungsgesetzes v. 9. 7. 55, BT-Drucks. 1586; beide Entwürfe wurden vom Bundestag in der 1. bzw. 2. Legislaturperiode nicht mehr verabschiedet.

[2]) Schrifttum zum FamRÄndG: Finke, FamRZ 1958, 353, 405; Schwarzhaupt, FamRZ 1961, 329; Maßfeller, Betrieb 1961, 1153; ders., StAZ 1961, 241, 273, 301; Dunz, NJW 1961, 2137; Gieseler, ZfF 1961, 277; Meyer-Stolte, Rpfleger 1961, 387, 427; Böhmer, DRiZ 1961, 375; Gustav Boehmer, Die Teilreform des Familienrechts usw. (Recht u. Staat Nr. 245/6), 1962; Deisenhofer, UJ 1962, 20, 73.

justizverwaltungen über die Anerkennung ausländischer Entscheidungen in Ehesachen den Oberlandesgerichten überträgt, die im Verfahren der freiwilligen Gerichtsbarkeit entscheiden.

Die Änderungen des sachlichen Rechts und Gründe der Rechtsvereinheitlichung bedingten eine nicht unwesentliche Änderung des Verfahrensrechts. Änderungen des Gesetzes über die Angelegenheiten der freiwilligen Gerichtsbarkeit enthält Art. 4 FamRÄndG. In den zweiten Abschnitt, Vormundschaftssachen, sind die §§ 43a, 44a, 44b, 55a, 56a, 56b und 56c eingefügt worden, während § 36 Abs. 2 geändert worden ist. Der dritte Abschnitt Annahme an Kindes Statt ist durch Änderung der §§ 65, 66 Abs. 2, 67 und 68, Aufhebung des § 66a und Einfügung der §§ 68a, 68b und 68c gänzlich umgestaltet worden. Im fünften Abschnitt, Nachlaß- und Teilungssachen, hat § 73 Abs. 2 aus Gründen der Rechtsvereinheitlichung eine Änderung erfahren. Aus Gründen der Anpassung sind die Kostenordnung durch Art. 6, das Rechtspflegergesetz durch Art. 8 FamRÄndG, im Interesse der Rechtsvereinheitlichung die Hausratsverordnung v. 21. Oktober 1944 (RGBl. I 256) durch Art. 5 FamRÄndG geändert worden.

Das Gesetz ist am 1. Januar 1962 in Kraft getreten (Art. 9 IV FamRÄndG). Es gilt auch in Berlin auf Grund des Übernahmegesetzes v. 21. August 1961 (GVBl. 1121) und der AnO BK/O (61) 19 v. 21. November 1961 (GVBl. 1672).

2. Dem Vormundschaftsgericht sind durch das FamRÄndG folgende Aufgaben zugewiesen worden:

a: Die Entscheidung über die Anfechtung der Ehelichkeit nach dem Tode des Kindes oder des Mannes (§§ 1599 Abs. 2, 1721, 1735a BGB, § 56b FGG);

b: die Genehmigung zur Anfechtung der Ehelichkeit durch den gesetzlichen Vertreter des minderjährigen Kindes (§ 1597 BGB);

c: die Bestellung eines Beistandes für die Geltendmachung von Unterhaltsansprüchen (§ 1690 BGB);

d: die Übertragung der elterlichen Gewalt auf die volljährige uneheliche Mutter (§ 1707 Abs. 2 BGB); dazu Göppinger, FamRZ 1961, 516;

e: die Ehelichkeitserklärung (§ 1723 BGB, §§ 43a, 56a FGG);

f: die gerichtliche Aufhebung des Kindesannahmeverhältnisses (§§ 1770a, 1770b BGB, § 56c FGG);

g: die Genehmigung einer mit Freiheitsentziehung verbundenen Unterbringung eines Mündels oder Pflegebefohlenen durch den Vormund oder Pfleger (§§ 1800 Abs. 2, 1915 BGB, § 55a FGG);

h: die Befreiung von dem Erfordernis der Ehemündigkeit (§ 1 Abs. 2 EheG), unten S. 38;

i: die Befreiung vom Eheverbot der Schwägerschaft und der Geschlechtsgemeinschaft (§ 4 Abs. 3 EheG, § 44a FGG);

k: die Befreiung vom Eheverbot des Ehebruchs (§ 6 Abs. 2 EheG, § 44b FGG).

Zweiter Abschnitt
Vormundschaftssachen

Örtliche Zuständigkeit für die Vormundschaft

36 [Absatz 1 unverändert]

(2) Ist der Mündel Deutscher und hat er im Inland weder Wohnsitz noch Aufenthalt, so ist das Amtsgericht Schöneberg in Berlin-Schöneberg zuständig. Es kann die Sache aus wichtigen Gründen an ein anderes Gericht abgeben; die Abgabeverfügung ist für dieses Gericht bindend.

[Absatz 3 unverändert]

Abs. 2 i. d. Fassung des Art. 4 Nr. 1 FamRÄndG. In Kraft getreten am 1. 1. 1962.

1. **Rechtsentwicklung.** § 36 Abs. 2 a. F. sah vor, daß für deutsche Mündel ohne Wohnsitz oder Aufenthalt im Inland das Gericht seines letzten inländischen Wohnsitzes, in Ermangelung eines solchen das im Verwaltungswege bestimmte Gericht zuständig ist. Eine entsprechende Regelung enthielten § 66 Abs. 2 für die Annahme an Kindes Statt und § 73 Abs. 2 für Nachlaßsachen. Durch § 14 der VO zur Vereinheitlichung der Zuständigkeit in Familien- und Nachlaßsachen vom 31. 5. 34 (RGBl. I 472, BGBl. III 315—2) wurde diese Regelung dahin geändert, daß das AG Berlin zuständig ist mit der Befugnis, die Sache aus wichtigen Gründen mit bindender Wirkung an ein anderes Gericht abzugeben. An die Stelle des AG Berlin trat gemäß der Bek. d. KGPräs. v. 27. 3. 49 (VOBl. Berlin I 128) das AG Schöneberg in Berlin-Schöneberg. Diese Regelung, die sich bewährt hat, ist nunmehr in das Gesetz selbst übernommen worden (BT-Drucks. 530/58 S. 27). Sachlich tritt daher eine Änderung des bisherigen Rechtszustandes nicht ein. Jedoch wird eine Vereinheitlichung in der Weise erzielt, daß die nach 1945 in den Ländern der ehemals franz. Zone in Abänderung des Reichsrechts (Einl. S. 2) erlassenen Vorschriften, welche anstelle des AG Berlin das Gericht des Fürsorgebedürfnisses als zuständig bestimmten (Rheinland-Pfalz G v. 22. 6. 48, GVBl. I 244, Baden RAO v. 23. 11. 45, ABl. 1946 S. 49), mit Wirkung vom 1. 1. 1962 aufgehoben werden (FamRÄndG Art. 9 I Abs. 2 Nr. 22, 24, IV). Die Regelung des § 36 Abs. 2 gilt daher nunmehr für das gesamte Bundesgebiet und Berlin West. Für die Übergangszeit ergibt sich aus dem Grundsatz der perpetuatio fori, daß eine nach den angeführten Bestimmungen begründete örtliche Zuständigkeit bestehen bleibt, wenn die dafür maßgebenden Umstände vor dem 1. 1. 1962 eingetreten sind. Eine Abgabe an das AG Schöneberg kann insoweit nicht erfolgen.

2. **Die örtliche Zuständigkeit** wird für den deutschen Mündel (Kind, Pflegebefohlenen, vgl. die Verweisungen in §§ 43 Abs. 1, 37 Satz 2, 38, 39 Abs. 2, 40) durch Abs. 2 stets gewährleistet, selbst wenn der Mündel im Inland weder Wohnsitz noch Aufenthalt hat oder gehabt hat. Maßgebend ist die deutsche Staatsangehörigkeit des Mündels (Kindes), nicht die der Eltern. Ausländische Staatsangehörigkeit eines Elternteils oder beider und Wohnsitz des Kindes und der Eltern schließt die Zuständigkeit nach Abs. 2 nicht aus (Beitzke in Festschrift für Lehmann, 1956, S. 495). Deutsche i. S. d. Art. 116 Abs. 1 GG stehen deutschen Staatsangehörigen gleich (Art. 9 II Nr. 5 FamRÄndG); für den Begriff des Vertriebenen deutscher Volkszugehörigkeit i. S. des Art. 116 Abs. 1 GG sind die §§ 1, 6 bis 8 BVFG i. d. F. v. 23. 10. 61 (BGBl. I 1883) maßgebend (Maßfeller, Dt. StaatsangR, Art. 116

Anm. I 4; Bonner Komm. Art. 116 Anm. II A 4). Über den Erwerb und Verlust dieser Eigenschaft vgl. Soergel-Kegel Anh. zu Art. 29 EG Anm. 32ff; BayObLG 4. 11. 58 (Z 309), BVerwG 21. 10. 59 (DÖV 1960 66). Deutscher ohne deutsche Staatsangehörigkeit nach Art. 116 Abs. 1 GG ist nicht geworden, wer im Zeitpunkt des Inkrafttretens des GG (24. 5. 49) Deutschland wieder verlassen hatte, mag er auch später zurückkehren, BayObLG 4. 11. 58 (Z 309).

3. Entsprechende Anwendung (Statutszuständigkeit). Ein Bedürfnis für eine deutsche Zuständigkeit kann auch bestehen, wenn keiner der Beteiligten (Eltern, Kind) Wohnsitz oder Aufenthalt im Inland hat und das Kind nicht die deutsche Staatsangehörigkeit besitzt, z. B. wenn ein Rechtsgeschäft eines deutschen Vaters eines ausländischen, im Ausland befindlichen Kindes der Genehmigung des VormG bedarf (Art. 19 EGBGB) oder wenn ein deutscher, im Ausland wohnender Elternteil eines ausländischen Kindes für die Erteilung des Ehefähigkeitszeugnisses (§ 69b PStG) ein Auseinandersetzungszeugnis des VormG (§ 9 EheG, Art. 13 Abs. 1 EGBGB) benötigt. In diesen Fällen ist zunächst zu prüfen, ob ein deutscher Gerichtsstand des Fürsorgebedürfnisses gegeben ist, da den Vorschriften über die örtliche Zuständigkeit des VormG (§§ 37 Satz 2, 38, 39 Abs. 2, 40, 41, 44) der allgemeine Grundsatz zu entnehmen ist, daß, wenn es an einer sonstigen Zuständigkeitsnorm fehlt, hilfsweise das VormG eintritt, in dessen Bezirk das Bedürfnis der Fürsorge hervortritt, KG 14. 3. 10 (**39** A 198, 203), 14. 9. 61 (FamRZ 477 = StAZ 339). Die Tatsache, aus welcher sich das Bedürfnis der Fürsorge herleitet, kann auch inländischer Wohnsitz oder Aufenthalt eines Elternteils sein. Letzten Endes, wenn also das Bedürfnis der Fürsorge nicht im Inland hervortritt, ist kraft der Anwendbarkeit deutschen Sachrechts (Statutszuständigkeit) die Zuständigkeit des AG Schöneberg entsprechend § 36 Abs. 2 gegeben, KG 14. 9. 61 (FamRZ 477 = StAZ 339); Soergel-Kegel[9] Art. 19 EG Rdn. 39; Neuhaus, FamRZ 1959, 482 zu II 1. Die Notwendigkeit zur Begründung einer derartigen Zuständigkeit kann auch eintreten bei der Ersetzung der Einwilligung der Mutter zur Ehelichkeitserklärung (§ 43a Anm. 8d) oder eines Elternteils zur Kindesannahme (Vorbem. B 2 c vor § 65) oder bei der Aufhebung des Kindesannahmeverhältnisses (§ 56c Anm. A 3).

4. Abgabebefugnis. Die Befugnis des AG Schöneberg, die Sache aus wichtigen Gründen mit bindender Wirkung an ein anderes Gericht, welches nur ein VormG sein kann, abzugeben, entspricht der bisherigen Regelung in § 14 VereinheitlVO v. 31. 5. 34 (RGBl. I 472, BGBl. III 315—2). Die bisherigen Rechtsprechungsgrundsätze (§ 36 Anm. 13) haben ihre Bedeutung behalten. Sofern das AG Schöneberg nach § 36 Abs. 2 örtlich zuständig ist, die Abgabe also auf diese Vorschrift stützen kann, findet im Zuständigkeitsstreit nach § 5 FGG keine Nachprüfung in der Richtung statt, ob wichtige Gründe für die Abgabe vorliegen, KG 2. 10. 36 (JFG **14** 200), BayObLG 13. 7. 54 (Z 161); auch nicht bei behauptetem Ermessensmißbrauch, KG 6. 12. 54 (NJW **1955**, 108). Die Abgabeverfügung ist unanfechtbar, KG 14. 5. 42 (JFG **23** 201), kann aber vom AG Schöneberg gemäß § 18 FGG geändert werden. Gegen die Weigerung des AG Schöneberg, die Sache abzugeben, ist die Beschwerde zulässig, KG 7. 10. 38 (DFG 245).

Örtliche Zuständigkeit für die Ehelichkeitserklärung

43a (1) Für die Ehelichkeitserklärung ist das Gericht zuständig, in dessen Bezirk der Vater seinen Wohnsitz oder, falls ein solcher im Inland fehlt, seinen

Aufenthalt hat; maßgebend ist der Wohnsitz oder Aufenthalt in dem Zeitpunkt, in dem der Antrag eingereicht oder im Falle des § 1733 Abs. 2 des Bürgerlichen Gesetzbuchs das Gericht oder der Notar mit der Einreichung betraut wird.

(2) Ist der Vater Deutscher und hat er im Inland weder Wohnsitz noch Aufenthalt, so ist das Amtsgericht Schöneberg in Berlin-Schöneberg zuständig. Es kann die Sache aus wichtigen Gründen an ein anderes Gericht abgeben; die Abgabeverfügung ist für dieses Gericht bindend.

Eingefügt durch Art. 4 Nr. 2 FamRÄndG. In Kraft getreten am 1. 1. 1962.

1. Rechtsentwicklung. Die Ehelichkeitserklärung erfolgte nach § 1723 BGB a. F. durch Verfügung der Staatsgewalt, also durch Verwaltungsentscheidung. Zuständig war der Präs. des LG, in dessen Bezirk der Vater seinen Wohnsitz oder in Ermangelung eines solchen seinen Aufenthalt hat, ersatzweise der Präs. des LG Berlin (§ 10 VereinheitlVO v. 31. 5. 34, RGBl. I 472), bei fehlender Reichsangehörigkeit des Vaters oder des Kindes der OLG Präs. (Nr. 7 Abs. 2 DurchfBest. v. 27. 7. 34, RGBl. I 738, mit Art. 1 VO v. 17. 5. 35, RGBl. I 682). Beschwerden gegen ablehnende Entscheidungen gingen an den OLGPräs. und den JM (§ 13 VereinheitlVO mit Art. 1 VO v. 17. 5. 35). Die Vorbereitung der Entscheidung lag dem AG ob (Nr. 7 Abs. 3 DurchfBest.). Der Verwaltungsrechtsweg wurde für zulässig erachtet. Vom 1. 4. 60 bis 31. 12. 61 war das OLG im Verfahren nach den §§ 23ff. EGGVG i. d. F. des § 179 VwGO anzurufen.

2. Sachliche Zuständigkeit. Die Ehelichkeitserklärung wird durch § 1723 BGB n. F. dem VormG, also dem AG (§ 35 FGG) zugewiesen; auch in Württemberg ist nicht der Bezirksnotar, sondern das AG zuständig (Art. 68 Nr. 18 WürttAGBGB i. d. F. d. G. v. 19. 12. 61, GBl. 371). Sie ist mithin kein im Verwaltungswege zu erlassender Gnadenakt, sondern ein Rechtspflegeakt der FG (§ 1 FGG). Der Richtervorbehalt folgt aus §§ 3 Abs. 2, 12 Nr. 3 RechtspflG (Meyer-Stolte, Rpfleger 1961, 391). Aus der Zuweisung an das VormG ergibt sich die grundsätzliche Anwendbarkeit des 2. Abschnitts des FGG (Vorbem. 1 vor § 35). Sondervorschriften enthalten § 43 a n. F. über die örtliche Zuständigkeit und § 56a n. F. über das Wirksamwerden, die Änderung und die Anfechtbarkeit der Verfügungen.

3. Die **örtliche Zuständigkeit** des VormG richtet sich, entsprechend des Regelung bei der Kindesannahme (§ 66 Anm. 1) nach den Verhältnissen des Vaters, nicht nach denen des Kindes. Für die Verrichtungen des VormG im Zusammenhang mit einer Ehelichkeitserklärung, bei welchen das VormG eine Fürsorgetätigkeit im Interesse des Kindes ausübt, nämlich für die vormundschaftsgerichtlichen Genehmigungen nach §§ 1728 Abs. 2, 1729 Abs. 2 und für die Ersetzung der Einwilligung der Mutter nach § 1727, verbleibt es bei der Anwendbarkeit der §§ 43, 36, so daß hierfür in der Regel das Gericht zuständig sein wird, bei welchem die Vormundschaft anhängig ist. Das wird nicht selten ein anderes als das für die Ehelichkeitserklärung nach § 43 a zuständige sein. Dieser Umstand allein ist jedoch kein zureichender Grund für eine Abgabe der Ehelichkeitserklärungssache nach dem grundsätzlich anwendbaren § 46 an das Gericht, welches die Vormundschaft führt, oder umgekehrt; das wäre eine Nichtachtung der gesetzlichen Zuständigkeitsregelung. Der Abgabegrund muß in der Sache selbst begründet sein, nicht nur in dem Bestreben, mehrere Verrichtungen, für welche nach dem Gesetz ver-

schiedene Gerichte zuständig sind, in der Hand eines Richters zu vereinigen (vgl. für die Kindesannahme Vorbem. B vor § 65).

Abs. 1 gilt für Deutsche, Staatenlose und Ausländer. Ob ein deutsches Gericht tätig werden kann, wenn der Vater Nichtdeutscher ist, ist eine Frage der internationalen Zuständigkeit (Anm. 8).

4. Örtlicher Anknüpfungspunkt für die Bestimmung des zuständigen Gerichts ist der Wohnsitz (§§ 7, 8, 9, BGB) oder in Ermangelung eines solchen der (schlichte) Aufenthalt (§ 36 Anm. 6) des Vaters. Der verfahrensrechtliche Wohnsitzbegriff ist auch bei der Beteiligung eines Ausländers nicht nach dessen Heimatrecht, sondern nach der lex fori, also nach deutschem Recht, zu beurteilen, KG 16. 2. 61 (FamRZ 383); Neuhaus, FamRZ 1961, 541 zu II.

5. Zeitlich maßgebend für die Begründung der örtlichen Zuständigkeit sind nicht die Verhältnisse zur Zeit der Beurkundung des Antrags (§ 1730), sondern nach Abs. 1 Halbs. 2 zu dem Zeitpunkt, in welchem der (beurkundete) Antrag eingereicht wird, d. h. bei einem sachlich zuständigen Gericht mit dem Willen des Antragstellers eingeht, mag dieses Gericht auch nicht das örtlich zuständige sein. Das Gericht muß den Antrag an das örtliche zuständige Gericht weiterleiten. Das gilt auch dann, wenn der Vater nach der Einreichung des Antrags stirbt, da § 1733 Abs. 2 die Ehelichkeitserklärung nach dem Tode des Vaters zuläßt, wenn der Antrag „beim VormG" eingereicht war, also nicht gerade bei dem örtlich zuständigen, und das Gesetz es genügen lassen will, daß der Vater vor seinem Tode das zur Erlangung der Ehelichkeitserklärung Erforderliche getan hat (vgl. auch § 66 Anm. 3).

Eine Veränderung der Umstände nach dem maßgebenden Zeitpunkt berührt nicht die einmal begründete Zuständigkeit des VormG, vorbehaltlich einer Abgabe nach § 46.

6. Ist der Vater vor der Einreichung des Antrags gestorben, so ist die Ehelichkeitserklärung nach § 1733 Abs. 2 noch zulässig, wenn der Vater bei oder nach der Beurkundung seines Antrags das Gericht oder den Notar mit der Einreichung betraut hatte; der Zeitpunkt dieser Betrauung entscheidet nach Abs. 1 Halbs. 2 auch über die örtliche Zuständigkeit. Das „Betrauen" braucht nicht ausdrücklich oder gar förmlich zu geschehen. Es genügt, wenn der Vater durch schlüssiges Verhalten dem Notar (Beurkundungsgericht) die Einreichung des Antrags beim VormG überlassen hat. Ein eigenes oder gesetzlich vermutetes Recht, den Antrag aus eigenem Antriebe einzureichen, hat die Urkundsperson nicht.

7. **Für Deutsche im Ausland,** also für Väter, welche die deutsche Staatsangehörigkeit besitzen oder Deutsche i. S. des Art. 116 Abs. 1 GG sind (§ 36 Anm. 2), begründet Abs. 2 die zentrale Zuständigkeit des AG Schöneberg mit der Befugnis, die Sache mit bindender Wirkung an ein anderes AG abzugeben. Die Regelung entspricht der des § 36 Abs. 2 n. F. für Vormundschaftssachen. Auf die Bem. dazu (oben S. 10) kann verwiesen werden.

8. **Internationale Zuständigkeit**[1]) Voraussetzungen und Wirkungen der Ehelichkeitserklärung bestimmen sich gemäß Art. 22 Abs. 1 EGBGB, der zu einer voll-

[1]) **Schrifttum:** Beitzke, Internationale Zuständigkeit in Legitimationssachen, in Festschr. f. Kraus, 1954, S. 20; De la Moutte-Schwenn, Art. Legitimation in Das intern. Familienrecht Frankreichs und Deutschlands, 1955, S. 340; Kegel, IPR, § 20 X; Raape, IPR[5] § 34 B; M. Wolff, IPR Deutschlands[3] § 46; ferner die Kommentare zu Art 22 EGBGB.

ständigen Kollisionsnorm auszugestalten ist, nach dem Heimatrecht des Vaters zur Zeit des Wirksamwerdens der Ehelichkeitserklärung. Dieser Grundsatz wird, wenn ein deutsches Kind für das eheliche Kind eines Ausländers erklärt wird, durch Art. 22 Abs. 2 EG dahin eingeschränkt, daß die deutschen Einwilligungserfordernisse zu beachten sind. Für die internationale Zuständigkeit ergeben sich folgende Folgerungen:

a) Ist der Vater Deutscher, so ist stets die deutsche internationale Zuständigkeit gegeben, und zwar als ausschließliche, so daß eine Ehelichkeitserklärung durch eine ausländische Behörde im Inland nicht anerkannt wird (Raape IPR[5] § 34 B I; Beitzke a. a. O. S. 24; Schwenn a. a. O. S. 364; Achilles-Greiff[21] Art. 22 EG Anm. 2; Palandt[21] Art. 22 EG Anm. 4 b; a. M. Soergel-Kegel[9] Art. 22 EG Anm. 32, 37). Ausländische Staatsangehörigkeit des Kindes steht der deutschen Zuständigkeit nicht entgegen, selbst wenn das Heimatrecht des Kindes die Ehelichkeitserklärung nicht kennt oder weitere Erfordernisse als das deutsche Recht aufstellt. Jedoch kann bei der Ermessensentscheidung nach § 1734 BGB berücksichtigt werden, ob es nach Lage des Falles dem Wohl des Kindes abträglich ist, daß die Ehelichkeitserklärung in seinem Heimatstaat nicht anerkannt wird, und ob der Erwerb einer doppelten Staatsangehörigkeit, nämlich der deutschen nach § 5 RuStAG neben der bisherigen, besser zu vermeiden ist (Beitzke a. a. O. S. 24).

b) Für ein deutsches Kind wird nach deutschem Recht die internationale Zuständigkeit des ausländischen Heimatstaates des Vaters anerkannt, ebenso die Zuständigkeit eines dritten Staates, welche der Heimatstaat anerkennt; die Anerkennung der fremden Zuständigkeit auch für deutsche Kinder setzt Art. 22 Abs. 2 EGBGB voraus (Beitzke a. a. O. S. 25; Schwenn a. a. O. S. 364; Raape IPR[5] § 19 B, § 34 B Fußn. 165; Soergel-Kegel[9] Art. 22 EG Anm. 32). Jedoch wird die ausländische Ehelichkeitserklärung im Inland nach Art. 22 Abs. 2 EGBGB als wirksam nur anerkannt, wenn die Einwilligungserfordernisse des deutschen Rechts erfüllt sind (Raape, Beitzke a. a. O.); BayObLG 8. 6. 21 (**21** 266 = JFG **1** 137 = OLGE **42** 105). Deutsche Staatsangehörigkeit des Kindes für sich allein begründet die deutsche Zuständigkeit nicht.

c) Ist der Vater **nicht** deutscher Staatsangehöriger oder Deutscher i. S. des Art. 116 Abs. 1 GG, so ist die deutsche internationale Zuständigkeit gegeben, wenn nach dem Heimatrecht des Vaters deutsches Recht anwendbar ist (Gleichlauf von anwendbarem Recht und Zuständigkeit, Statutszuständigkeit). Das ist der Fall

aa) wenn der Vater Staatenloser mit gewöhnlichem oder in Ermangelung eines solchen mit schlichtem Aufenthalt im Inland (Art. 29 EGBGB) oder internationaler (nichtvolksdeutscher) Flüchtling oder Verschleppter nach AHKG Nr. 23 mit deutschem Personalstatut ist (vgl. § 44 a Anm. 7 d; Soergel-Kegel[9] Anh. zu Art. 29 EG Anm. 20ff.);

bb) wenn das Heimatrecht des Vaters eine Rückverweisung (Art. 27 EGBGB) auf das deutsche Recht als das Recht des Wohnsitzes oder domicile enthält oder wenigstens auf die deutsche verfahrensrechtliche Zuständigkeit verweist (Beitzke a. a. O. S. 25; Soergel-Kegel[9] Art. 22 EG Anm. 32).

cc) Die Notwendigkeit, gemäß Art. 22 Abs. 1 EGBGB fremdes Recht anzuwenden, scheint auch bei gewöhnlichem Aufenthalt des Vaters im Inland nach der bisherigen Verwaltungspraxis die deutsche Zuständigkeit ausgeschlossen zu haben (vgl. Maßfeller, JW 1934, 2115; dafür auch Beitzke a. a. O. S. 26). Doch dürfte die Anwendbarkeit fremden Rechts die deutsche Zuständigkeit nicht grundsätzlich hindern (so auch Soergel-Kegel[9] Art. 22 EG Anm. 32; vgl. für die weitgehend rechtsähnliche Kindesannahme § 66 Anm. 6 b), es sei denn, daß der Heimatstaat des Vaters die ausschließliche internationale Zuständigkeit beansprucht, was allerdings überwiegend der Fall zu sein scheint (Beitzke a. a. O. S. 23 zu Fußn. 12; Raape IPR[5] § 34 B I; Schwenn, a. a. O. S. 364; Schnitzer, Hdb. d. IPR[4] S. 810). Für Nichtbeachtung mangelnder Anerkennung durch den Heimatstaat Kegel IPR § 20 X 3 S. 313[1]).

dd) Ein Tätigwerden des deutschen Gerichts ist ausgeschlossen, mag auch das Kind die deutsche Staatsangehörigkeit haben, wenn das Heimatrecht des Vaters die Ehelichkeitserklärung nicht kennt (z. B. Frankreich, vgl. Schwenn a. a. O. S. 373; wegen der Schweiz vgl. Schnitzer, Hdb. d. IPR[4] S. 454) oder eheliche und uneheliche Kinder einander gleichstellt (Norwegen, Polen, Tschechoslowakei).

d) Die Ersetzung der Einwilligung der Mutter (§ 1727) richtet sich nach deutschem Recht, wenn dieses gemäß Art. 22 Abs. 1 EG Legitimationsstatut ist, mag selbst für das Rechtsverhältnis zwischen der Mutter und dem Kinde gemäß Art. 20 EG fremdes Recht maßgebend sein, vgl. zu § 1747 Abs. 3 BGB Vorbem. B 2 c vor § 65. In Ermangelung eines die Zuständigkeit begründenden Anknüpfungspunktes in der Person des Kindes (§§ 43, 36) oder eines Gerichtsstandes des Fürsorgebedürfnisses ist in letzter Linie für das Verfahren nach § 1727 BGB die Statutszuständigkeit des AG Schöneberg entsprechend § 36 Abs. 2 gegeben.

9. Interlokale Zuständigkeit. In der SBZ und im Ostsektor Berlins gelten die §§ 1723ff. BGB a. F. fort; eine völlige rechtliche Gleichstellung des nichtehelichen Kindes mit dem ehelichen im Verhältnis zum Vater ist nicht eingetreten (Ostmann, NJ 1954, 499; 1955, 45; Granzow, FamRZ 1960, 85 zu III 7). Zuständig für die Ehelichkeitserklärung ist nach § 12 Nr. 2 FGVO (Kommentar Teil D III) der Rat des Kreises, Abt. Gesundheitswesen. Gegen die Anerkennung von Verfügungen dieser Behörde in Bezug auf Väter mit gewöhnlichem Aufenthalt in Mitteldeutschland sind Bedenken nicht zu erheben, wenn entsprechend Art. 22 Abs. 2 EG für das Kind mit gewöhnlichem Aufenthalt im westdeutschen Rechtsgebiet die Einwilligungserfordernisse des westdeutschen Rechts beachtet sind. Im übrigen gelten für die interlokale Zuständigkeit die Bem. zur Kindesannahme (§ 66 Anm. 7) entsprechend mit der Maßgabe, daß an die Stelle des Annehmenden der Vater tritt.

10. Das Verfahren im übrigen ist dargestellt bei § 56 a.

Befreiung von den Eheverboten der Schwägerschaft und der Geschlechtsgemeinschaft

Örtliche Zuständigkeit. Verfahren

44a (1) Für die Befreiung vom Eheverbot wegen Schwägerschaft und Geschlechtsgemeinschaft ist das Gericht zuständig, in dessen Bezirk einer der Verlobten seinen gewöhnlichen Aufenthalt hat. Hat keiner von ihnen seinen

[1]) Wegen des Einflusses der Legitimation durch einen Ausländer auf die Staatsangehörigkeit des Kindes vgl. § 17 Nr. 5 RuStAG und Art. 16 Abs. 1 GG und dazu AV d. Sen. f. Justiz von Berlin v. 21. 12. 61 (ABl. 1962, 6 = StAZ 1962, 38).

gewöhnlichen Aufenthalt im Inland, so ist das Amtsgericht Schöneberg in Berlin-Schöneberg zuständig. Es kann die Sache aus wichtigen Gründen an ein anderes Gericht abgeben; die Abgabeverfügung ist für dieses Gericht bindend.

(2) Die Verfügung, durch die das Gericht die Befreiung erteilt, ist unanfechtbar. Das Gericht darf sie nicht mehr ändern, wenn die Ehe geschlossen worden ist.

Eingefügt durch Art. 4 Nr. 3 FamRÄndG. In Kraft getreten am 1. 1. 1962.

1. Rechtsentwicklung. Die Regelung der Eheverbote der Verwandtschaft, der Schwägerschaft und der Geschlechtsgemeinschaft in § 4 Abs. 1, 2 EheG entspricht der des § 1310 BGB a. F. Eine Befreiung von den Eheverboten der Schwägerschaft und der Geschlechtsgemeinschaft wurde erstmals eingeführt durch Art. 1 § 1 FamRÄndG v. 12. 4. 38 (RGBl. I 380). Das EheG 1938 beseitigte in §§ 6, 7 das Eheverbot der Geschlechtsgemeinschaft, behielt aber die Möglichkeit der Befreiung vom Eheverbot der Schwägerschaft bei. EheG 1946 § 4 führte das Eheverbot der Geschlechtsgemeinschaft wieder ein, sah aber in § 4 Abs. 3 eine Befreiung nur vom Eheverbot der Schwägerschaft vor. Jedoch wurde überwiegend angenommen, daß auch von dem schwächeren Eheverbot der Geschlechtsgemeinschaft Befreiung erteilt werden könne (vgl. Palandt[20], § 4 EheG Anm. 7; Siebert-Vogel[8], § 4 EheG Anm. 8; Bosch, FamRZ 1960, 437; a. M. Beitzke, FamR[9], § 9 II 1 c); für die fr. brit. Zone war die Befreiung auch von diesem Eheverbot zugelassen durch VO v. 27. 8. 48 (VOBlbrZ 247). Das Befreiungsverfahren war geregelt in den §§ 3, 4, 10, 11, 12 1. DVO-EheG v. 27. 7. 38 (RGBl. I 923), für die fr. brit. Zone geändert durch AusfVO-EheG v. 12. 7. 48 (VOBlbrZ 210). Es entschied der LGPräs., u. U. (Ausländer, Befreiung nach Eheschließung) der OLGPräs. (Justizverwaltungsakt). Die Vorbereitung der Entscheidung lag dem Amtsgericht ob. Gegen ablehnende Bescheide förmliche Beschwerde an LJMin. (§§ 3, 11 1. DVO-EheG). Der Verwaltungsrechtsweg wurde für zulässig erachtet, BVerwG 27. 5. 60 (FamRZ 435 = DVBl. 851 = NJW 1961, 892 = JZ 1961, 62). Vom 1. 4. 60 bis 31. 12. 61 war das OLG im Verfahren nach den §§ 23ff EGGVG i. d. F. des § 179 VwGO anzurufen.

2. § 4 EheG ist in Abs. 1 und 2 (sachlicher Umfang der Eheverbote) unverändert geblieben. Geändert ist Abs. 3 (Befreiung) durch Art. 2 Nr. 1 Buchst. b FamRÄndG; die §§ 1—12 1. DVO-EheG, §§ 1—12 AusfVO-EheG f. d. brit. Zone sind gleichzeitig durch Art. 9 Abs. 1 Nr. 11, 25 FamRÄndG aufgehoben worden. § 4 EheG lautet hiernach:

(1) Eine Ehe darf nicht geschlossen werden zwischen Verwandten in gerader Linie, zwischen vollbürtigen und halbbürtigen Geschwistern sowie zwischen Verschwägerten in gerader Linie, gleichgültig ob die Verwandtschaft auf ehelicher oder auf unehelicher Geburt beruht.

(2) Eine Ehe darf nicht geschlossen werden zwischen Personen, von denen die eine mit Eltern, Voreltern oder Abkömmlingen der anderen Geschlechtsgemeinschaft gepflogen hat.

(3) Das Vormundschaftsgericht kann von dem Eheverbot wegen Schwägerschaft und Geschlechtsgemeinschaft Befreiung erteilen. Die Befreiung soll versagt werden, wenn wichtige Gründe der Eingehung der Ehe entgegenstehen.

a) Verwandtschaft. Von dem Eheverbot der Verwandtschaft (§ 1589 BGB), abweichend von § 1589 Abs. 2 BGB einschließlich der auf unehelicher Geburt beruhenden, kann keine Befreiung erteilt werden. Eine entgegen diesem trennenden Eheverbot geschlossene Ehe ist nichtig (vernichtbar), §§ 21 Abs. 1, 23 EheG. Der Standesbeamte kann vor dem Erlaß des Aufgebots den Nachweis des Fehlens des Eheverbots verlangen (§ 5 Abs. 2 PStG). Der Streit über das Bestehen des Eheverbots ist als Personenstandssache im Verfahren nach § 45 PStG vor dem AG auszutragen. Eine vom VormG erteilte Befreiung vom Eheverbot der Verwandtschaft wäre nichtig.

b) Schwägerschaft[1]). Schwägerschaft i. S. des § 4 EheG ist das Verhältnis des einen Ehegatten zu den Blutsverwandten des anderen, gleichgültig, ob die Verwandtschaft auf ehelicher oder auf unehelicher Geburt beruht. Die Vermutungen der §§ 1717, 1718 sowie die Regelung der §§ 1591, 1593 BGB gelten insofern nicht (RG 28. 11. 40, **165** 250). Eine Witwe kann mithin nicht den Sohn ihres Mannes heiraten, den dieser mit einer anderen Ehefrau im Ehebruch erzeugt hat, mag die Ehelichkeit auch nicht angefochten worden sein. Andererseits bleiben die Wirkungen der §§ 1591, 1719, 1736 bestehen, solange sie nicht mit allgemeinbindender Wirkung beseitigt sind. Ein Mann ist daher mit der während der Ehe außerehelich empfangenen Tochter seiner Frau, solange die Unehelichkeit nicht rechtskräftig festgestellt ist, gemäß § 1591 verwandt, nicht nur verschwägert. Auflösung der Ehe durch Tod, Aufhebung (§§ 29, 39 EheG), Scheidung (§ 41 EheG) oder Wiederverheiratung, nachdem der andere Ehegatte für tot erklärt worden ist (§ 38 Abs. 2 EheG), beendet das Schwägerschaftsverhältnis nicht (§ 1590 Abs. 2 BGB), so daß das Eheverbot bestehen bleibt. Jedoch kann Schwägerschaft nach der Auflösung der Ehe nicht mehr entstehen; daher ist der erste Ehemann nicht verschwägert mit den Kindern seiner früheren Ehefrau aus einer zweiten Ehe. Auch eine vernichtbare Ehe begründet die Schwägerschaft. Erst mit der rechtskräftigen Nichtigerklärung der Ehe entfällt das Eheverbot der Schwägerschaft mit Rückwirkung (anders § 7 Abs. 1 EheG 1938); jedoch wird dann in der Regel das Eheverbot der Geschlechtsgemeinschaft bestehen. Eine Nichtehe (§ 11 EheG, Art. 13 Abs. 3 EGBGB) ist nicht geeignet, Schwägerschaft zu begründen.

Das Eheverbot besteht zwischen Verschwägerten in gerader Linie, also dem Ehegatten oder früheren Ehegatten und den Blutsverwandten in gerader Linie des anderen Ehegatten. Verboten ist mithin dem Mann eine Ehe mit seiner Schwiegermutter, seiner Stieftochter, der Tochter seiner Stieftochter, seiner Schwiegertochter, der Frau seines Enkels, seiner Stiefmutter, der Frau eine Ehe mit ihrem Schwiegervater, ihrem Stiefsohn, dem Sohn ihres Stiefsohnes, ihrem Schwiegersohn, dem Mann ihrer Enkelin, ihrem Stiefvater (vgl. Bluhm, StAZ 1957, 16). Nicht verboten ist die Ehe zwischen Verschwägerten in der Seitenlinie, z. B. einer Frau und dem Mann ihrer verstorbenen Stieftochter, einem Witwer und der Schwester seiner Frau oder zwischen einem Mann und der Witwe seines Bruders.

Schwägerschaft in gerader Linie begründet ein trennendes Eheverbot. Eine gleichwohl ohne Befreiung geschlossene Ehe ist nichtig (vernichtbar), §§ 21 Abs. 1, 23 EheG. Jedoch wird der Nichtigkeitsgrund rückwirkend geheilt, wenn die Befreiung nach der Eheschließung, aber natürlich vor rechtskräftiger Nichtigerklärung, bewilligt wird (§ 21 Abs. 2 EheG). Da der Staatsanwalt Nichtigkeitsklage auch nach Auflösung der Ehe erheben kann, sofern noch eine Ehegatte lebt (§ 24 EheG), ist Befreiung auch nach Auflösung der Ehe möglich,

[1]) **Schrifttum:** Rietdorf-Schmidt, **Eheerfordernisse und Ehehindernisse, 1960, S. 61ff.**

solange ein Ehegatte lebt und die Ehe nicht rechtskräftig für nichtig erklärt ist (Maßfeller, StaZ 1938, 281; Palandt, § 21 EheG Anm. 3).

c) **Geschlechtsgemeinschaft,** die in oder außer der Ehe mit Eltern, Voreltern oder Abkömmlingen des anderen Ehebewerbers gepflogen worden ist, begründet ein aufschiebendes Eheverbot. Darunter ist nur der Beischlaf zu verstehen, nicht sonstige unzüchtige Handlungen (vgl. § 173 StGB). Einmalige Beiwohnung genügt. Der Tatbestand wird häufig für den Standesbeamten schwer nachprüfbar sein (vgl. Motive z. BGB IV S. 21ff.). Verweigert der Standesbeamte den Erlaß des Aufgebots, weil er das Bestehen des Eheverbots annimmt, so kann der Ehebewerber, der den Tatbestand leugnet, nicht Befreiung nach § 4 EheG nachsuchen, sondern er muß gegen die Weigerung des Standesbeamten das AG im Verfahren nach § 45 PStG anrufen. Je nach dem Ergebnis der Ermittlungen in diesem Verfahren ist dann entweder der Standesbeamte zur Vornahme der Amtshandlung anzuweisen oder die Weigerung des Standesbeamten wird für berechtigt erklärt mit der Folge, daß der Ehebewerber nunmehr die Befreiung beim VormG nachsuchen kann (Bosch, FamRZ 1960, 437 zu 6). Die trotz des Eheverbots geschlossene Ehe ist gültig (arg. § 21 Abs. 1 EheG). Daher ist für eine nachträgliche Befreiung nach der Eheschließung kein Raum.

3. **Die Rechtsgültigkeit** der Eheverbote der Schwägerschaft und der Geschlechtsgemeinschaft unterliegt keinen begründeten Bedenken. Sie sind mit Art. 2 und 6 GG vereinbar, BVerwG 27. 5. 60 (FamRZ 435 = DVBl. 851 = NJW 1961, 892 = JZ 1961, 62); zust. Bosch, FamRZ 1960, 437 zu 3; Beitzke, FamR[10] § 9 II 1b. Es liegt auch keine Verletzung des Art. 12 der Europäischen Konvention zum Schutze der Menschenrechte vom 4. 11. 50 (BGBl. 1952 II 685, 953; 1954 II 14) vor, wie Guradze, Der Stand der Menschenrechte im Völkerrecht, 1956, S. 219, und Krüger in Krüger-Breetzke-Nowack, GleichberG, Einl. Randn. 158 für die Eheverbote der Schwägerschaft und des Ehebruchs, Guradze a. a. O. auch für das der Geschlechtsgemeinschaft annehmen. Denn Art. 12 MRK gewährt ein Recht zur Ehe nur nach Maßgabe der nationalen Gesetze (Münch, JZ 1961, 153 zu I a. E.; KG 14. 9. 61, NJW 2209 = FamRZ 480). Die Vorschriften der Konvention als solche sind auch nicht allgemeine Regeln des Völkerrechts i. S. des Art. 25 GG, sondern Bundesrecht im Range eines einfachen Bundesgesetzes, BayVerfGH 3. 7. 61 (NJW 1619), KG 14. 9. 61 (a. a. O.); Maunz-Dürig, GG Art. 1 Randn. 59; Herzog, DÖV 1960, 775; Münch, JZ 1961, 153. Da Völkervertragsrecht keine innerstaatliche Bindung des nationalen Gesetzgebers begründet (str., vgl. Mosler, Das Völkerrecht in der Praxis der deutschen Gerichte, 1957, S. 39; Münch. JZ 1961, 153 zu II), war der Bundesgesetzgeber nicht gehindert, die Eheverbote zu bestätigen, wie es durch die Änderung der §§ 4 und 6 EheG geschehen ist, selbst wenn sie der Konvention widersprechen würden. Art. 16 der UN-Deklaration der Menschenrechte (bei Schätzel, Die Charta Vereinten Nationen, 2. Aufl. 1957) über das Recht zur Ehe hat keinen Rechtssatzcharakter und ist keine allgemeine Regel des Völkerrechts (Süsterhenn, DVBl. 1955, 753; Guradze a. a. O. S. 127; Berber, Lehrb. d. VölkerR § 3 V S. 32, § 57 S. 373; Dahm, VölkerR Bd. I S. 429; Maunz-Dürig, GG Art. 1 Randn. 56 Anm. 3).

4. Die **Befreiung** wird durch § 4 Abs. 3 EheG dem VormG übertragen, ist also eine Angelegenheit der FG (§ 1 FGG). Zuständig ist das AG (§ 35 FGG, Art. 68 Nr. 1a WürttAGBGB i. d. F. d. G v. 19. 12. 61, GBl. 371), und zwar der Richter

(RechtspflG § 12 Nr. 19a i. d. F. d. Art. 8 Nr. 3 FamRÄndG). Die Befreiung ist kein Gnadenakt, sondern ein Akt der Rechtspflege. Sie ist in das Ermessen des VormG gestellt („kann"). Kein Ermessen, sondern eine Rechtspflicht zur Versagung besteht nach § 4 Abs. 3 Satz 2 EheG, wenn wichtige Gründe der Eingehung der Ehe entgegenstehen. „Soll" bedeutet nicht, daß das Gericht in Ausnahmefällen die Befreiung gleichwohl erteilen dürfte, sondern bringt zum Ausdruck, daß eine Verletzung nicht die Rechtsfolge der Unwirksamkeit nach sich zieht. Die Sollvorschrift muß daher vom Gericht beachtet werden (vgl. BayObLG 13. 6. 61 NJW 1865; Enneccerus-Nipperdey, Allg. Teil § 49 Fußn. 16; Saage, DNotZ 1960, 582). Die Nichtbeachtung stellt eine Amtspflichtverletzung und eine Gesetzesverletzung dar (§ 27 FGG Anm. 4a). Das Vorliegen eines wichtigen Grundes ist ein vom Rechtsbeschwerdegericht nachprüfbarer unbestimmter Rechtsbegriff (§ 27 FGG Anm. 4g). Wenn wichtige Gründe nicht entgegenstehen, kann das Gericht die Befreiung entweder erteilen oder versagen (Rechtsfolgeermessen). Die bei der Ermessensausübung in Betracht zu ziehenden Gesichtspunkte ergeben sich aus dem Wesen und Zweck der Eheverbote. Sie beruhen auf der sittlichen Vorstellung, daß ein gesundes und reines Familienverhältnis es erfordert, die Beziehungen zwischen Verwandten und Verschwägerten frei von Geschlechtsliebe zu halten. Hinzu kommt die Widernatürlichkeit der verwandtschaftlichen Beziehungen, die sich ergeben können, wenn aus der die Schwägerschaft begründenden Ehe oder aus der Geschlechtsgemeinschaft Kinder hervorgegangen sind (Motive z. BGB IV S. 21; Lehmann, FamR § 10 I 3; Beitzke, FamR § 9 II 1). Hiernach kommt es darauf an, ob die beabsichtigte Verbindung bei einer Gesamtwürdigung aller Umstände in gröberem oder geringeren Maße anstößig ist und ob ein geringes Maß von Anstößigkeit (z. B. Auflösung der verschwägernden Ehe durch Tod und Fehlen von Kindern) durch sittliche oder soziale Umstände, welche eine Zulassung der beabsichtigten Eheschließung vertretbar erscheinen lassen, aufgewogen wird. Auch gesundheitliche Bedenken können Berücksichtigung finden. Sachfremd, weil auf eine Bevormundung hinauslaufend, wäre eine Versagung wegen ungünstiger Bestandsprognose oder wegen erheblichen Altersunterschiedes, es sei denn, daß der Altersunterschied die sittliche Anstößigkeit der beabsichtigten Verbindung verstärkt.

5. Verfahren. Ein förmlicher Antrag wird vom Gesetz nicht erfordert, wenn auch das Gericht ohne Anrufung durch die Beteiligten zu Maßnahmen keinen Anlaß haben und zur Entscheidung außerstande sein wird. § 18 Abs. 1 Halbs. 2 und § 20 Abs. 2 sind mithin nicht anwendbar; das Gericht darf eine ablehnende Verfügung auch ohne Antrag ändern, und die Beschwerde dagegen steht nicht nur dem Antragsteller zu. Beteiligt sind nur die Verlobten, und zwar notwendig beide, da zweiseitiges Eheverbot. Der ehemündige (§ 1 EheG) minderjährige oder in der Geschäftsfähigkeit beschränkte Verlobte ist selbständig beteiligtenfähig (§ 59 FGG Anm. 1 Abs. 2). Ausübung der Rechte im Verfahren durch gesetzlichen Vertreter kommt nicht in Betracht, da Eheschließung höchstpersönlich. Die Einwilligung des gesetzlichen Vertreters oder des Sorgeberechtigten nach § 3 EheG ist kein Teil der Ehewillenserklärung selbst, also kein Vertretungsakt.

6. Örtlich zuständig ist jedes VormG, in dessen Bezirk einer der Verlobten seinen gewöhnlichen Aufenthalt (Begriff § 45 Anm. 3) hat. Der Wohnsitz im Rechtssinne ist nicht maßgebend. Die Anhängigkeit einer Vormundschaft oder Pflegschaft für einen Verlobten zieht die Zuständigkeit nicht nach sich. Eine Abgabe nach

§ 46 ist nicht statthaft. Bei gewöhnlichem Aufenthalt der Verlobten in den Bezirken verschiedener Gerichte entscheidet der Vorgriff (§ 4). Gleichzeitige Befassung beider Gerichte ist nicht statthaft, da einheitliche Angelegenheit. Bei Streit oder Ungewißheit über den Vorgriff Bestimmung nach § 5. Daß beide Gerichte nacheinander angerufen werden, nachdem das zuerst angerufene die Befreiung abgelehnt hat, ist praktisch schwer vermeidbar, worauf Finke, FamRZ 1958, 408 hinweist. Das zweite Gericht muß, wenn es von dem ersten Verfahren Kenntnis erlangt, wegen örtlicher Unzuständigkeit ablehnen, da es seine Zuständigkeit durch das Tätigwerden des zuerst angerufenen Gerichts verloren hat (§ 4), es sie denn, daß die Nachsuchung der Befreiung bei dem zweiten Gericht auf neue Tatsachen gestützt wird und deshalb nicht dieselbe „Sache" ist.

Eine Ersatzzuständigkeit begründet Abs. 1 Satz 2, wenn keiner der Verlobten seinen gewöhnlichen Aufenthalt im Inland hat. Inland ist verfahrensrechtlich im Sinne des Geltungsbereichs der Vorschrift zu verstehen, also BRD einschließlich Berlin-West (§ 45 Anm. 4; Keidel § 45 II 3). In diesem Fall zentrale Zuständigkeit des AG Schöneberg mit der Befugnis, die Sache unanfechtbar und bindend an ein anderes VormG entsprechend § 36 Abs. 2 n. F. abzugeben (vgl. oben S. 10). Oft wird die Abgabe an das VormG angemessen sein, in dessen Bezirk der eine oder andere Verlobte seinen letzten gewöhnlichen Aufenthalt im Inland hatte oder in dessen Bezirk die Ehe geschlossen werden soll. Schlichter Aufenthalt im Inland schließt die Zuständigkeit des AG Schöneberg, abweichend von § 36 Abs. 2, nicht aus.

7. Internationale Zuständigkeit. Über das Vorliegen von Eheverboten als sachlichen Voraussetzungen der Eheschließung entscheidet gemäß Art. 13 Abs. 1 EGBGB das Personalstatut jedes Verlobten im Zeitpunkt der Heirat. Soweit die Eheschließung einen Statutenwechsel herbeiführt (etwa bei der Frau) kommt es auf das Personalstatut unmittelbar vor der Heirat an (Antrittsrecht). Späterer Staatswechsel macht eine gültig geschlossene Ehe nicht ungültig (Raape IPR[5] § 27 II; Kegel IPR § 20 III 1 c), kann aber Heilung eines dem neuen Heimatstaat unbekannten Nichtigkeitsgrundes des Eheschließungsstatuts bewirken (Raape a. a. O.; a. M. Kegel a. a. O.; Soergel-Kegel, BGB[9] Art. 13 EG Anm. 31). Einem Verlobten, nach dessen Personalstatut ausländisches Recht anzuwenden ist, kann von einer deutschen Behörde Befreiung von einem Eheverbot, mag es aufschiebender oder trennender Art sein, nicht erteilt werden (Staudinger[9] § 1322 Anm. 3a; Raape IPR[5] § 27 V 1 Anm. 38, § 30 D II; Soergel-Kegel[9] Art. 13 EG Anm. 76; Neumayer RabelsZ 1955 72; Beyer StAZ 1957 33; Ferid SJZ 1949, 782; KG 14. 9. 61 (NJW 2209 = FamRZ 480). Insoweit besteht mithin ein Gleichlauf von internationaler Zuständigkeit und anzuwendendem Recht (Statutszuständigkeit). Hiernach kann die Befreiung erteilt werden:

a) deutschen Staatsangehörigen (Art. 13 EGBGB); eine daneben vorhandene fremde Staatsangehörigkeit bleibt außer Betracht, Raape IPR[5] § 9 II; BGH 4. 10. 51 (3 180); neuerdings gewinnt die Auffassung Raum, daß das Personalstatut von der Rechtsordnung bestimmt werde, welcher der Mehrstaater am engsten verbunden sei (Ferid RabelsZ 1958, 498; Kegel IPR § 13 II 5; Soergel-Kegel[9] Art. 29 Anm. 29; Enneccerus-Nipperdey, Allg. Teil § 67 III 4).

b) Personen, die, ohne die deutsche Staatsangehörigkeit zu besitzen, Deutsche im Sinne des Art. 116 Abs. 1 GG sind (Art. 9 II Nr. 5 FamRÄndG); dazu Soergel-Kegel[9] Art. 29 Anm. 32;

c) Staatenlosen, die ihren gewöhnlichen Aufenthalt oder in Ermangelung eines solchen ihren schlichten Aufenthalt in der Bundesrepublik oder in Berlin-West haben (Art. 29 EGBGB);

d) internationalen (nichtvolksdeutschen) Flüchtlingen i. S. des Art. 1 des Genfer Abkommens über die Rechtsstellung der Flüchtlinge v. 28. 6. 51 (BGBl. 1953 II 560) mit Art. 2 I 2 d. ZustimmungsG v. 1. 9. 53 (BGBl. II 559), die in der Bundesrepublik oder in Berlin-West ihren Wohnsitz oder in Ermangelung eines Wohnsitzes ihren Aufenthalt haben (Art. 12 des Abkommens); vgl. Soergel-Kegel[9] Anh. zu Art. 29 EG Anm. 20ff.;

e) fremden Staatsangehörigen, wenn das Recht ihres Heimatstaates wegen der sachlichen Voraussetzungen der Eheschließung auf das deutsche Recht zurückverweist (Art. 27 EGBGB). Im Rahmen der Geltung des HaagEheschlAbk. v. 12. 6. 02 (RGBl. 1904 221/229) muß eine Rückverweisung des Heimatrechts auf deutsches Recht in einer ausdrücklichen Gesetzesbestimmung niedergelegt sein, RG 15. 12. 30 (JW 1931, 1340).

Bei zweiseitigen Ehehindernissen muß den Personalstatuten beider Verlobten genügt sein, bei einseitigen Hindernissen nur dem des Gehinderten.

Auf den Ort der Eheschließung kommt es nicht an. Die nachträgliche Befreiung (§§ 21 Abs. 2, 22 Abs. 2 EheG) kann, wenn nach vorstehenden Ausführungen die deutsche internationale Zuständigkeit gegeben ist, auch bei Eheschließung im Ausland erteilt werden und wird gerade bei Auslandsehen häufig in Betracht kommen (Staudinger-Raape, BGB[9] S. 237). Dasselbe gilt interzonal (Luther, FamRZ 1957, 6 zu IV 2).

8. **Interlokale Zuständigkeit.** Im interlokalen Privatrecht ist Art. 13 Abs. 1 EGBGB grundsätzlich entsprechend anzuwenden. An die Stelle der Staatsangehörigkeit tritt als Anknüpfungspunkt richtigerweise statt des Wohnsitzes der gewöhnliche Aufenthalt, KG 2. 5. 57 (NJW 1198 = FamRZ 272), 8. 7. 57 (FamRZ 383), 8. 9. 58 (FamRZ 426), BayObLG 16. 7. 57 (Z 213 = NJW 1599 = MDR 751 = EJF B II Nr. 13 mit Anm. Jansen), 11. 10. 57 (Z 311 = NJW 1958 308 = MDR 1958, 110 = EJF B II Nr. 14 mit Anm. Dunz), 6. 11. 59 (Z 416); Soergel-Kegel[9] Anm. 353 vor Art. 7 EG; Raape IPR[5] S. 154. Eine Rechtsverschiedenheit ergibt sich daraus, daß in der Sowjetzone und im Ostsektor Berlins durch die **EheVO** v. 24. 11. 55 (GBlDDR I 849), Berlin Ost v. 6. 12. 55 (VOBl. I 519) die Eheverbote der Schwägerschaft und des Ehebruchs beseitigt sind. Bei Zonenwechsel nach der Eheschließung durch Übersiedlung nach dem Westen entsteht die Frage, ob es einer nachträglichen Befreiung von den Eheverboten der §§ 4, 6 EheG bedarf. Hierfür gilt der Grundsatz, daß für die Frage der Ehenichtigkeit das Heimatrecht beider Verlobten zur Zeit der Eheschließung maßgebend ist. Die Ehe von Angehörigen der DDR, die dort nach der Rechtsspaltung durch die EheVO geschlossen worden ist, bleibt mithin nach der Übersiedlung gültig, ohne daß es einer Befreiung von einem nach Westrecht vorliegenden Eheverbot bedarf. Bei Heirat ohne Befreiung und Übersiedlung vor der Rechtsspaltung bleiben EheG §§ 4, 6, 21, 22 anwendbar; bei Übersiedlung nach der Rechtsspaltung hat die Änderung des als Personalstatut maßgebenden Sowjetzonenrechts den Mangel behoben. Vgl. Luther, FamRZ 1957, 6; Kegel IPR § 20 III 6; Soergel-Kegel[9] Art. 13 EG Anm. 115ff.

Die entsprechende Anwendung des Art. 13 Abs. 1 EGBGB darf allerdings nicht so weit gehen, daß Deutsche mit gewöhnlichem Aufenthalt in der SBZ oder im

Ostsektor Berlins für eine Eheschließung in der BRD oder in Berlin-West keiner Befreiung bedürften (so Luther, FamRZ 1957, 6 zu I 2c). Hier gebührt dem Recht der BRD der Vorrang (vgl. Wengler, NJW 1951, 52, 491; ders., RabelsZ 1958, 535ff., 550; Raape, IPR[5] § 20 II 2 S. 153; a. M. Soergel-Kegel[9] Anm. 132 vor Art. 7 EG). Schließen Verlobte, von denen mindestens einer seinen gewöhnlichen Aufenthalt in der BRD hat, die Ehe ohne eine nach Westrecht erforderliche Befreiung in der SBZ oder im Ostsektor Berlins, so ist die Ehe mit dem Nichtigkeitsmangel behaftet, da es nach Art. 13 auf den Eheschließungsort nicht ankommt. Das gilt unabhängig davon, ob eine Umgehungsabsicht vorlag (Luther a. a. O. zu IV; Soergel-Kegel[9] Vorbem. 64 vor Art. 7, Art. 13 Anm. 98). Er bedarf also einer nachträglichen Befreiung.

9. Die **Wirksamkeit** einer ablehnenden Verfügung tritt mit der Bekanntmachung an den Antragsteller ein. Die Erteilung der Befreiung ist ihrem Inhalt nach für beide Verlobte bestimmt (§ 16 Abs. 1) und wird, da sie nur einheitlich ergehen kann, mit der letzten Bekanntmachung wirksam (§ 16 Anm. 3 Abs. 3; Keidel, § 16 Anm. 3 Abs. 6; Maßfeller, StAZ 1961, 301). Die wirksam gewordene Befreiung ist für den Standesbeamten bindend (§ 16 Anm. 4). Er kann ihre Richtigkeit auch nicht im Verfahren nach § 45 Abs. 2 PStG zur Nachprüfung stellen, wohl aber den Mangel der Wirksamkeit oder etwaige Nichtigkeitsgründe. Bis zur Eheschließung kann er allenfalls die Änderung der Verfügung beim VormG anregen (Anm. 11), ohne daß ihm jedoch gegen die Ablehnung der Änderung ein Beschwerderecht zusteht (Anm. 10).

10. **Rechtsmittel.** Die Erteilung der Befreiung ist mit Rechtsmitteln nicht anfechtbar. Weist erst das Beschwerdegericht das AG zur Erteilung der Befreiung an, so ist die Entscheidung des Beschwerdegerichts unanfechtbar. Gegen die Versagung der Befreiung ist die einfache (unbefristete) Beschwerde nach § 19 gegeben. Das Beschwerderecht (§ 20 Abs. 1) steht jedem Verlobten unabhängig von dem anderen zu. Ein minderjähriger oder sonst beschränkt geschäftsfähiger Verlobter kann das Beschwerderecht selbständig ausüben (§ 59). Ein Beschwerderecht Dritter kann in Ermangelung einer Rechtsbeeinträchtigung (§ 20 Abs. 1) nicht in Betracht kommen. § 57 Abs. 1 Nr. 9 ist nicht anwendbar.

11. **Änderungsbefugnis.** Für die Änderung ablehnender Verfügungen gelten die Bem. zu § 18 Anm. 3, 4. Die Änderung einer die Befreiung erteilenden Verfügung durch das VormG nach § 18 Abs. 1 Halbs. 1 wird durch ihre Unanfechtbarkeit nicht ausgeschlossen (§ 18 Anm. 8). Nach der Eheschließung jedoch ist eine Änderung der Befreiung vom Eheverbot der Schwägerschaft unstatthaft, da die bereits geschlossene Ehe nicht gemäß § 21 EheG rückwirkend nichtig gemacht werden soll (Maßfeller, StAZ 1961, 302). Ist die Befreiung erst nach der Eheschließung erteilt worden (Anm. 2b Abs. 3), so entfällt eine Änderungsbefugnis schlechthin. Eine Änderung der Befreiung von dem nur aufschiebenden Eheverbot der Geschlechtsgemeinschaft ist nach der Eheschließung gegenstandslos. Gegen eine die Befreiung aufhebende Verfügung findet die Beschwerde wie gegen die Versagung statt (Anm. 10).

12. **Gebühren.** a) des Gerichts § 97a KostO i. d. F. d. Art. 6 Nr. 2 FamRÄndG. Für die Befreiung volle Gebühr; die Versagung ist gebührenfrei. Im Beschwerdeverfahren gilt § 131 KostO. b) des Rechtsanwalts § 118 BRAGebO.

Befreiung vom Eheverbot des Ehebruchs

Örtliche Zuständigkeit. Verfahren

44b (1) Für die Befreiung vom Eheverbot wegen Ehebruchs ist das Gericht zuständig, in dessen Bezirk der wegen Ehebruchs geschiedene Verlobte seinen gewöhnlichen Aufenthalt hat. Sind beide Verlobte wegen Ehebruchs geschieden, so ist das Gericht zuständig, in dessen Bezirk der Mann seinen gewöhnlichen Aufenthalt hat. Hat im Falle des Satzes 1 der geschiedene Verlobte, im Falle des Satzes 2 der Mann im Inland keinen gewöhnlichen Aufenthalt, so ist das Gericht zuständig, in dessen Bezirk der andere Verlobte seinen gewöhnlichen Aufenthalt hat. Hat keiner der Verlobten seinen gewöhnlichen Aufenthalt im Inland, so ist § 44a Abs. 1 Satz 2, 3 anzuwenden.

(2) Die Verfügung, durch die das Gericht die Befreiung erteilt, ist unanfechtbar. Das Gericht darf sie nicht mehr ändern, wenn die Ehe geschlossen worden ist.

Eingefügt durch Art. 4 Nr. 3 FamRÄndG. In Kraft getreten am 1. 1. 1962.

1. **Rechtsentwicklung.** Das Eheverbot des Ehebruchs in § 1312 BGB a. F. wurde in § 9 EheG 1938 beibehalten, jedoch die Befreiung begünstigt durch den Zusatz, daß sie nur versagt werden soll, wenn schwerwiegende Gründe der Eingehung der neuen Ehe entgegenstehen (wegen der hierfür maßgebend gewesenen, z. T. natsoz. bedingten Erwägungen s. Anz. JW 1938, 2072). § 6 EheG 1946 behielt diese Regelung unverändert bei. Das Befreiungsverfahren war geregelt in den §§ 5, 6, 10, 11, 12 1. DVO-EheG v. 27. 7. 38 (RGBl. I 923), für die fr. brit. Zone geändert durch AusfVO-EheG v. 12. 7. 48 (VOBlbrZ 210). Es entschied der Präs. d. LG des Ehescheidungsrechtsstreits, u. U. (Auslandsbeziehungen, Befreiung nach Eheschließung) der OLGPräs. (Justizverwaltungsakt). Die Entscheidung wurde von einer Zivilkammer vorbereitet. Gegen ablehnende Bescheide förmliche Beschwerde an LJMin. (§ 11 1. DVO-EheG). Der Verwaltungsrechtsweg wurde für zulässig erachtet, OVG Münster 21. 4. 53 (NJW 1240 = DVBl. 701 = DÖV 768), 2. 10. 56 (FamRZ 1957 261). Vom 1. 4. 60 bis 31. 12. 61 war das OLG im Verfahren nach den §§ 23ff. EGGVG i. d. F. des § 179 VwGO anzurufen.

2. **§ 6 EheG** ist in Abs. 1 (sachliche Voraussetzungen des Eheverbots) unverändert geblieben. Geändert ist Abs. 2 (Befreiung) durch Art. 2 Nr. 1 Buchst. c FamRÄndG; die bisherigen Ausführungsvorschriften in §§ 5, 6, 10—12 1. DVO-EheG, §§ 5, 6, 10—12 AusfVO-EheG f. d. brit. Zone sind gleichzeitig durch Art. 9 Abs. 1 Nr. 11, 25 FamRÄndG aufgehoben worden. § 6 EheG lautet hiernach:

> **(1) Eine Ehe darf nicht geschlossen werden zwischen einem wegen Ehebruchs geschiedenen Ehegatten und demjenigen, mit dem er den Ehebruch begangen hat, wenn dieser Ehebruch in dem Scheidungsurteil als Grund der Scheidung festgestellt ist.**
>
> **(2) Das Vormundschaftsgericht kann von dieser Vorschrift Befreiung erteilen. Die Befreiung soll versagt werden, wenn wichtige Gründe der Eingehung der Ehe entgegenstehen.**

a) **Ehebruch**[1]. Die frühere Ehe muß wegen Ehebruchs (§ 42 EheG) gerade mit dem anderen Ehebewerber geschieden und dies in dem Urteil festgestellt sein (§ 624

[1] Schrifttum: Rietdorf-Schmidt, Eheerfordernisse und Ehehindernisse, 1960, S. 93ff

ZPO). Feststellung in den Gründen genügt, KG 30. 8. 06 (OLGE **17** 267), RG 12. 5. 20 (**99** 80). Die Feststellung ist für den Standesbeamten bindend, Hamburg 14. 7. 02 (OLGE **5** 393); Reichel AcP **124** 210. Das Eheverbot besteht nur, wenn der Ehebruchspartner in dem Urteil namentlich bezeichnet ist, weil es sonst für den Standesbeamten nicht feststellbar ist, BGH 14. 11. 56 (FamRZ 86 mit Anm. v. Schätzel = MDR 160 mit Anm. v. Beitzke, je 1957); h. M. Unrichtige Namensangabe ist unschädlich, wenn Nämlichkeit feststeht, LG Frankfurt 12. 2. 26 (StAZ 1930, 275); Siebert-Vogel § 6 Anm. 2. Die Ehe muß laut dem Urteil, sei es auch neben anderen Gründen, wegen des Ehebruchs auf Klage oder Widerklage geschieden sein. Nicht ausreichend ist es, wenn der Ehebruch nur als „andere Eheverfehlung" i. S. des § 43 EheG geltend gemacht (vgl. v. Scanzoni, FamRZ 1957, 24) oder nach § 51 Abs. 2 EheG unterstützend oder zur Begründung eines Mitschuldausspruchs nach § 52 Abs. 3 EheG oder eines Schuldausspruchs nach § 52 Abs. 3 EheG bei einer Klage nach §§ 44 bis 46 und 48 EheG herangezogen wird, RG 2. 3. 40 (**163**, 77, 81), da der Ehebruch dann nicht Eheauflösungsgrund ist. Ein Aufhebungsurteil (§ 29 EheG) steht dem Scheidungsurteil gleich, wenn in dem Rechtsstreit Aufhebung und Scheidung begründet begehrt worden sind und gemäß § 18 1. DVO-EheG nur auf Aufhebung erkannt worden ist (Hoffmann-Stephan, EheG, § 6 Anm. 3 A; Gerold, EheG, § 6 Anm. 9; v. Scanzoni, EheG 1938[3], § 9 EheG Anm. 6a; Palandt, § 6 EheG Anm. 2a; Peters, StAZ 1960, 303). Wird die geschiedene Ehe später für nichtig erklärt, so entfällt das Eheverbot (Wolff, FamR § 15 II 3; Siebert-Vogel § 6 Anm. 2; Hoffmann-Stephan § 6 Anm. 3a; Gerold § 6 Anm. 14; Erman-Hefermehl § 6 Anm. 2; a. M. Palandt § 6 Anm. 2a). Tod oder Wiederverheiratung des früheren Ehegatten sind unerheblich, können aber bei der Befreiung berücksichtigt werden (Lehmann, FamR[3] § 10 I 5). Wegen der zu Unrecht bestrittenen Rechtsgültigkeit des Eheverbots vgl. § 44a Anm. 3.

b) Wirkung. Das Eheverbot ist *trennend*. Eine ohne Befreiung geschlossene Ehe ist nichtig (vernichtbar), §§ 22 Abs. 1, 23 EheG. Der Nichtigkeitsgrund wird rückwirkend geheilt, wenn die Befreiung nach der Eheschließung, aber vor rechtskräftiger Nichtigkeitserklärung, bewilligt wird (§ 22 Abs. 2 EheG). Da der Staatsanwalt Nichtigkeitsklage auch nach Auflösung der Ehe erheben kann, sofern noch ein Ehegatte lebt (§ 24 EheG), ist *Befreiung auch nach Auflösung der Ehe möglich*, solange ein Ehegatte lebt und die Ehe nicht rechtskräftig für nichtig erklärt ist (Maßfeller, StAZ 1938, 281; Palandt § 22 EheG Anm. 3).

3. Die Befreiung wird durch § 6 Abs. 2 EheG dem *VormG* übertragen, ist also eine Angelegenheit der FG (§ 1 FGG). Zuständig ist das AG (§ 35 FGG, Art. 68 Nr. 1a WürttAGBGB i. d. F. d. G. v. 19. 12. 61, GBl. 371), und zwar der *Richter* (RechtspflG § 12 Nr. 19a i. d. F. d. Art. 8 Nr. 3 FamRÄndG). Die Befreiung ist kein Gnadenakt, sondern ein Akt der Rechtspflege. Sie ist in das *Ermessen des VormG* gestellt („kann"). Hierin hat die Neufassung des § 6 Abs. 2 EheG gegenüber der Rechtslage nach EheG 1938 und EheG 1946 eine erhebliche Änderung gebracht. Während bisher seit EheG 1938 die Befreiung *nur* versagt werden sollte, d. h. durfte (vgl. § 44a Anm. 4), wenn der Eheschließung schwerwiegende Gründe entgegenstehen, so daß im Hinblick auf diesen unbestimmten Rechtsbegriff für ein Handlungsermessen kein Raum blieb (unrichtig insofern OVG Münster FamRZ 1957 261), soll nach der Fassung des FamRÄndG unter Fortfall des „nur" die Befreiung versagt werden, wenn wichtige Gründe entgegenstehen. Durch die Streichung des „nur" hat der Rechtsausschuß des BT zum Ausdruck gebracht, daß das Eheverbot des Ehebruchs „nicht bagatellisiert werden dürfe" (BT-Drucks. zu

2812/3. Wahlp. S. 9). Das VormG kann mithin die Befreiung auch versagen, wenn wichtige Gründe nicht entgegenstehen, so daß anders als bisher schon der Ehebruch als solcher bei entsprechender Schwere der Schuld die Versagung rechtfertigen kann. Darin kommt gegenüber der Auffassung von 1938 eine verstärkte soziale Mißbilligung des Ehebruchs zum Ausdruck. Das Vorliegen eines wichtigen Grundes ist ein vom Beschwerdegericht nachprüfbarer unbestimmter Rechtsbegriff (§ 27 FGG Anm. 4g), der ohne Ermessensfreiheit zur Versagung nötigt (wegen der Bedeutung der Sollvorschrift vgl. § 44a Anm. 4). Soweit beim Fehlen entgegenstehender wichtiger Gründe die Erteilung oder Versagung im Ermessen des VormG steht, ergeben sich die Grenzen des Ermessens aus dem Zweck der Ermächtigung. Das Eheverbot ist im öffentlichen Interesse erlassen (RGZ 55 246). Es dient nicht der Genugtuung für den verletzten Ehegatten oder der Sühne für begangenes Unrecht, sondern ist ebenso wie der Absolutheitscharakter des Scheidungsgrundes in § 42 EheG und die Strafvorschrift in § 172 StGB ein Ausdruck der sozialen Mißbilligung des Ehebruchs[1]). Es wird also darauf ankommen, ob die Ehebewerber nach ihrem Gesamtverhalten einer Befreiung würdig sind. Im Rahmen des öffentlichen Interesses können auch die Belange des verletzten Ehegatten und der Kinder Berücksichtigung finden, insbesondere, daß der geschiedene Ehemann seine Unterhaltspflicht ihnen gegenüber längere Zeit hindurch freiwillig erfüllt hat und nicht zu befürchten ist, er werde nach der Befreiung die Leistungen einstellen. Ferner sind die gesamten Verhältnisse des geschiedenen Ehegatten und seines Mitschuldigen zu berücksichtigen, namentlich die Schwere der Schuld, etwaige in dem Verhalten des anderen liegende Milderungsgründe sowie das Maß der Anstößigkeit der neuen Ehe für die Umwelt. In letzter Linie sind auch die Bestandsaussichten der neuen Ehe zu prüfen.

4. **Verfahren.** Ohne Anrufung durch einen der Ehebewerber kann das VormG nicht tätig werden. Jedoch hat das Nachsuchen um die Befreiung bei dem Schweigen des Gesetzes nicht die verfahrensrechtliche Bedeutung eines förmlichen Antrages. § 18 Abs. 1 Halbs. 2 und § 20 Abs. 2 sind mithin nicht anwendbar; das Gericht darf eine ablehnende Verfügung auch ohne Antrag ändern und die Beschwerde dagegen steht nicht nur dem Antragsteller zu. Am Verfahren beteiligt sind nur die Verlobten, und zwar notwendig beide, da zweiseitiges Eheverbot. Der ehemündige (§ 1 EheG) minderjährige oder in der Geschäftsfähigkeit beschränkte Verlobte ist selbständig beteiligtenfähig (§ 59 FGG Anm. 1 Abs. 2). Ausübung der Rechte im Verfahren durch gesetzlichen Vertreter ist nicht zulässig, da Eheschließung höchstpersönlich.

5. Die **örtliche Zuständigkeit** ist abweichend von §§ 43, 36 geregelt. Maßgebend ist nicht der Wohnsitz im Rechtssinne (§ 7 BGB), sondern, wie bereits in §§ 44a, 45 der gewöhnliche Aufenthalt (Begriff § 45 Anm. 3). Maßgeblicher Zeitpunkt für das Vorhandensein dieser die Zuständigkeit begründenden örtlichen Beziehung ist nach dem in §§ 43 Abs. 1 Halbs. 2, 45 Abs. 5 für Einzelverrichtungen des VormG zum Ausdruck gekommenen allgemeinen Grundsatz, der hier vom Gesetz nicht besonders ausgesprochen wird, der Zeitpunkt, in welchem das VormG mit der Sache befaßt wird, in welchem also das Gesuch um Befreiung bei einem VormG eingeht. Die Anhängigkeit einer Vormundschaft oder Pflegschaft für einen Verlobten zieht die Zuständigkeit nicht nach sich. Auch eine Abgabe nach § 46 findet nicht statt.

---

[1]) Vgl. hierzu Sasse, Gruch. 71 (1931), 217ff.

Das Gesetz unterscheidet folgende Fälle:

a) Grundsätzlich ist das VormG örtlich zuständig, in dessen Bezirk der wegen Ehebruchs mit dem anderen Ehebewerber geschiedene Verlobte seinen gewöhnlichen Aufenthalt hat (Abs. 1 Satz 1). Schlichter Aufenthalt genügt nicht.

b) Sind beide Verlobte wegen Ehebruchs miteinander geschieden, so ist das VormG des gewöhnlichen Aufenthalts des Mannes ausschließlich zuständig (Abs. 1 Satz 2). Die Anknüpfung an die Verhältnisse des Mannes überrascht, nachdem Art. 4 Nr. 3 GleichberG bei der Neufassung des § 45 FGG die Anknüpfung an den Manneswohnsitz im Hinblick auf die auf Art. 3 Abs. 2 gestützten Bedenken (vgl. Keidel, FamRZ 1955, 123; BayObLGZ 1957, 308) beseitigt hatte. Die Vorschrift wird damit gerechtfertigt, daß die Zuständigkeit mehrerer VormGe vermieden werden solle (BT-Drucks. 530/3. Wahlp. S. 32). Jedoch ist die mehrfache Zuständigkeit in § 44a in Kauf genommen worden (§ 44a Anm. 5b). Gleichwohl wird die Vorschrift als gültig betrachtet werden müssen, weil sich anders nicht die schwere Unzuträglichkeit vermeiden läßt, daß die Verlobten nach erfolgloser Anrufung des einen Gerichts sich an das andere wenden (ebenso Finke, FamRZ 1958, 408 zu IV a 3). — Der Fall des Abs. 1 Satz 2 liegt nur vor, wenn die Ehen beider Verlobten wegen Ehebruchs jeweils mit dem anderen Ehebewerber geschieden worden sind. Ist nur die Ehe der Frau wegen Ehebruchs mit dem jetzigen Verlobten geschieden worden, die des Mannes aber wegen Ehebruchs mit einer dritten Person, so verbleibt es bei der gemäß Satz 1 nach dem gewöhnlichen Aufenthalt der Frau begründeten Zuständigkeit. Sind beide Ehen wegen Ehebruchs mit Dritten geschieden, so besteht kein Eheverbot (Anm. 2a).

c) Hat der Verlobte, dessen Verhältnisse nach Satz 1 oder Satz 2 für die Begründung der örtlichen Zuständigkeit maßgebend sind, im Inland keinen gewöhnlichen Aufenthalt, also entweder gar keinen oder nur einen schlichten Aufenthalt, so ist das Gericht des gewöhnlichen Aufenthalts des anderen Verlobten zuständig (Satz 3). Inland ist verfahrensrechtlich im Sinne des Geltungsbereichs der Vorschrift zu verstehen, also BRD einschließlich Berlin West (§ 44a Anm. 5b; § 45 Anm. 4; Keidel § 45 II 3). Diese Vorschrift wird auch anzuwenden sein, wenn die Befreiung nach der Eheschließung nachgesucht wird und einer der Ehegatten nicht mehr lebt (Anm. 2b) oder unbekannten Aufenthalts ist.

d) Hat keiner der Verlobten seinen gewöhnlichen Aufenthalt im Inland, also im Geltungsbereich der Vorschrift, so wird durch Satz 4 i. Vbdg. m. § 44a Abs. 1 Satz 2, 3 die zentrale Zuständigkeit des AG Schöneberg begründet mit der Befugnis, die Sache unanfechtbar und bindend an ein anderes VormG entsprechend § 36 Abs. 2 n. F. abzugeben (vgl. oben S. 10). Schlichter Aufenthalt im Inland begründet nicht die Zuständigkeit des VormG des Aufenthalts, schließt also die das AG Schöneberg, abweichend von § 36 Abs. 2, nicht aus. Meistens wird die Abgabe an das VormG angemessen sein, in dessen Bezirk der wegen des Ehebruchs geschiedene Verlobte seinen letzten gewöhnlichen Aufenthalt im Inlande hatte oder in dessen Bezirk die Ehe geschlossen werden soll.

6. Internationale und interlokale Zuständigkeit[1]) Es gelten die Bem. zu § 44a Anm. 7 und 8. Bei dem Eheverbot des Ehebruchs ist besonders zu beachten, daß

[1]) Schrifttum: Sasse, Zur Lehre vom Ehehindernis des Ehebruchs gemäß § 1312 BGB, Gruch. 71 (1931) 208ff.; Maßfeller, Das Ehehindernis des Ehebruchs bei der Eheschließung von ausländischen Staatsangehörigen, StAZ 1934, 307; Luther, Das Ehehindernis des Ehebruchs im interzonalen Privatrecht, FamRZ 1957, 6.

es ein zweiseitiges ist. Der dem (west-)deutschen Personalstatut unterliegende Verlobte bedarf daher zur Eheschließung im In- oder Auslande (oder in der SBZ und im Ostsektor Berlins) der Befreiung, selbst wenn das Heimatrecht des anderen Verlobten dem nicht entgegensteht, weil es das Eheverbot nicht kennt. Das gilt auch dann ,wenn nicht die Ehe des dem westdeutschen Personalstatut unterstehenden Verlobten, sondern die des anderen wegen Ehebruchs geschieden und ersterer nur als Mitschuldiger in dem Urteil genannt ist. (Staudinger-Raape[9] Art. 13 EGBGB Bem. A II 3b; Palandt, Art. 13 EG Anm. 2; Kegel, IPR S. 241; Raape IPR[5] S. 240). Auch die Scheidung wegen Ehebruchs durch ein (anerkanntes) Auslandsurteil oder ein Urteil der SBZ oder des Ostsektors Berlins begründet das Eheverbot. Streitig ist, ob das Eheverbot auch begründet wird durch die Scheidung nach einem Recht, welches den Ehebruch als besonderen Scheidungsgrund nicht kennt, wie jetzt das Recht der SBZ (§ 8 EheVO, vgl. § 44a Anm. 8). Die Frage wird zu verneinen sein, weil der Ehebruch nach § 6 EheG nicht lediglich die Ursache der Ehezerrüttung, sondern der Grund der Scheidung sein muß (LG Bielefeld NJW 1957 64 = StAZ 1957 99; Fischer StAZ 1956 70; Stein FamRZ 1956 265; Muser StAZ 1957 49; Pfeiffer-Strickert, PStG § 5 Anm. 19; a. M. Luther FamRZ 1957 7; Palandt[21] § 6 Anm. 2 b; Kubisch NJW 1957 388).

7. Für den **Eintritt der Wirksamkeit** der Verfügung gelten die Bem. bei § 44a Anm. 9 entsprechend.

8. **Rechtsmittel.** Die Anfechtbarkeit ist ebenso geregelt wie bei der Befreiung vom Eheverbot der Schwägerschaft. Die Bem. bei § 44a Anm. 10 gelten entsprechend. Die Befreiung ist in jedem Falle unanfechtbar, auch für den anderen, durch den Ehebruch verletzten geschiedenen Ehegatten. Dieser hätte übrigens ohnehin kein Beschwerderecht nach § 20 Abs. 1 (KG 3. 3. 16, **49** 45; Siebert-Vogel[8] § 6 EheG Anm. 2).

9. **Änderungsbefugnis.** Für die Änderung ablehnender Verfügungen gelten die Bem. zu § 18 Anm. 3, 4. Die Änderung einer die Befreiung erteilenden Verfügung durch das VormG nach § 18 Abs. 1 Halbs. 1 wird durch ihre Unanfechtbarkeit nicht ausgeschlossen (§ 18 Anm. 8). Nach der Eheschließung jedoch ist eine Änderung der Befreiung unstatthaft, da die bereits geschlossene Ehe nicht gemäß § 22 EheG rückwirkend nichtig gemacht werden soll (BT-Drucks. 530/3. Wahlp. S. 32; Maßfeller, StAZ 1961, 302). Die aufhebende Verfügung muß also noch vor der Eheschließung durch Bekanntmachung an beide Verlobte wirksam geworden sein; andernfalls kann sie nicht mehr wirksam werden, mag sie auch vor der Eheschließung im Sinne des § 18 Anm. 1 erlassen sein. Ist die Befreiung erst nach der Eheschließung erteilt worden (Anm. 2b), so entfällt die Änderungsbefugnis schlechthin.

10. **Gebühren** wie bei § 44a Anm. 12.

Genehmigung der Unterbringung

55a **(1) Eine Verfügung, durch die das Vormundschaftsgericht die Genehmigung zur Unterbringung eines Mündels, die mit Freiheitsentziehung verbunden ist, erteilt, wird erst mit der Rechtskraft wirksam.**

(2) Das Gericht kann die sofortige Wirksamkeit der Verfügung anordnen.

(3) Das Gericht kann vor der Entscheidung einstweilige Anordnungen treffen.

Eingefügt durch Art. 4 Nr. 4 FamRÄndG. In Kraft getreten am 1. 1. 1962.

1. Rechtsentwicklung. Nach bürgerlichem Recht umfaßt das dem elterlichen oder vormundschaftlichen Gewalthaber zustehende Aufenthaltsbestimmungsrecht (§§ 1631 Abs. 1, 1800 Abs. 1, 1897, 1901 Abs. 1, 1915 BGB) auch das Recht und gegebenenfalls die Pflicht, das Kind, den Mündel oder Pflegebefohlenen in einer geschlossenen Anstalt unterzubringen. Einer Mitwirkung des VormG bedurfte es nicht (vgl. § 38 Anm. 1). Nach dem Erlaß des GG entstand die Frage, ob auf eine solche Unterbringung Art. 104 Abs. 2 GG anzuwenden ist; die vorherrschende Meinung verneinte sie mit BGH 30. 3. 55 (17 108); vgl. Maunz-Dürig, GG Art. 104 Rdn. 3 sowie das bei Saage, Beil. z. BAnz. Nr. 122/60 in Fußn. 3 angegebene Schrifttum. Jedoch hat das BVerfG am 10. 2. 60 (10 302) ausgesprochen, daß eine richterliche Entscheidung nach Art. 104 Abs. 2 GG, und zwar durch eine Genehmigung des VormG, auch dann erforderlich ist, wenn der Vormund in Ausübung seines Aufenthaltsbestimmungsrechts den volljährigen Entmündigten in einer geschlossenen Anstalt unterbringt. Diese für das Vormundschaftsrecht bedeutsame Entscheidung hat zu lebhaften Erörterungen ihrer Tragweite im Schrifttum geführt[1]). Das FamRÄndG hat aus dieser Entscheidung die positivrechtlichen Folgerungen gezogen und das Verfahren des VormG durch Einfügung eines § 1800 Abs. 2 in das BGB und des § 55a in das FGG geregelt (BT-Drucks. zu 2812/61 S. 8, 10).

2. Sachliche Voraussetzungen. § 1800 Abs. 2 BGB n. F. bestimmt:

(2) Eine Unterbringung des Mündels, die mit Freiheitsentziehung verbunden ist, ist nur mit Genehmigung des Vormundschaftsgerichts zulässig; das Vormundschaftsgericht soll den Mündel vor der Entscheidung hören. Ohne die Genehmigung ist die Unterbringung nur zulässig, wenn mit dem Aufschub Gefahr verbunden ist; die Genehmigung ist unverzüglich nachzuholen. Das Gericht hat die Genehmigung zurückzunehmen, wenn das Wohl des Mündels die Unterbringung nicht mehr erfordert.

a) Anwendungsbereich. Die Vorschrift gilt, wie sich aus ihrer Stellung im Gesetz ergibt, für die Vormundschaft über Minderjährige (§ 1773) und Volljährige (§§ 1896, 1906, 1897, 1901 Abs. 1) sowie für die Pflegschaft über Minderjährige und Volljährige (§§ 1671 Abs. 5, 1679 Abs. 1, 1680, 1909, 1910, 1915), sofern der Wirkungskreis des Pflegers das Personensorgerecht, mindestens das Aufenthaltsbestimmungsrecht umfaßt. Auch der nach § 1910 Abs. 2 bestellte Gebrechlichkeitspfleger eines geschäftsunfähigen Volljährigen ist, wenn die Aufenthaltsbestimmung zu seinem Wirkungskreis gehört, befugt, den Pflegebefohlenen in einer Anstalt unterzubringen, KG 1. 6. 61 (NJW 2114 = FamRZ 494), BayObLG 14. 11. 61 (FamRZ 1962, 39); a. M. Maurer, FamRZ 1960, 468; Kemper, NJW 1962, 677. Jedoch sollte bei der Anordnung von Gebrechlichkeitspflegschaften zum Zwecke der Unterbringung Zurückhaltung geübt und die Bedürfnisfrage sorgfältig geprüft werden (vgl. Dunz, JZ 1960, 477; Franke, NJW 1961, 955 zu II); keinesfalls ist diese

[1]) **Schrifttum:** Saage, Beil. z. BAnz. Nr. 122/60; Sachsenmaier, Blätter d. Wohlfpfl. 1960, 322; Anders, FamRZ 1960, 475; Becker, ZBlJR 1961, 1; Böning, NJW 1960, 1374; Deisenhofer, EJF A IV Nr. 11 Anm.; Dunz, JZ 1960, 475, FamRZ 1961, 247; Erdsiek, NJW 1960, 1385; Ficht, ZBlJR 1960, 328; Franke, NJW 1960, 1369, 1961, 955; Guggumos, EJF A IV Nr. 11 Anm., FamRZ 1960, 478; Jansen, EJF A IV Nr. 12—14 Anm.; Maurer, FamRZ 1960, 468; 1961, 248; Moser von Filseck, Die Justiz 1960, 161; Potrykus, ZBlJR 1960, 233; Rauschert, RdJ 1960, 369; Schmehl, Die Justiz 1960, 254; Schüler-Springorum, FamRZ 1961, 296; Schwarzhaupt, FamRZ 1962, 50.

wegen der Formlosigkeit des Verfahrens oft bevorzugte Maßnahme dazu bestimmt, das förmliche Verfahren nach den Unterbringungsgesetzen (Einl. II Nr. 50) zu ersetzen. § 1800 Abs. 2 gilt auch für die Vereinsvormundschaft (§ 53 JWG) und die gesetzliche oder bestellte Amtsvormundschaft des Jugendamts (§§ 38, 40, 46, 52 JWG), es sei denn, daß das Personensorgerecht nach § 1707 Abs. 1 Satz 2 der unehelichen Mutter zusteht, da dann diese über die Unterbringung entscheidet.

Eltern dürfen in Ausübung der elterlichen Gewalt eine mit einer Freiheitsentziehung verbundene Unterbringung ohne Genehmigung des VormG durchführen; das Gesetz hat von einer derartigen Beschränkung der elterlichen Gewalt bewußt abgesehen (BT-Drucks. zu 2812/61 S. 8). Ein solcher Eingriff in das Recht der Eltern zur Pflege und Erziehung der Kinder (Art. 6 Abs. 2, 3 GG) wird auch durch Art. 2 Abs. 2 Satz 2, 104 Abs. 2 GG nicht erfordert; für die Überwachung der elterlichen Betätigung (Art. 6 Abs. 2 Satz 2 GG) genügen die Aufsichtsrechte des VormG nach §§ 1666, 1696 (Saage, Beil. z. BAnz. Nr. 122/60 zu D I; Böning, NJW 1960, 1378; Deisenhofer EJF A IV Nr. 11 Anm.; Jansen, EJF A IV Nr. 12—14 Anm.; Maurer, FamRZ 1960, 468 zu V; Bosch, FamRZ 1960, 365; Palandt[21] § 1631 Anm. 4; AG Wennigsen 20. 6. 60 [FamRZ 364] LG Augsburg 24. 1. 61, LG Stuttgart 18. 4. 61 [FamRZ 323, 325]; a. M. Erdsiek, NJW 1960, 1386; Franke, NJW 1960, 1270; Potrykus, ZBlJR 1960, 233; Guggumos, EJF A IV Nr. 11 Anm.). Das gilt auch dann, wenn die Eltern die Unterbringung nicht zu Erziehungszwecken, sondern zur Heilbehandlung oder zur Verwahrung eines unheilbar kranken oder erziehungsunfähigen Kindes anordnen (LG Stuttgart a. a. O.; a. M. Anders, FamRZ 1960, 475). Mithin bedürfen der Genehmigung des VormG nicht Eltern, welche die elterliche Gewalt gemeinsam (§ 1626) oder einzeln (§§ 1671, 1672, 1678—1681) ausüben, der Vater des für ehelich erklärten Kindes, Adoptiveltern (Anders, FamRZ 1960, 475 zu VII; Saage a. a. O. Fußn. 10a; Becker, ZBlJR 1961, 12), die uneheliche Mutter, der nach § 1707 Abs. 1 Satz 2 das Personensorgerecht zusteht (BT-Drucks. zu 2812/61 S. 8; AG Wennigsen 30. 7. 60, FamRZ 411) oder der nach § 1707 Abs. 2 die elterliche Gewalt übertragen worden ist.

b) Genehmigungsbedürftig ist jede Unterbringung, die mit einer Freiheitsentziehung i. S. des Art. 104 Abs. 2 GG verbunden ist. Die körperlich-räumliche Bewegungsfreiheit muß durch Festhalten an einem eng umgrenzten Ort entzogen, nicht nur eingeschränkt sein; hierfür kommt es auf den Erfolg der Maßnahme an; ob das angewendete Mittel unmittelbarer Zwang (Einsperrung, vgl. § 2 Abs. 1 FrEntzG) oder psychischer Zwang (Strafandrohung, Inaussichtstehen zwangsweiser Rückführung) ist, bleibt gleich (Maunz-Dürig, GG Art. 104 Rdn. 5—7). Die Unterbringung in einer Familie, einem offenen oder halboffenen Heim ist keine Freiheitsentziehung, mag sie auch mit der Einfügung in eine Haus- oder Anstaltsordnung verbunden sein (vgl. Becker, ZBlJR 1961, 5). Es ist die Auffassung vertreten worden, daß die Unterbringung eines Minderjährigen in einer geschlossenen Anstalt keine Freiheitsentziehung darstelle, wenn sie eine Erziehungsmaßnahme sei (Schüler-Springorum, FamRZ 1961, 296; AG Hamburg, 14. 6. 61, FamRZ 393; vgl. auch Anders, FamRZ 1960, 475 zu IV). Dem ist insoweit beizupflichten, als kurzfristige Aufhebungen der Bewegungsfreiheit durch den Erziehungsberechtigten oder im Rahmen eines besonderen Gewaltverhältnisses, die sich als anerkannte und herkömmliche Erziehungsmittel darstellen, wie Ausgehverbote und Hausarrest, als durch das Grundrecht auf Erziehung (Art. 6 GG) getragene Maßnahmen nicht den Tatbestand der Freiheitsentziehung erfüllen.

Sie sind auch keine „Unterbringung" i. S. des § 1800 Abs. 2. Bei einer Dauerunterbringung in einer geschlossenen Anstalt aber erhält die darin liegende Aufhebung der Bewegungsfreiheit gegenüber dem Erziehungszweck ein derartiges Übergewicht, daß eine richterliche Entscheidung nach Art. 104 Abs. 2 GG geboten ist (so auch AG Wennigsen, FamRZ 1962, 40). Jedenfalls ist das ersichtlich der in § 1800 Abs. 2 BGB zum Ausdruck gekommene Standpunkt des Gesetzes. Vgl. hierzu Rauschert, RdJ 1961, 319; Schnitzerling, Groß, Schuler, RdJ 1962, 4, 39, 47.

c) Nur gegen den Willen des Betroffenen oder ohne seinen Willen im Zustande der Willenlosigkeit durchgeführte Maßnahmen erfüllen den Begriff der Freiheitsentziehung, Einwilligung des Betroffenen hebt den Zwangscharakter der Maßnahme auf. Die Einwilligung muß freiwillig, d. h. frei auch von psychischem Druck, erteilt und ernstlich gemeint sein. Geschäftsfähigkeit ist nicht erforderlich, da es sich nicht um eine Willenserklärung handelt; maßgebend ist der natürliche Wille, den auch Kinder, Geistesschwache und Geisteskranke bilden können, sofern sie zu einer Willensäußerung fähig und in der Lage sind, die Bedeutung des Eingriffs in ihre Freiheit zu ermessen, BayObLG 23. 11. 54 (Z 302); BGH 24. 4. 61 (VersR 632); Maunz-Dürig, GG Art. 104 Rdn. 10; Böning, SchlHA 1958, 281; Saage, Beil. z. BAnz. Nr. 122/60 S. 4; Becker, ZBlJR 1961, 5. Die Einwilligung ist jederzeit frei widerruflich.

d) Für die Entscheidung maßgebend ist das Wohl des Mündels (vgl. § 1800 Abs. 2 Satz 3). Die Unterbringung in einer Heil- oder Pflegeanstalt dient dem Wohl des Mündels, wenn dadurch erfolgversprechende Heilungsmöglichkeiten eröffnet werden, aber auch, wenn der Mündel sich selbst oder andere gefährdet oder wenn seine Absonderung von der Umwelt zu seinem Schutze erforderlich erscheint, Böning, NJW 1960, 1376; BayObLG 17. 8. 60 (Z 357); KG 1. 6. 61 (NJW 2114 = FamRZ 494), Hamm 13. 6. 61 (JMBlNRW 209). Querulatorisches Verhalten reicht nicht aus; gewisse Behelligungen und Belästigungen müssen hingenommen werden, wie Hamm (a. a. O.) mit Recht ausführt. Über das Verhältnis zur Unterbringung auf Antrag der Verwaltungsbehörde nach den Unterbringungsgesetzen vgl. BayObLG 26.2.60 (Z 85 = FamRZ 202); Saage, Beil. z. BAnz. Nr. 122/60 zu E. Sofern polizeiliche Gründe für die Unterbringung vorliegen, ist dem Verfahren nach den Unterbringungsgesetzen regelmäßig der Vorzug zu geben.

3. Sachlich zuständig ist das VormG, also das AG (§ 35 FGG), auch in Württemberg (Art. 68 Nr. 19a WürttAGBGB i. d. F. d. G v. 19. 12. 61, GBl. 371). Der Familienrat wirkt nicht mit, wie durch § 1872 Abs. 1 Satz 3 n. F. klargestellt wird (BT-Drucks. zu 2812/61 S. 8). Richtervorbehalt besteht nach § 12 Nr. 10 RechtspflG i. d. F. d. Art. 8 Nr. 1 FamRÄndG. Die Entscheidung über die Genehmigung ist eine bundesrechtliche Angelegenheit der FG i. S. des § 1 FGG. Das Verfahren richtet sich nach den Allgemeinen Vorschriften des 1. Abschnitts (§§ 2—34) und den Vorschriften des 2. Abschnitts über Vormundschaftssachen (§§ 35—64). Die Vorschriften des G über das gerichtliche Verfahren bei Freiheitsentziehungen v. 29. 6. 56 (BGBl. I 599) und der landesrechtlichen Unterbringungsgesetze (Einl. II Nr. 50) sind nicht anwendbar; inwieweit Vorschriften dieser Gesetze ergänzend heranzuziehen sind, bedarf für jede Einzelfrage besonderer Prüfung, wobei Zurückhaltung geboten ist, weil die Beschränkung des Gesetzgebers bei der Regelung des Verfahrens in § 1800 Abs. 2 BGB, 55a FGG zeigt, daß er die allgemeinen Bestimmungen des FGG-Verfahrens für ausreichend gehalten, insbesondere es nicht für notwendig erachtet hat, dem Gericht weitere Zwangsbefugnisse einzuräumen.

4. **Örtlich zuständig** ist ausschließlich das VormG, welches die Vormundschaft oder Pflegschaft führt, Celle 29. 6. 60 (MDR 851), Neustadt 8. 12. 60 (NJW 1961, 274), KG 1. 6. 61 (NJW 2114 = FamRZ 494). Dieses Gericht ist auch dann zur Entscheidung berufen, wenn der Mündel oder Pflegebefohlene außerhalb des Bezirks des VormG in einer Anstalt untergebracht ist; eine entspr. Anwendung des § 4 Abs. 1 FrEntzG oder von Vorschriften der Landesunterbringungsgesetze, welche eine selbständige örtliche Zuständigkeit begründen, ist nicht angängig. Die Entscheidung über die Genehmigung ist keine selbständige Einzelverrichtung des VormG i. S. des § 43, sondern eine unselbständige Maßnahme innerhalb der anhängigen Vormundschaft oder Pflegschaft (Schlegelberger Anm. 5, Keidel Anm. 2b, Jansen Anm. 4, je zu § 4). Deshalb kann die örtliche Zuständigkeit nicht selbständig begründet sein. Ebenso ist eine **Abgabe** nur des Verfahrens über die Genehmigung nach § 46 Abs. 3 losgelöst von der Vormundschaft nicht zulässig (a. M. Böning, NJW 1960, 1376; Hamm 19. 7. 60, JMBlNRW 1961, 211). Nur die Vormundschaft (Pflegschaft) insgesamt kann abgegeben werden. Zur Frage, ob die Unterbringung des Mündels in einer Heilanstalt einen wichtigen Grund für die Abgabe der Vormundschaft darstellen kann, vgl. § 46 Anm. 3; Schlegelberger Anm. 3, Keidel Anm. 3b, je zu § 46. Die Notwendigkeit, im Genehmigungsverfahren den Mündel und die Anstaltsärzte zu hören, wird für sich allein in der Regel kein ausreichender Abgabegrund sein.

5. **Verfahrensgrundsätze.** Ein förmlicher Antrag wird nicht erfordert; da aber das VormG die Unterbringung nicht anordnet, sondern diese Maßnahme des Vormunds nur zu genehmigen hat, muß der Vormund dem Gericht zu erkennen geben, daß er eine mit Freiheitsentziehung verbundene Unterbringung durchführen oder eine bereits durchgeführte (§ 1800 Abs. 2 Satz 2) aufrechterhalten will.

6. Für die **Sachaufklärung** gilt der Amtsermittlungsgrundsatz (§ 12). Bei der Unterbringung Minderjähriger zum Zwecke der Erziehung ist die Unterstützung des Jugendamts (§ 48 Abs. 1 Satz 1 JWG) in Anspruch zu nehmen. Bei der Unterbringung in einer Krankenanstalt wird die Anhörung eines ärztlichen Sachverständigen unerläßlich sein, für dessen Auswahl dem gerichtlichen Ermessen Beschränkungen nicht auferlegt sind (§ 15 FGG, § 404 ZPO). Der Sachverständige muß daher nicht notwendig amtlich bestellt sein. Kommt es zu einer persönlichen Vernehmung des Unterzubringenden, so wird der Sachverständige zweckmäßig hinzugezogen. Im übrigen steht es im Ermessen des Gerichts, ob es schriftliche Begutachtung anordnet oder eine Vernehmung des Sachverständigen für erforderlich hält (§ 411 ZPO Anm. 1). Der Unterzubringende kann nicht gegen seinen Willen genötigt werden, sich zur Begutachtung durch Ärzte zur Verfügung zu stellen, vgl. § 371 Anm. 2 (Anl. II); aus einer Weigerung können daher auch keine nachteiligen Schlüsse gegen ihn gezogen werden. Das Gericht der FG ist ferner nicht befugt, zur Aufklärung des Sachverhalts und zur Vorbereitung der Entscheidung die zwangsweise Unterbringung zur Beobachtung des Geisteszustandes anzuordnen; § 656 ZPO und § 81 StPO sind nicht entsprechend anwendbar, KG 12. 7. 18 (**51** 8 = OLGR **40** 6 = RJA **16** 170); § 12 Anm. 4; Schlegelberger § 15 Anm. 23; Keidel § 12 Anm. 11. Auch eine einstweilige Anordnung nach § 55a Abs. 3 (Anm. 15) wird durch diesen Zweck nicht gerechtfertigt. Eine entsprechende Anwendung von Vorschriften der Landesunterbringungsgesetze, welche die Anordnung der Unterbringung zur Vorbereitung eines Gutachtens über den Geistes-

zustand zulassen, ist wegen der verschiedenen Zielsetzung beider Verfahrensarten nicht angängig. Denn Zweck des Verfahrens nach § 1800 Abs. 2 ist nicht, neben der Fürsorgeerziehung oder der der Unterbringung Geisteskranker und Süchtiger nach den Unterbringungsgesetzen ein weiteres Verfahren zur zwangsweisen Durchführung von Freiheitsentziehungen zu schaffen, sondern eine Maßnahme des Vormundes einer richterlichen Kontrolle zu unterstellen. Kann der Richter sich mit den ihm zur Verfügung stehenden Aufklärungsmitteln die Überzeugung von der Notwendigkeit der Maßnahme nicht verschaffen, so muß sie unterbleiben.

7. **Anhörung.** Nach § 1800 Abs. 2 Satz 1 Halbs. 2 soll das VormG den Mündel (Pflegebefohlenen) vor der Entscheidung hören. Die Anhörung dient sowohl der Wahrung des rechtlichen Gehörs (§ 12 Anm. 7) als auch der Aufklärung des Sachverhalts. Persönliche Vernehmung durch den Richter ist, abweichend von § 654 ZPO und § 5 Abs. 1 FrEntzG, nicht zwingend vorgeschrieben. Sie wäre auch nicht immer durchführbar, da das Gericht der FG, wenn es an einer besonderen gesetzlichen Ermächtigung wie in § 5 Abs. 1 FrEntzG fehlt, nicht allgemein befugt ist, das persönliche Erscheinen durch Anordnung der Vorführung zu erzwingen (§ 12 Anm. 6; Nußbaum, ZZP 29, 472; Josef, FGG[2] Art. 17 PrFGG Zus. I E; Ebert-Dudek-Lindemann FGG[2] § 12 Anm. 1b, § 13 Anm. 3a; Siehr, FG, S. 37; Schlegelberger § 13 Anm. 17; vgl. auch Baur, FG, § 15 A II 3 Fußn. 11; a. M. Keidel § 13 Anm. 3a). Dem gesetzlichen Erfordernis wird daher genügt, wenn dem Beteiligten Gelegenheit zur Stellungnahme gegeben wird. In der Regel wird es aber angebracht sein, daß der Richter sich einen persönlichen Eindruck von dem Betroffenen verschafft; nach Lage des Falles kann in der Unterlassung eine Verletzung der Aufklärungspflicht liegen. Vernehmung im Wege der Rechtshilfe ist zulässig, vgl. Düsseldorf 15. 12. 58 (JMBlNRW 1959, 55), Köln 24. 1. 58 (JMBlNRW 248). Die Anhörung kann ausnahmsweise unterbleiben, wenn sie nach ärztlichem Urteil nicht ohne Nachteil für den Gesundheitszustand des Anzuhörenden ausführbar ist, Hamm 26. 8. 60 (EJF A IV Nr. 14 m. Anm. Jansen = NJW 2239 = FamRZ 503 = Rpfleger 373 = JMBlNRW 254 = JZ 1961 21 = ZBlJR 1961 30). Gemäß § 1847 BGB sind in der Regel auch Verwandte oder Verschwägerte des Mündels zu hören (Saage, Beil. z. BAnz. Nr. 122/60 S. 7).

8. **Beteiligtenfähigkeit.** Der Unterzubringende, der das 14. Lebensjahr vollendet hat, ist im Hinblick auf die Schwere des drohenden Eingriffs in die persönliche Freiheit befähigt, sich selbständig und unabhängig von seinem gesetzlichen Vertreter an dem Verfahren durch Vornahme von Verfahrenshandlungen zu beteiligen und abweichend von § 59 Abs. 2 FGG Rechtsmittel einzulegen, BayObLG 17. 8. 60 (Z 357 = FamRZ 411 = JZ 670 = NJW 2236 = MDR 1019 = EJF A IV Nr. 13), Hamm 26. 1. 61 (FamRZ 130), KG 1. 6. 61 (NJW 2114 = FamRZ 494). Die Bestellung eines Verfahrenspflegers, wie in § 5 Abs. 2 FrEntzG ist nicht vorgesehen., Der Bestellung eines Pflegers oder Unterpflegers bedarf es nicht, BayObLG 14. 11. 61 (FamRZ 1962, 39). Ein Rechtsanwalt kann nur beigeordnet werden, wenn die Voraussetzungen der §§ 14 FGG, 114 ZPO für die Bewilligung des Armenrechts und des § 116 ZPO für die Beiordnung gegeben sind; allgemeine rechtsstaatliche Erwägungen rechtfertigen die Beiordnung nicht, Düsseldorf 28. 3. 61 (JMBlNRW 212). Vgl. aber Anm. 12b Abs. 2.

9. Die **Entscheidung** ergeht dahin, daß die Unterbringung durch den Vormund genehmigt oder die Genehmigung versagt wird. Sie enthält mithin keinen Unterbringungsbefehl, sondern ermächtigt den Vormund, sein Aufenthaltsbestimmungs-

recht in bestimmter Weise auszuüben. Der Vormund muß daher nicht schlechthin von der Genehmigung Gebrauch machen, wenn er eine dem Wohl des Mündels dienliche andere Unterbringungsart wählt; auch kann er die Unterbringung nach seinem Ermessen ohne Genehmigung des VormG beenden. Nach Lage des Falles kann aber in der Versäumung der Unterbringung eine Pflichtwidrigkeit liegen, die Aufsichtsmaßnahmen des VormG nach § 1837 auslöst. Die Genehmigung betrifft kein Rechtsgeschäft, insbesondere nicht den vom Vormund mit der Anstalt abzuschließenden Aufnahmevertrag, sondern ein tatsächliches Verhalten des Vormundes; die §§ 55, 62, 63 FGG sind daher nicht anwendbar, BayObLG 17. 8. 60 (Z 357); Böning, NJW 1960, 1377. Über die Unterstützung des Vormundes bei der Vollziehung s. Anm. 16.

10. Befristung der Genehmigung wird vom Gesetz nicht vorgeschrieben. Die Setzung einer Höchstfrist, nach deren Ablauf die Genehmigung hinfällig wird, wenn sie nicht vorher erneuert worden ist, ist nicht schlechthin geboten. Eine Analogie zu den Unterbringungsgesetzen und zu § 9 FrEntzG paßt nicht; die Verwaltungsbehörde würde bei der Vollziehung der Unterbringungsanordnung ohne eine Befristung nicht mehr der Kontrolle des Gerichts unterstehen, während die Amtsführung des Vormunds oder Pflegers nach § 1837 der ständigen Aufsicht des VormG unterliegt. Das VormG kann sich daher in angemessenen Zeiträumen durch Einholung von Berichten des Vormunds oder Anstaltsleiters davon überzeugen, ob die Fortdauer der Unterbringung erforderlich ist, und bei Wegfall des Unterbringungsgrundes die Genehmigung nach § 1800 Abs. 2 Satz 3 zurücknehmen. Es steht jedoch im Ermessen des VormG, eine Befristung anzuordnen, wenn von vornherein ersichtlich ist, daß nur eine vorübergehende Unterbringung angebracht ist und das VormG sich eine Entscheidung über die Fortdauer vorbehalten möchte; so BayObLG 17. 8. 60 (Z 357 = FamRZ 411 = JZ 670 = NJW 2236 = MDR 1019 = EJF A IV Nr. 13 mit Anm. Jansen), KG 1. 6. 61 (NJW 2114 = FamRZ 494).

11. Änderungsbefugnis. Für die Änderung einer Verfügung, durch welche die Erteilung der Genehmigung abgelehnt wird, gelten die allgemeinen Grundsätze (§ 18 Anm. 1 bis 5). Die Änderung einer Verfügung, durch welche die Genehmigung erteilt wird, durch das VormG wird durch § 18 Abs. 2 mit § 55a Abs. 1 ausgeschlossen. § 1800 Abs. 2 Satz 3 gibt jedoch dem VormG die Befugnis, von Amts wegen, also auch auf Anregung jedes beliebigen Dritten, die Genehmigung aus dem sachlichrechtlichen Grunde, daß das Wohl des Mündels die Unterbringung nicht mehr erfordert, zurückzunehmen. Das kann sowohl vor als auch nach dem Eintritt der formellen Rechtskraft geschehen. Tritt diese Voraussetzung im Laufe des Beschwerdeverfahrens ein, so muß das Beschwerdegericht die genehmigende Verfügung aufheben; deshalb darf das VormG aus diesem Grunde auch einer sofortigen Beschwerde abhelfen.

12. Wirksamwerden der Entscheidungen. a) Eine Verfügung, durch welche die Erteilung der Genehmigung abgelehnt oder die Genehmigung nach § 1800 Abs. 2 Satz 3 zurückgenommen wird, ist ihrem Inhalt nach für den Vormund (Pfleger) bestimmt und wird daher gemäß § 16 Abs. 1 mit der Bekanntmachung an ihn wirksam. Eine Verfügung, durch welche die Zurücknahme der Genehmigung abgelehnt wird, wird wirksam mit der Bekanntmachung an den, der die Zurücknahme angeregt hat. Die Bekanntmachung erfolgt nach § 16 Abs. 2 Satz 2.

b) Eine Verfügung, durch welche das VormG die Genehmigung zur Unterbringung erteilt, wird nach § 55a Abs. 1 erst mit der (formellen) Rechtskraft wirksam. Die Verfügung muß daher, um die Beschwerdefrist in Lauf zu setzen, allen Beschwerdeberechtigten (Anm. 14b) gemäß § 16 Abs. 2 Satz 1 förmlich zugestellt werden. Ist eine Verfügung mehreren Beschwerdeberechtigten zu verschiedenen Zeitpunkten bekannt gemacht worden, so wird die Verfügung zwar für jeden der Beteiligten nach Maßgabe der für ihn laufenden Beschwerdefrist unanfechtbar, die formelle Rechtskraft tritt aber erst ein, wenn die Verfügung für alle Beteiligten unanfechtbar geworden ist. (§ 16 Anm. 3 Abs. 3; BGH 9. 10. 51 [3 214]; Baur § 23 C I 2 c; Siehr S. 69; Saage, FrEntzG, § 8 Anm. 3; a. M. Keidel § 31 Anm. 1; Schlegelberger § 16 Anm. 7). Solange die Verfügung auch nur für einen Beteiligten noch anfechtbar ist, kann das Rechtskraftattest nicht erteilt und die Verfügung nicht vollzogen werden. Auch die Entscheidung des Beschwerdegerichts wird erst mit der Rechtskraft wirksam.

Für die Bekanntmachung an den Unterzubringenden, der selbständig beteiligtenfähig ist (Anm. 8), wird man es nach dem Vorbild mancher Landesrechte, z. B. § 8 Abs. 2a UntG Berlin v. 5. 6. 58 (GBVl. 521), zulassen müssen, daß die Bekanntmachung der Gründe (nicht der Entscheidung überhaupt) ganz oder teilweise unterbleibt, wenn nach ärztlichem Urteil Nachteile für den Gesundheitszustand des Betroffenen zu befürchten sind. Zur Vermeidung der darin liegenden Verkürzung des rechtlichen Gehörs (Art. 103 Abs. 1 GG) wird es dann aber unvermeidlich sein, dem Unterzubringenden einen Rechtsanwalt von Amts wegen beizuordnen, auch wenn die Voraussetzungen für die Bewilligung ds Armenrechts nicht vorliegen. Auch diese Maßnahme bietet vollständige Abhilfe nur, wenn der Betroffene bereit ist, dem Rechtsanwalt Vollmacht zu erteilen.

c) **Anordnung der sofortigen Wirksamkeit.** Das VormG kann die sofortige Wirksamkeit der Verfügung anordnen (Abs. 2). Die Anordnung liegt im pflichtmäßigen Ermessen des Gerichts; sie kommt in Betracht, wenn das Gericht die sofortige Freiheitsentziehung nach den Umständen des Falles für erforderlich erachtet und ein Rechtsmittel aussichtslos erscheint. Die Anordnung ergeht von Amts wegen; ein Antrag hat nur die Bedeutung einer Anregung. Die Anordnung kann gleichzeitig mit der Sachentscheidung ergehen oder ihr nachfolgen und ist ebenso wie ihre Ablehnung unanfechtbar (§ 53 Anm. 6; Saage, FrEntzG § 8 Anm. 10). Sie wird gemäß § 16 Abs. 1 wirksam mit der Bekanntmachung (§ 16 Abs. 2 Satz 2) an den Vormund. Auch das Beschwerdegericht kann die sofortige Wirksamkeit seiner Entscheidung, durch welche es eine vom VormG genehmigte Freiheitsentziehung bestätigt oder sie unter Aufhebung einer ablehnenden Vorentscheidung genehmigt, nach Abs. 2 (nicht nach § 26 Satz 2) anordnen. Es kann aber nicht die sofortige Wirksamkeit der Entscheidung des VormG an dessen Stelle anordnen (Saage, FrEntzG § 8 Anm. 11). Dagegen kann es gemäß § 24 Abs. 3 anordnen, daß die Vollziehung der vom VormG mit sofortiger Wirksamkeit versehenen Genehmigung auszusetzen ist.

13. Nachrichtliche Bekanntmachung. Von den zur Herbeiführung der Wirksamkeit erforderlichen Bekanntmachungen (Anm. 12) sind die gebotenen nachrichtlichen Bekanntmachungen zu unterscheiden, die nach § 16 Abs. 2 Satz 2 formlos ergehen können. Die Ablehnung der Genehmigung ist dem Betroffenen mitzuteilen, wenn er zu dem Verfahren hinzugezogen war, die Zurücknahme der Genehmigung in jedem Falle. Bei der Erteilung der Genehmigung ist Art. 104 Abs. 4 GG zu beachten. Danach hat das Gericht von jeder Entscheidung über die Anordnung oder Fortdauer einer Freiheitsentziehung einen Angehörigen des „Festgehaltenen" oder eine

Person seines Vertrauens zu benachrichtigen. Die Benachrichtigung ist geboten, wenn der Betroffene sich auf Grund einer einstweiligen Anordnung (Anm. 15) oder gemäß § 1800 Abs. 2 Satz 2 ohne richterliche Genehmigung bereits in einer Anstalt befindet oder wenn die sofortige Wirksamkeit der Entscheidung angeordnet wird. Die Benachrichtigung entfällt, wenn bereits unter den Beschwerdeberechtigten, denen die Entscheidung nach Anm. 12b förmlich zugestellt wird, sich ein naher Angehöriger befindet. Vgl. auch Maunz-Dürig, GG Art. 104 Rdn. 43 und zu § 6 Abs. 2c FrEntzG Saage § 6 Anm. 22. Die Benachrichtigung als solche begründet aber für den Benachrichtigten kein Beschwerderecht.

14. Rechtsmittel. a) Gegen die Ablehnung der Genehmigung und gegen ihre Zurücknahme (§ 1800 Abs. 2 Satz 3) findet die einfache (unbefristete) Beschwerde nach § 19 statt. Das gilt auch für eine Entscheidung, durch welche die Zurücknahme der Genehmigung abgelehnt wird, denn sie steht der Erteilung der Genehmigung nicht gleich und es besteht auch kein sachlicher Grund, die Beschwerde in diesem Fall zu befristen. Das Beschwerderecht gegen diese Verfügungen richtet sich nach § 20 Abs. 1 und, wenn der Unterzubringende oder Untergebrachte ein Kind oder Mündel (§ 57 Anm. 26) ist, nach § 57 Abs. 1 Nr. 9.

b) Gegen die Erteilung der Genehmigung findet die sofortige Beschwerde (§ 22) statt, § 55a Abs. 1 mit § 60 Abs. 1 Nr. 6. Das Beschwerderecht richtet sich nach § 20 Abs. 1; § 57 Abs. 1 Nr. 9 ist wegen Abs. 2 ebenda nicht anwendbar. Das Beschwerderecht aus § 20 Abs. 1 steht zu:

α) dem Kind, Mündel, Pflegebefohlenen selbst nach Vollendung des 14. Lebensjahres, unabhängig von seiner Geschäftsfähigkeit (Anm. 8);

β) namens des Unterzubringenden dem gesetzlichen Vertreter, mag er den Antrag auf Unterbringung auch selbst gestellt haben;

γ) dem Ehegatten, der nicht dauernd getrennt lebt, wegen Verletzung des, Rechts zur ehelichen Lebensgemeinschaft (§ 1353), KG 30. 1. 56 (1 W 3350/55);

δ) den Eltern nur nach Maßgabe des § 20 Abs. 1; die elterliche Gewalt, die als „Recht" i. S. des § 20 Abs. 1 in Betracht käme, wird ihnen in der Regel nicht mehr zustehen, es sei denn, daß die Unterbringung von einem Pfleger betrieben wird, der nur das Aufenthaltsbestimmungsrecht hat, während das Personensorgerecht im übrigen den Eltern verblieben ist. Das Recht aus § 1617 auf die Dienste des Kindes begründet nur eine mittelbare Rechtsbeeinträchtigung, weil das Recht den Eltern nur so lange zusteht, wie das Kind sich in ihrem Haushalt befindet, und sie keinen Anspruch darauf haben, daß das Kind in ihrem Haushalt verbleibt, BayObLG 26. 4. 12 (RJA 12 88).

c) Die weitere Beschwerde ist eine sofortige, wenn das AG die Genehmigung erteilt hat (§ 29 Abs. 2), und zwar ohne Rücksicht auf den Inhalt der Beschwerdeentscheidung, aber auch dann, wenn das AG die Genehmigung abgelehnt hat und die erste Beschwerde deshalb eine unbefristete war, das LG aber diese Entscheidung aufgehoben und die Genehmigung erteilt oder das AG angewiesen hat, von seinem Bedenken abzusehen (§ 29 Anm. 10). Der Untergebrachte kann die weitere Beschwerde entsprechend § 7 Abs. 4 FrEntzG auch zum Protokoll des AG des Verwahrungsorts einlegen. Hamm 26. 1. 61 (FamRZ 130 = Rpfleger 154), Düsseldorf 28. 3. 61 (JMBlNRW 212); vgl. § 29 Anm. 12; aber nicht in anderen Angelegenheiten, Keidel JZ 1961, 417 Fußn. 14 gegen Frankfurt 26. 2. 60 (NJW 1625).

15. Einstweilige Anordnungen. a) Das VormG kann vor der Entscheidung einstweilige Anordnungen treffen (Abs. 3). Das kommt vor allem in Betracht, wenn der Vormund den Mündel nach § 1800 Abs. 2 Satz 2 ohne Genehmigung untergebracht hat, weil mit dem Aufschub Gefahr verbunden war, und die Genehmigung nunmehr unverzüglich nachholt. Zwar sind Art. 104 Abs. 2 Satz 3 und § 13 Abs. 1 Satz 2 FrEntzG, wonach die Verwaltungsbehörde eine vorläufige Freiheitsentziehung ohne richterliche Entscheidung nicht über den folgenden Tag hinaus aufrechterhalten darf, auf den Vormund (Pfleger) nicht anwendbar; er genügt seiner Pflicht, wenn er die Entscheidung des VormG unverzüglich (§ 121 BGB) nachsucht. Es ergibt sich aber aus der Natur der Sache, daß, wenn die endgültige Entscheidung nicht alsbald ergehen kann, zunächst eine vorläufige Entscheidung über die Rechtmäßigkeit der Maßnahme des Vormunds ergehen muß. Aber auch wenn der Unterzubringende sich noch in Freiheit befindet, kann eine einstweilige Anordnung angebracht sein. Nach den allgemeinen Grundsätzen für vorläufige Anordnungen in Sorgerechtssachen (KG JFG **20** 247) ist Voraussetzung dafür ein dringendes Bedürfnis für ein sofortiges Einschreiten, welches ein Abwarten bis zur Beendigung der Sachuntersuchung nicht gestattet. Mithin ist die einstweilige Anordnung nicht lediglich zu dem Zweck zulässig, erst die Beweise für die erstrebte Sachentscheidung herbeizuschaffen; die Unterbringung zur Beobachtung des Geisteszustandes kann daher nicht im Wege der einstweiligen Anordnung verfügt werden (Anm. 6; a. M. Saage, Beil. z. BAnz. Nr. 122/60 S. 9). Die Anordnung setzt voraus, daß zum Wohl des Mündels ein sofortiges Eingreifen erforderlich ist, bei der Unterbringung in eine Heilanstalt z. B., daß der Mündel sich selbst oder andere ernstlich gefährdet. Ferner muß eine erhebliche Wahrscheinlichkeit dafür bestehen, daß die Unterbringung genehmigt werden wird (Saage, FrEntzG § 11 Anm. 4). Als Notmaßnahme sollte von der Anordnung nur vorsichtiger Gebrauch gemacht werden (Saage, FrEntzG § 11 Anm. 1, 6).

b) Die Anordnung ergeht von Amts wegen; ein Antrag hat nur die Bedeutung einer Anregung. Voraussetzung ist, daß bei dem anordnenden VormG ein Verfahren zur Genehmigung der Unterbringung anhängig ist. Ein anderes Gericht kann örtlich nicht zuständig sein; auch ein Eilgerichtsstand (§ 44 FGG) besteht nicht; bei Gefahr im Verzuge ist bei Geisteskranken die Möglichkeit polizeilichen Einschreitens, bei erziehungsbedürftigen Minderjährigen der Gerichtsstand des § 77 Abs. 1 JWG gegeben. Bei Eilbedürftigkeit oder Gefahr der Vereitelung kann die vorherige Anhörung des Betroffenen unterbleiben (§ 12 Anm. 7); sie ist jedoch alsbald nachzuholen. Da die einstweilige Maßnahme nicht über den Erfolg der endgültigen hinausgehen darf, kann das VormG die Unterbringung nicht selbst anordnen, sondern nur die einstweilige Unterbringung durch den Vormund für zulässig erklären, d. h. genehmigen (Saage, Beil. z. BAnz. Nr. 122/60 zu 9); die Vollziehung ist Sache des Vormunds, gegebenenfalls mit Unterstützung des VormG (Anm. 16).

c) Wirksam wird die einstweilige Anordnung mit der Bekanntmachung an den Vormund (§ 16 Abs. 1). Sie bleibt wirksam über den Erlaß der Endentscheidung hinaus bis zu deren Wirksamwerden, also bei Erteilung der Genehmigung bis zum Eintritt der formellen Rechtskraft oder bis zur Anordnung ihrer sofortigen Wirksamkeit (Anm. 12b, c); wird die Genehmigung versagt, so wird mit dem Wirksamwerden dieser Entscheidung (Anm. 12a) die einstweilige Anordnung von selbst hinfällig; zur Klarstellung wird sie zweckmäßig aufgehoben. Eine Befristung ist nicht vorgeschrieben; § 11 Abs. 1 Satz 2 FrEntzG ist nicht entsprechend anwendbar; das Verfahren ist aber beschleunigt zum Abschluß zu bringen.

d) Die einstweilige Anordnung kann vom VormG jederzeit gemäß § 18 geändert (aufgehoben) werden, auch wenn die Hauptsache bereits beim Beschwerdegericht anhängig ist. Nach der Sachentscheidung darf die einstweilige Unterbringung vom VormG nicht mehr angeordnet werden (Abs. 3: „vor der Entscheidung"). Die einfache (unbefristete) Beschwerde nach § 19 gegen die einstweilige Anordnung und ihre Ablehnung ist nach den Grundsätzen für die Anfechtbarkeit von vorläufigen Anordnungen in Sorgerechtssachen (§ 19 Anm. 1 A h; Keidel § 19 Anm. 2f) zulässig, zumal das Gesetz die Anfechtbarkeit nicht, wie in § 53a Abs. 3 Satz 2, ausschließt. Das Beschwerderecht richtet sich nach §§ 20 Abs. 1, 57Abs.1 Nr. 9, 59.

e) Für das Beschwerdegericht ergibt sich aus der selbständigen Anfechtbarkeit der einstweiligen Anordnung, daß es sie nur ändern kann, wenn es mit einer Beschwerde gegen diese Anordnung befaßt ist, nicht schon, wenn nur eine Beschwerde in der Hauptsache eingelegt ist. Auch kann das Beschwerdegericht, wenn es mit einer Beschwerde in der Hauptsache befaßt ist, nicht als Gericht erster Instanz eine Anordnung nach Abs. 3 erlassen; denn der Instanzenzug des einstweiligen Verfahrens ist derselbe wie der in der Hauptsache. Es kann aber nach § 24 Abs. 3 Halbs. 1 eine einstweilige Anordnung erlassen, die auch in der Genehmigung der einstweiligen Unterbringung bestehen kann (vgl. KG RJA **4** 189). Diese Anordnung ist unanfechtbar (§ 24 Anm. 3).

16. Die **Vollziehung** der genehmigten Unterbringung ist Aufgabe des Vormundes. Er wählt die Anstalt aus. Das pflichtmäßige Ermessen des Vormundes entscheidet auch darüber, ob er von der Genehmigung Gebrauch macht und wann er die Unterbringung beendet, vorbehaltlich einer Zurücknahme der Genehmigung nach § 1800 Abs. 2 Satz 3. Hierbei untersteht der Vormund der Aufsicht des VormG nach §§ 1837, 1886. Gefährdet der Vormund pflichtwidrig durch Unterlassung der Unterbringung oder durch ihre vorzeitige Beendigung das Wohl des Mündels, so kann das VormG im Wege vorläufiger Anordnung im Rahmen eines Entlassungsverfahrens § 1886) Anordnungen über den Aufenthalt des Mündels treffen, KG 20. 4. 05 (RJA **6** 15). Gegen den Willen des Vormundes kann das VormG selbst eine Unterbringung nach § 1838 nur zu Erziehungszwecken, also nicht zur Heilbehandlung oder Verwahrung und deshalb in der Regel nicht bei volljährigen Mündeln (§ 1901 Abs. 1) anordnen, KG 3. 5. 12 (**43** A 67 = RJA **12** 90), 5. 12. 13 (**45** A 67 = RJA **13** 185).

Zur zwangsweisen Durchführung der Unterbringung kann der Vormund (Pfleger) nach §§ 1631 Abs. 2, 1800, 1897, 1901, 1915 BGB, § 33 FGG die Unterstützung des VormG in Anspruch nehmen; BayObLG 14. 8. 51 (Z 523); Keidel § 33 Anm. 15b. Die Polizei darf einem unmittelbaren Ersuchen des Vormundes um Gewaltanwendung nicht stattgeben, sofern nicht zugleich polizeiliche Gründe für eine Unterbringung vorliegen. Zur Anwendung von Gewalt gegen die Person des volljährigen Mündels ist nach § 33 Abs. 2 Satz 1 FGG eine besondere Verfügung des VormG erforderlich. Dieses kann den Gerichtsvollzieher zur Vollziehung der Anstaltsunterbringung anweisen, der seinerseits die Unterstützung der polizeilichen Vollzugsorgane nachsuchen kann (BayObLG a. a. O.). Bedenklich ist daher der RdErl. d. IM NRW v. 21. 9. 60 (MBlNRW 2525 = JMBlNRW 239), in welchem es in Abschn. 1. 22 heißt: „Können die verantwortlichen Personen (gemeint sind Vormund oder Pfleger) den Kranken nicht selbst in die Anstalt bringen, so können es die Ordnungsbehörden im Einvernehmen mit ihnen tun."

17. Kosten. Das Verfahren des VormG ist gebührenfrei, §§ 91, 95 Satz 2 KostO, ebenso das Beschwerdeverfahren, § 131 Abs. 3 KostO. Für die Gebühren des Rechtsanwalts gilt § 112 BRAGebO, LG Aachen 15. 11. 60 (NJW 1961, 2120); a. M. (§ 118 BRAGebO) Karlsruhe 31. 3. 61 (AnwBl. 142).

Volljährigkeitserklärung
Befreiung vom Erfordernis der Ehemündigkeit

A. Ergänzung zu § 56 FGG (S. 199)

1. Das **Verfahren** des VormG bei der Volljährigkeitserklärung hat eine Änderung erfahren infolge der Neufassung des § 48 (bisher § 43) JWG durch das Gesetz für Jugendwohlfahrt v. 11. 8. 61 (BGBl. I 1206). Die Änderung tritt am 1. 1. 62 in Kraft (Art. XVI ÄndErgG-RJWG v. 11. 8. 61, BGBl. I 1193). Danach hat das VormG auch bei der VolljErkl. vor der Entscheidung das zuständige (§ 11 JWG) Jugendamt zu hören. Der Bericht des JA hat die Bedeutung einer selbständigen Stellungnahme einer sachverständigen Behörde und soll dem VormG einen bestimmten Vorschlag unterbreiten (Potrykus, JWG § 43 Anm. 3). Er ist kein Beweismittel und enthebt das VormG nicht der Pflicht zur selbständigen Sachaufklärung, KG 22. 4. 38 (JFG **17** 286), 19. 9. 60 (FamRZ 500).

2. Das Antragsrecht (§ 56 Abs. 1 FGG) kann bei Minderjährigen in elterlicher Gewalt nur von beiden Eltern gemeinschaftlich ausgeübt werden, da ihnen nach der Nichtigerklärung der §§ 1628, 1629 Abs. 1 BGB n. F. durch BVerfG 29. 7. 59 (**10** 59) die elterliche Gewalt einschließlich des Vertretungsrechts gemeinsam zusteht. Sie können deshalb gegen die ablehnende Verfügung auch nur gemeinsam Beschwerde einlegen (§ 20 Anm. 3; Keidel, FamRZ 1955, 122 zu I 3). Gegen die stattgebende Verfügung kann jeder nach § 4 Abs. 2 BGB einwilligungsberechtigte Elternteil selbständig Beschwerde einlegen (§ 56 Anm. 5). Die nach § 4 Abs. 4 BGB erforderliche Einwilligung eines oder beider Elternteile kann vom VormG nicht ersetzt werden, LG Fulda 5. 4. 57 (FamRZ 1960 281 mit zust. Anm. d. Schriftl.); Lange NJW 1961, 1889 zu B V, C I; Enneccerus-Nipperdey[15] § 91 II 1c; a. M. Dölle JZ 1953, 361.

3. Die sachlichen Voraussetzungen der VolljErkl. (§ 5 BGB) sind streitig geworden für den Fall, daß die VolljErkl. die Eheschließung mit der geschwängerten Braut oder die Legitimation eines unehelichen Kindes bezweckt. Der Wunsch zur Ehe ist allerdings für sich allein kein hinreichender Grund, sondern zunächst nur der zur VolljErkl. erforderliche äußerlich beachtliche Anlaß; bei der Würdigung des Sachverhalts fällt er als in der Regel sittlich achtenswerter Beweggrund ins Gewicht. Im übrigen kommt es auf die geistige und sittliche Reife des Jugendlichen, die Persönlichkeit der Braut, die sozialen Verhältnisse und eine Bestandsprognose der beabsichtigten Ehe an. Dagegen ist es mit dem Gesetz nicht vereinbar, zu verlangen, daß der Jugendliche die Reife eines 21jährigen erreicht habe (so Göppinger, FamRZ 1960, 253, 479; ähnlich Pelle, ZBlJugR 1961, 37; Luther, Ehemündigkeit, Volljährigkeit, Strafmündigkeit, 1961, S. 22f.). Aus der Rechtsprechung vgl. KG 19. 9. 60 (FamRZ 500), Stuttgart 7. 1., 26. 1., 11. 12. 59 (FamRZ 1960 286, 285, 287), Hamm 27. 4. 60 (FamRZ 288 = JMBlNRW 216 =

MDR 1961 53), 8. 8. 60 (FamRZ 404 = JMBlNRW 251), Karlsruhe 21. 7. 61 (NJW 1924), LG Rottweil 15. 10. 57 (FamRZ 1960 283), LG Landshut 10. 12. 56 (FamRZ 1960, 284). Grundlegend und zutreffend Schwoerer, Die Justiz 1962, 27.

4. Die Entscheidung ist trotz des „kann" in § 3 BGB nicht in das Ermessen des VormG gestellt. Liegen die sachlichen Voraussetzungen vor, so muß es dem Antrage stattgeben. KG 19. 9. 60 (FamRZ 500); Enneccerus-Nipperdey[15] § 91 II 2; Soergel-Siebert[9] §§ 3—5 Anm. 22; Göppinger, FamRZ 1960, 253 zu III 1 b. Förderung des Besten des Minderjährigen i. S. d. § 5 BGB ist unbestimmter Rechtsbegriff (vgl. § 27 Anm. 4g), KG a. a. O., Göppinger a. a. O. zu III 1c; vgl. auch Stuttgart 7. 1. 59 (FamRZ 1960, 286).

5. **Beschwerderecht des JA.** Gegen die ablehnende Verfügung steht auch dem JA das Beschwerderecht aus § 57 Abs. 1 Nr. 9 zu (§ 56 Anm. 4). Gegen die stattgebende Verfügung ist das Beschwerderecht aus dieser Vorschrift nach § 57 Abs. 2 ausgeschlossen. Der Umstand, daß das JA nunmehr vom VormG zu hören ist (oben zu 1), gewährt ihm kein Beschwerderecht aus § 20 Abs. 1, da das JA kein eigenes Recht darauf hat, daß das VormG seinem Vorschlag folge; vgl. außer den bei § 56 Anm. 5 Angef. noch Brüggemann, ZBlJugR 1955, 262; Luther, a. a. O. (Anm. 3) S. 21; a. M. Göppinger, FamRZ 1961, 463 Fußn. 20; Potrykus ZBlJugR 1961, 68.

6. Die Wirksamkeit der formell rechtskräftigen VolljErkl. wird durch das Fehlen ihrer sachlichen Voraussetzungen nicht beeinträchtigt. Nach der Lehre vom fehlerhaften Staatsakt[1]) führt selbst das Fehlen der nach § 4 Abs. 2 BGB erforderlichen Einwilligungen und die Nichterreichung des 18. Lebensjahres keine Ungültigkeit herbei (Staudinger-Coing[11] § 3 Anm. 1; Enneccerus-Nipperdey[15] § 91 II 2; Soergel-Siebert[9] §§ 3—5 Anm. 33; BGB-RGRK[10] § 3 Anm. 2). Bis zum Eintritt der formellen Rechtskraft kann der Beschluß gemäß § 18 Abs. 2 nur im Beschwerdewege, nicht vom VormG selbst geändert werden; der formell rechtskräftige Beschluß kann nicht mehr geändert werden (§ 18 Anm. 7; Göppinger, FamRZ 1960, 347 zu III c; unklar Soergel-Siebert a. a. O.; Palandt § 5 Anm. 1). Ungültig ist die VolljErkl., wenn sie trotz des Richtervorbehalts in § 12 Nr. 1 RechtspflG statt vom Richter vom Rechtspfleger verfügt worden ist (§ 7 Abs. 2 Satz 1 RechtspflG; vgl. § 7 FGG Anm. 7a). In diesem Fall tritt auch der Rechtsschutz des § 32 FGG nicht ein (§ 32 Anm. 4).

B. Befreiung vom Erfordernis der Ehemündigkeit

§ 1 Abs. 2 EheG ist durch Art. 2 Nr. 1 Buchst. a FamRÄndG geändert worden. **§ 1 EheG** lautet hiernach:

(1) Ein Mann soll nicht vor Vollendung des einundzwanzigsten Lebensjahres, eine Frau soll nicht vor Vollendung des sechzehnten Lebensjahres eine Ehe eingehen.

(2) Das Vormundschaftsgericht kann dem Mann und der Frau von dieser Vorschrift Befreiung erteilen, dem Manne jedoch nur dann, wenn er das achtzehnte Lebensjahr vollendet hat und nicht mehr unter elterlicher Gewalt oder unter Vormundschaft steht.

1. **Rechtsentwicklung.** Die Regelung der Ehemündigkeit im § 1 EheG 1946 stimmte wörtlich überein mit § 1 EheG 1938, der von § 1303 BGB a. F. erheblich abwich, insbesondere darin, daß die Ehemündigkeit des Mannes nicht schon durch die VolljErkl. eintrat, sondern besonders bewilligt werden mußte; wegen der (nicht

[1]) Winkler, Die absolute Nichtigkeit von Verwaltungsakten, 1960.

mehr maßgeblichen) Gründe für diese Abweichung vgl. Anz, JW 1938, 2069. Das Befreiungsverfahren war geregelt in den §§ 1, 10, 11, 12 1. DVO-EheG v. 27. 7. 38 (RGBl. I 923), für die fr. brit. Zone geändert durch AusfVO-EheG v. 12. 7. 48 (VOBlbrZ 210). Es entschied das VormG nicht als Gericht der FG, sondern durch Verwaltungsentscheidung (§ 11 Abs. 1 1. DVO-EheG). Über Beschwerden gegen Ablehnung wurde im Verwaltungswege (OLGPräs., LJMin.) entschieden (§ 11 DVO). Die Zulässigkeit des Verwaltungsrechtswegs war streitig (vgl. Lücke, JuS 1961, 207/8). Vom 1. 4. 60 bis 31. 12. 61 war das OLG im Verfahren nach den §§ 23ff. EGGVG i. d. F. des § 179 VwGO anzurufen. Die angeführten AusfVorschr. zu § 1 EheG und entspr. Best. des Saarlandes sind aufgehoben durch Art. 9 Abs. 1 Nr. 11, 25, 27 FamRÄndG.

2. Ehemündigkeit[1]). Sie ist keine besondere Art der Geschäftsfähigkeit (so Beitzke, FamR[10] § 8 I; Kegel IPR § 17 II 2b); denn die in der Geschäftsfähigkeit beschränkte Verlobte bedarf trotz Ehemündigkeit der Einwilligung ihres gesetzlichen Vertreters (§ 3 EheG), sondern ein besonderes Erfordernis der Eheschließung, bei deren Fehlen der Verlobte zur Eheschließung nicht zugelassen werden darf (Lehmann FamR[3] § 10 III). Durch die Befreiung wird dem Verlobten die Eheschließung gestattet, obwohl er eheunmündig ist. Das Fehlen der Ehemündigkeit ist ein einseitiges, also nur den Verlobten, in dessen Person es vorliegt, behinderndes aufschiebendes Ehehindernis, dessen Verletzung die Gültigkeit der Ehe nicht berührt.

Die unterschiedliche Festsetzung des Ehemündigkeitsalters auf die Vollendung des 21. Lebensjahres für den Mann, des 16. Lebensjahres für die Frau ist mit Art. 3 Abs. 2 GG vereinbar, da die Altersgrenzen durch die biologische Verschiedenheit von Mann und Frau bedingt sind (Bosch, Rpfleger 1954, 14; Beitzke FamR[10] § 8 I 7). Maßgebender Zeitpunkt ist der Tag der Eheschließung. Altersberechnung nach § 187 Abs. 2 BGB.

3. Die **Befreiung** ist keine Verwaltungsentscheidung mehr (Anm. 1), sondern eine Angelegenheit der FG. Das folgt daraus, daß sie durch § 1 Abs. 2 EheG, also durch Bundesgesetz, im Sinne des § 1 FGG den Gerichten übertragen ist. Sachlich zuständig ist das VormG, also das AG (§ 35 FGG). In Württemberg ist nicht das ordentliche VormG (Bezirksnotar), sondern das AG zuständig (Art. 68 Nr. 1a WürttAGBGB i. d. F. d. G v. 19. 12. 61; GBl. 371). Richtervorbehalt ist angeordnet in § 12 Nr. 19a RechtspflG i. d. F. d. Art. 8 Nr. 3 FamRÄnG. Die sachlichen Voraussetzungen der Befreiung sind für Mann und Frau verschieden:

a) Der **Mann** muß das 18. Lebensjahr vollendet haben und darf nicht mehr unter elterlicher Gewalt oder Vormundschaft stehen. Er muß also für volljährig erklärt sein (§§ 3 Abs. 2, 1626, 1773, 1882 BGB). Da die VolljErkl. erst mit der Rechtskraft wirksam wird und die sofortige Wirksamkeit der Verfügung nicht angeordnet werden kann (§ 56 Anm. 5), setzt die Befreiung die formelle Rechtskraft der VolljErkl. voraus (Hoffmann-Stephan, EheG § 1 Anm. 6 A; Maßfeller, Das gesamte FamR S. 806). Beide Entscheidungen dürfen daher nicht miteinander

---

[1]) Schrifttum: Luther, Ehemündigkeit, Volljährigkeit, Strafmündigkeit, 1961; Loeffler-Kowalewsky, Ehemündigkeit und Volljährigkeit, 1961; Rietdorf-Schmidt, Eheerfordernisse und Ehehindernisse, 1960, S. 34ff.; Göppinger, Die Befreiung vom Erfordernis der Ehemündigkeit, FamRZ 1961, 463; Schwoerer, Die Vorauss. der Volljährigkeits- und Ehemündigkeitserkl., Die Justiz 1962, 27.

verbunden werden, es sei denn, daß alle Beschwerdeberechtigten auf Rechtsmittel gegen die VolljErkl. durch Erklärung gegenüber dem Gericht im voraus verzichten (§ 21 Anm. 9). War die formelle Rechtskraft der VolljErkl. irrig angenommen worden oder wird sie durch Wiedereinsetzung in den vorigen Stand beseitigt, so wird die Befreiung vom Erfordernis der Ehemündigkeit nicht von selbst hinfällig, kann aber nach § 18 Abs. 1 Halbs. 1 FGG aufgehoben werden, jedoch nicht mehr nach der Eheschließung (Anm. 10). Kommt es zur rechtskräftigen Aufhebung der VolljErkl., so ist die Ehe zwar nicht wegen fehlender Ehemündigkeit fehlerhaft, aber bei mangelnder Einwilligung des gesetzlichen Vertreters nach § 30 EheG aufhebbar; der Ehemann bleibt minderjährig. Entmündigung des für volljährig Erklärten oder vorläufige Vormundschaft müssen aufgehoben sein. Eine Pflegschaft hindert nicht, sofern nicht EheG § 2 vorliegt.

b) Für die **Frau** besteht keine untere Altersgrenze. Theoretisch ist die unterste Grenze die Vollendung des 7. Lebensjahres (§ 104 Nr. 1 BGB, § 2 EheG). Sie braucht nicht für volljährig erklärt zu sein, bedarf dann aber zur Eheschließung gemäß § 3 EheG der Einwilligung des gesetzlichen Vertreters und des Sorgeberechtigten.

c) Von diesen mehr förmlichen Voraussetzungen abgesehen stellt das Gesetz keine Richtlinien auf. Durch das Wort „kann" ermächtigt es zur Ermessensausübung (Rechtsfolgeermessen). Die Grenzen des Ermessens ergeben sich aus dem Zweck der Ermächtigung. Als Richtschnur wird auch jetzt noch der (aufgehobene) § 2 AusfVO-EheG für die brit. Zone v. 12. 7. 48 (VOBlbrZ 210) dienen können: „Die Befreiung von dem Erfordernis der Ehemündigkeit ist dem Manne zu versagen, wenn er noch nicht die erforderliche Reife zur Eingehung der Ehe besitzt oder zweifelhaft ist, ob die Ehe von Bestand sein wird." [1]) Diese Prüfung wird zwar schon bei der VolljErkl. angestellt worden sein, wenn sie zum Zwecke der Eheschließung des Mannes nachgesucht war. Eine erstmalige Prüfung der Reife zur Ehe im Befreiungsverfahren könnte allenfalls in Betracht kommen, wenn der Minderjährige aus wirtschaftlichen Gründen für volljährig erklärt wurde, etwa um ein ererbtes Handelsgeschäft zu übernehmen, und er sich nun noch vor Erreichung des 21. Lebensjahres verheiraten will. Von diesem seltenen Fall abgesehen hat die Doppelspurigkeit des Verfahrens für den Mann ihren rechtspolitischen Sinn verloren, nachdem die besonderen Belange, deren Wahrung dem Gesetzgeber des EheG 1938 im Rahmen des § 5 BGB nicht gesichert erschien (vgl. Anz, JW 1938, 2069), fortgefallen sind (Arnold StAZ 1952, 246; Rietdorf-Schmidt, Eheerfordernisse, S. 41). Bei Mädchen werden an das Erfordernis der geistigen und sittlichen Reife nicht die gleichen Maßstäbe wie beim Mann angelegt werden können (vgl. Göppinger, FamRZ 1961, 463 zu II 1b).

4. Verfahren. Ein förmlicher Antrag wird, wie bei der VolljErkl. (§ 56 Anm. 2) vom Gesetz nicht erfordert, wenn auch das Gericht nach der Natur der Sache nicht tätig werden kann, ohne von dem der Befreiung bedürftigen Verlobten angerufen zu sein. § 18 Abs. 1 Halbs. 2 ist mithin nicht anwendbar. Verfahrensbeteiligter ist nur der Verlobte, der der Befreiung bedarf. Er ist auch als beschränkt Geschäftsfähiger selbständig beteiligtenfähig (§ 59 FGG Anm. 1 Abs. 2). Ausübung seiner Rechte im Verfahren durch gesetzlichen Vertreter ist nicht zulässig, da die Eheschließung eine höchstpersönliche Angelegenheit ist.

---

[1]) Bei den Gesetzesvorarbeiten wurde erwogen, diese Vorschrift dem § 1 Abs. 2 EheG als Zusatz anzufügen, jedoch schließlich davon abgesehen; vgl. Göppinger, FamRZ 1961, 463 Fußn. 10.

5. Die **örtliche Zuständigkeit** richtet sich nach den allgemeinen Vorschriften der §§ 43, 36 (Maßfeller, StAZ 1961, 301). Es handelt sich um eine Einzelverrichtung im Sinne des § 43. Maßgeblicher Zeitpunkt für das Vorhandensein der die Zuständigkeit begründenden Verhältnisse ist der, in welchem das VormG mit der Sache befaßt wird, in welchem also das Gesuch um Befreiung bei einem VormG eingeht. Eine Abgabe der Sache nach § 46 Abs. 3 ist statthaft. Dazu ist die Zustimmung des Verlobten (nicht des gesetzlichen Vertreters) erforderlich (§ 46 Anm. 14), bei ihrer Verweigerung Bestimmung durch das gemeinschaftliche obere Gericht nach § 46 Abs. 2. Eine Abgabe kann z. B. in Betracht kommen, wenn nach §§ 43, 36 Abs. 1 Satz 2 das VormG zuständig ist, bei welchem die Vormundschaft über einen Geschwisterteil des Verlobten geführt wird (§ 43 Anm. 4a; Keidel § 43 Anm. 4d), der Verlobte aber zu dem Bezirk dieses Gerichts keine örtlichen Beziehungen hat.

6. Internationale Zuständigkeit. Die Ehemündigkeit gehört zu den sachlichen Voraussetzungen der Eheschließung, über welche gemäß Art. 13 Abs. 1 EGBGB das Personalstatut des Verlobten entscheidet (Soergel-Kegel^{9} Art. 13 EG Anm. 14; Raape IPR^{5} § 27 I 2). Maßgebend ist das im Zeitpunkt der Eheschließung geltende Personalstatut, wobei der erst durch die Heirat etwa eintretende Staatswechsel der Frau außer Betracht bleibt. Art. 7 Abs. 2 EGBGB gilt bei Statutenwechsel für die Ehemündigkeit nicht (Raape IPR^{5} § 27 VII 1; Soergel-Kegel^{9} Art. 13 EG Anm. 30). Die deutsche internationale Zuständigkeit für die Befreiung ist nur gegeben, wenn nach dem Personalstatut deutsches sachliches Recht anzuwenden ist (Statutszuständigkeit). Es gelten die hierzu bei § 44a Anm. 7 dargelegten Grundsätze.

7. Interlokale Zuständigkeit. Art. 13 Abs. 1 EGBGB ist entsprechend anzuwenden. Anknüpfungspunkt ist anstelle der Staatsangehörigkeit der gewöhnliche Aufenthalt (§ 44a Anm. 8). In der Sowjetzone und im Ostsektor Berlins tritt die Ehemündigkeit für Mann und Frau mit der Vollendung des 18. Lebensjahres ein (EheVO v. 24. 11. 55, GBlDDR I 849, Berlin Ost VO v. 6. 12. 55, VOBl. I 519), ebenso die Volljährigkeit nach dem G v. 17. 5. 50 (GBlDDR 437), Berlin Ost VO v. 8. 6. 50 (VOBl. I 149). Eine Befreiung vom Erfordernis der Ehemündigkeit findet nicht statt. Diese Vorschriften sind entsprechend Art. 7 Abs. 1, 13 Abs. 1 EGBGB anzuwenden, wenn ein Bewohner der SBZ oder des Ostsektors Berlins, der seinen dortigen gewöhnlichen Aufenthalt beibehält, anläßlich eines nur schlichten Aufenthalts die Ehe vor einem Standesamt der BRD oder von Berlin West schließen will. 18jährige Verlobte sind zur Eheschließung zuzulassen, während der 17jährigen Verlobten die Ehemündigkeit fehlt, ohne daß ihr Befreiung erteilt werden könnte. Andererseits bedarf ein 18jähriger Verlobter mit gewöhnlichem Aufenthalt im Bundesgebiet zur Eheschließung in der SBZ der VolljErkl. und der Befreiung nach § 1 Abs. 2 EheG; die gleichwohl geschlossene Ehe ist aber wegen des nur aufschiebenden Charakters des Eheverbots gültig; bei fehlender Einwilligung des gesetzlichen Vertreters ist sie aufhebbar nach § 30 EheG. Der Ehemann bleibt minderjährig (Luther, Ehemündigkeit, Volljährigkeit usw., 1961, S. 34; Soergel Kegel^{9} Art. 7 EG Anm. 36, Art. 13 Anm. 119; Palandt-Lauterbach, BGB, Bem. 14g ff vor Art. 7 EG; a. M. Raape IPR^{5} § 22 G I).

Verlegt ein Bewohner der SBZ oder des Ostsektors Berlins nach Vollendung des 18. Lebensjahres seinen gewöhnlichen Aufenthalt in die BDR einschließlich Berlin West, so bleibt zwar nach jetzt h. M. seine Rechtsstellung als Volljähriger entsprechend Art. 7 Abs. 2 EGBGB erhalten, KG 29. 3. 51 (JR 241 = JZ 508 = NJW 485 = StAZ 151 = MDR 1953 45), BVerfG 25. 5. 56 (5 17 = NJW 985 = FamRZ 217), Soergel-Kegel[9] Art. 7 EG Anm. 34; Palandt-Lauterbach, Bem. 14gaa vor Art. 7 EG; Maunz-Dürig, GG, Art. 19 Abs. 3 Anm. 28; a.M. Raape IPR[5] § 22 G II). Dagegen kommt es für die Ehemündigkeit gemäß Art. 13 EG auf das Personalstatut zur Zeit der Eheschließung an; Art. 7 Abs. 2 EG ist nicht anwendbar, weil die Ehemündigkeit nicht eine besondere Art der Geschäftsfähigkeit und damit eine erworbene persönliche Rechtsstellung wie die Volljährigkeit ist (oben Anm. 2), sondern eine im Zeitpunkt der Eheschließung erforderliche Ehevoraussetzung; der Jugendliche bedarf daher der Befreiung, so die h. M., KG 29. 3. 51 (a. a. O.), Düsseldorf 12. 6. 51 (NJW 717; LG Bielefeld 10. 4. 59 (FamRZ 1960 280); Beitzke, JZ 1951 509; Neuhaus, DRZ 1950 467; Schumacher NJW 1951 169; Luther a. a. O. S. 34; Maßfeller, Das gesamte FamR, S. 805, 1119; Raape IPR[5] § 27 VII; Palandt-Lauterbach Bem. 14g ff vor Art. 7 EG; Maunz-Dürig a. a. O.; Göppinger FamRZ 1961, 463 Fußn. 28; a. M. Dölle StAZ 1950 178; Schlichting MDR 1951 139; Soergel-Kegel[9] Art. 7 EG Anm. 36; Kegel, IPR § 17 I 2f., § 20 III 6).

8. **Anhörung** des Jugendamts wird dem VormG auch für das Verfahren nach § 1 Abs. 2 EheG durch § 48 JWG i. d. F. v. 11. 8. 61 (BGBl. I 1206) zur Pflicht gemacht. Obwohl die Aufgaben des JA sich grundsätzlich nur auf Minderjährige beziehen (§ 48 Abs. 1 Satz 1 JWG), der Mann aber bereits rechtskräftig für volljährig erklärt sein muß (Anm. 3a), besteht die Pflicht zur Anhörung des JA auch bei volljährigen Verlobten (Göppinger, FamRZ 1961, 463 zu II 3a). Bei einer minderjährigen Verlobten, die bevormundet wird, sollen nach § 1847 BGB i. d. F. d. Art. 1 Nr. 34 FamRÄndG Verwandte oder Verschwägerte gehört werden. § 1695 BGB über die Pflicht zur Anhörung der Eltern ist, wenn die minderjährige Verlobte unter elterlicher Gewalt steht, nicht unmittelbar anwendbar, weil die Vorschrift voraussetzt, daß Rechte der Eltern durch die Entscheidung betroffen werden. Daran fehlt es hier, weil den Eltern das Verbietungsrecht aus § 3 EheG verbleibt. Anhörung der Eltern zur Sachaufklärung (§ 12) ist aber regelmäßig unerläßlich.

9. Die **Wirksamkeit** der Befreiung tritt gemäß § 16 Abs. 1 mit der Bekanntmachung an den Verlobten ein (Finke, FamRZ 1958, 405 zu IV a 2). Eine Beschwerde (Anm. 10) hindert die Eheschließung nicht, sofern nicht das VormG oder das Beschwerdegericht die Vollziehung aussetzt (§ 24). Die Befreiung gilt nur für eine bestimmte Eheschließung (Planck BGB[4] § 1303 Anm. 2). Deshalb ist der andere Verlobte in der Entscheidung zu bezeichnen (AV d. Nds. MdJ v. 1. 9. 61, Nds-Rpfl. 192 = StAZ 306). Da es keine allgemeine Ehemündigkeitserklärung gibt (Anm. 2), darf die Entscheidung den Verlobten nicht für ehemündig erklären, sondern sie muß ihm Befreiung von dem Erfordernis der Ehemündigkeit zur Eheschließung mit dem namentlich bezeichneten anderen Verlobten erteilen (Göppinger, FamRZ 1961, 463 zu II 4). Die Befreiung eines Volljährigen bedarf keiner Begründung, da sie unanfechtbar ist (Anm. 10); einer Begründung bedarf die ablehnende Verfügung (§ 16 Anm. 8) und wegen der Beschwerdemöglichkeit (Anm. 10) die Befreiung einer Minderjährigen.

10. **Rechtsmittel.** Gegen Ablehnung und Erteilung der Befreiung findet die einfache (unbefristete) Beschwerde nach § 19 statt. Mit der Eheschließung wird die Beschwerde sowohl gegen die Erteilung als auch gegen die Versagung unzulässig. Für das Beschwerderecht kommt es auf die Voll- oder Minderjährigkeit des Verlobten an. Bei volljährigen Verlobten, also stets bei der Befreiung eines

Mannes (Anm. 3a), kann das Beschwerderecht nicht auf § 57 Abs. 1 Nr. 9 gestützt werden, weil die Vorschrift nur für „Kinder" oder „Mündel" gilt (§ 57 Anm. 26). Andere Personen oder Stellen können durch die Erteilung oder Versagung der Befreiung nicht in ihrem Recht i. S. des § 20 Abs. 1 betroffen sein; das gilt auch für das Jugendamt (a. M. Göppinger, FamRZ 1961, 463 zu II 5). Die Befreiung eines Volljährigen ist daher mangels Beschwerderechts unanfechtbar. Gegen die Versagung steht nur dem Verlobten die Beschwerde nach § 20 Abs. 1 zu. Der andere Verlobte ist nicht beschwerdeberechtigt, weil ein einseitiges Ehehindernis vorliegt. Die minderjährige Verlobte kann ihr Beschwerderecht aus § 20 Abs. 1 selbständig ausüben, wenn sie das 14. Lebensjahr vollendet hat (§ 59). Für ein eigenes Beschwerderecht der gesetzlichen Vertreter und Sorgeberechtigten aus § 20 Abs. 1 oder § 57 Abs. 1 Nr. 9 fehlt es an einem Rechtsschutzinteresse, weil sie die Eheschließung durch Versagung ihrer nach § 3 EheG erforderlichen Einwilligung verhindern können. Ist ihre Einwilligung gemäß § 3 Abs. 3 EheG vom VormG ersetzt worden, so ist ihr Interesse nicht mehr schutzwürdig. Im übrigen ist gegen die Erteilung der Befreiung ein Beschwerderecht aus § 57 Abs. 1 Nr. 9 grundsätzlich möglich, auch für das Jugendamt. Gegen die Versagung haben andere Personen als die Verlobte in der Regel kein Beschwerderecht aus § 57 Abs. 1 Nr. 9; ihr Interesse kann nicht als berechtigt gelten, weil die Befreiung der Verlobten nicht von Dritten aufgenötigt werden sollte.

11. Änderungsbefugnis. Für die Änderung der Erteilung oder Versagung der Befreiung gelten die Bem. zu § 18 Anm. 3 bis 5. Nach der Eheschließung kann die Verfügung nicht mehr geändert werden, weil das nur aufschiebende Ehehindernis gegenstandslos geworden ist.

12. Gebühren wie bei § 44a Anm. 12.

Wirksamwerden und Anfechtbarkeit der Ehelichkeitserklärung

56a (1) Eine Verfügung, durch die das Vormundschaftsgericht ein uneheliches Kind auf Antrag seines Vaters für ehelich erklärt, wird mit der Bekanntmachung an den Vater, nach dem Tode des Vaters, unbeschadet der Vorschrift des § 1733 Abs. 3 des Bürgerlichen Gesetzbuchs, mit der Bekanntmachung an das Kind wirksam. Die Verfügung ist unanfechtbar; das Gericht darf sie nicht ändern.

(2) Gegen eine Verfügung, durch die der Antrag auf Ehelichkeitserklärung abgelehnt wird, steht, falls der Vater verstorben ist, die Beschwerde dem Kinde zu.

Eingefügt durch Art. 4 Nr. 5 FamRÄndG. In Kraft getreten am 1. 1. 1962.

1. Die Ehelichkeitserklärung verschafft dem unehelichen Kinde im Verhältnis zu seinem Vater die Rechtsstellung eines ehelichen Kindes (§§ 1723, 1736). Ihre Rechtfertigung findet sie in dem Grundgedanken, einen Ersatz für die Legitimation durch nachfolgende Ehe zu bieten, wenn die Eheschließung wegen Todes oder Geschäftsunfähigkeit der Mutter nicht möglich oder dem Vater nicht zumutbar ist, ohne daß sie jedoch im Einzelfall auf Fälle dieser Art beschränkt ist (BGB-RGRK § 1723 Anm. 1; Lehmann, FamR[3] § 32 I). Der Vater wird alleiniger Inhaber der elterlichen Gewalt (§§ 1736, 1740) und wird unterhaltspflichtig (§§ 1739, 1601).

Die Mutter verliert das Sorgerecht und die ihr etwa nach § 1707 Abs. 2 n. F. übertragene elterliche Gewalt (§ 1738). Die Vormundschaft endigt kraft Gesetzes (§ 1882). Die Wirkungen erstrecken sich auch auf die Abkömmlinge des Kindes, jedoch nicht auf die Ehefrau und die Verwandten des Vaters und auf den Ehegatten des Kindes (§ 1737). Die Wirkungen sind mithin schwächer als bei der Legimation durch nachfolgende Ehe (§ 1719).

2. Die **Prüfung des VormG** erstreckt sich auf folgende Voraussetzungen:

a) Ein Antrag des Vaters mit der Erklärung, daß er das Kind als das seinige anerkenne (§§ 1723, 1725). Beide Erklärungen müssen unbedingt und unbefristet sein (§ 1724) und bedürfen der gerichtlichen oder notariellen Beurkundung (§ 1730). Wegen der höchstpersönlichen Natur des Antrags ist gesetzliche oder gewillkürte Vertretung ausgeschlossen (§ 1728 Abs. 1). Bei Geschäftsunfähigkeit des Vaters ist Ehelichkeitserklärung mithin nicht möglich; bei nachträglicher Geschäftsunfähigkeit gilt § 130 Abs. 2, 3 BGB, bei Tod § 1733 Abs. 2. Auch eine Vertretung in der Erklärung (vgl. zu dieser Rechtsfigur Boehmer, JZ 1960, 4 zu III) ist mangels eines Bedürfnisses für eine Rechtsfortbildung contra legem nicht zuzulassen, zumal § 1751a n. F. die Vertretung beim Abschluß eines Kindesannahmevertrages nur in begrenztem Umfange zugelassen hat (vgl. Vorbem. A 2, 3 vor § 65). Ein in der Geschäftsfähigkeit beschränkter Vater kann den Antrag selbst mit Zustimmung des gesetzlichen Vertreters und Genehmigung des VormG stellen (§ 1729 Abs. 1). Zu ihrer Erteilung ist der Vertreter in den die Person betreffenden Angelegenheiten berufen (Soergel-Vogel[8] § 1729 Anm. 4). Die Zustimmung bedarf nicht der Form des § 1730. Die Genehmigung des VormG, für welche sich die Zuständigkeit nicht nach § 43a, sondern nach §§ 36, 43 richtet, muß wegen § 1831 bei der Einreichung des Antrags erteilt sein, KG 10. 4. 29 (JFG 6 108).

Zurücknahme des Antrags ist bis zum Wirksamwerden der Ehelichkeitserklärung (Anm. 7) zulässig. Auch kann der Antrag und die darin enthaltene Anerkennung des Kindes wegen Willensmangels (§§ 119ff.) angefochten werden (§ 1731). Eine Anfechtung nach der Ehelichkeitserklärung beseitigt jedoch wegen § 1735 nicht deren Wirkungen; statt dessen gilt § 1735a.

Tod des Kindes erledigt den Antrag (§ 1733 Abs. 1); eine Ehelichkeitserklärung nur zugunsten der Abkömmlinge des verstorbenen Kindes (vgl. § 1737) findet nicht statt. Tod des Vaters nach Einreichung des (formgerecht beurkundeten) Antrags bei einem VormG, mag es auch nicht das örtlich zuständige sein (§ 43a Anm. 5), ist unschädlich; ebenso Tod vor Einreichung, aber nach Betrauung des Beurkundungsgerichts oder Notars mit der Einreichung des beurkundeten Antrags (§ 1733 Abs. 2). Zum Begriff des „Betrauens" vgl. § 43a Anm. 6.

Dem Kinde oder der Mutter hat das Gesetz kein Antragsrecht eingeräumt (Beitzke, FamR[10] § 31 II 1). Ein Recht der Mutter, das Kind als ihr eheliches erklären zu lassen, wird durch Art. 3 Abs. 2 GG nicht erfordert, OLGPräs. Hamburg 29. 1. 55 (JZ 245), zumal § 1707 Abs. 2 BGB n. F. in gewissem Umfange Abhilfe schafft; a. M. Dölle JZ 1953, 362; Bosch Rpfleger 1954, 74, FamRZ 1957, 190, 1958, 428; Krüger-Breetzke, GleichberG, Einl. Rdn. 174; vgl. auch H. Krüger, Die Rechtsstellung des ue. Kindes nach dem GG, 1960, S. 41; Finke, NJW 1953, 613. § 1723 BGB ist infolge der Änderung durch das FamRÄndG nachkonstitutionelles Recht i. S. des Art. 100 Abs. 1 GG geworden.

b) Einwilligung des Kindes (§ 1726). Sie ist eine einseitige, bedingungs- und befristungsfeindliche (§ 1724), empfangsbedürftige Willenserklärung und bedarf der gerichtlichen oder notariellen Beurkundung (§1730). Erklärungsgegner ist der Vater oder das VormG (§ 1726 Abs. 2). Mit ihrem Wirksamwerden wird die Einwilligung unwiderruflich (§ 1726 Abs. 2 Halbs. 2); vgl. auch Vorbem. A 3 vor § 65. Sie unterliegt jedoch der Anfechtung nach den allgemeinen Vorschriften (§ 1731), die vom VormG beachtet und vor der Ehelichkeitserklärung auf ihre Begründetheit geprüft werden müßte. Ein in der Geschäftsfähigkeit beschränktes, über 14 Jahre altes Kind muß die Einwilligung persönlich mit Zustimmung des gesetzlichen Vertreters in den die Person betreffenden Angelegenheiten und mit Genehmigung des VormG erteilen (§§ 1729 Abs. 2, 1728 Abs. 2). Für ein geschäftsunfähiges Kind erteilt die Einwilligung der gesetzliche Vertreter mit Genehmigung des VormG (§ 1728 Abs. 2); ist das Kind älter als 7, aber noch nicht 14 Jahre alt, so steht sowohl der Weg des § 1729 Abs. 2 als auch des § 1728 Abs. 2 offen. Im übrigen ist Vertretung ausgeschlossen (§ 1728 Abs. 1). Die Einwilligung des gesetzlichen Vertreters bedarf der Form des § 1730, nicht aber seine nach § 1729 zu erteilende Zustimmung. Die Genehmigung des VormG muß wegen § 1831 bis zum Zugehen der Einwilligung erteilt sein, KG 10. 4. 29 (JFG **6** 108). Zuständig ist das für das Kind nach §§ **36, 43,** nicht das für den Vater nach § 43a zuständige VormG. Dieses hat nach § **48** JWG das JA zu hören. Maßgeblich ist das Wohl des Kindes. Wegen der bei der Entscheidung über die Genehmigung, insbesondere bei Rentenkonkubinaten, zu beachtenden Gesichtspunkte vgl. LG Regensburg 12. 8. 58 (FamRZ 1959 30); Bosch, FamRZ 1959, 170; Schumacher, FamRZ 1960, 13. Der Vater hat gegen die Versagung der Genehmigung des VormG, wenn nach Lage des Falles nicht § 57 Abs. 1 Nr. 9 vorliegt, kein Beschwerderecht (§ 20 Anm. 5 B x). Die Einwilligung des Vormundes kann nicht ersetzt werden; notfalls schafft § 1886 BGB Abhilfe, KG 31. 5. 29 (JFG **7** 79). Gegen die Weigerung des JA als Amtsvormund, die Einwilligung zu erteilen, ist der Verwaltungsrechtsweg nicht gegeben, VerwG Berlin 21. 8. 56 (EJF G I Nr. 1)[1].

c) Einwilligung der Ehefrau des Vaters (§ 1726 Abs. 1 Satz 2). Wegen der Form, Bedingungsfeindlichkeit, Empfangsbedürftigkeit, Unwiderruflichkeit, Anfechtbarkeit und wegen des Ausschlusses der Vertretung gelten §§ 1730, 1724, 1726 Abs. 2, 1728 Abs. 1 BGB. Eine in der Geschäftsfähigkeit beschränkte Frau ist selbständig ohne ihren gesetzlichen Vertreter handlungsfähig (§ 1729 Abs. 3). Bei dauernder Geschäftsunfähigkeit oder dauernd unbekanntem Aufenthalt ist die Einwilligung entbehrlich (§ 1726 Abs. 3). Für Getrenntleben gilt das nicht. Die Einwilligung kann nicht ersetzt werden, auch wenn die Weigerung grundlos ist und das Kind benachteiligt (Staudinger[9] § 1727 Anm. 5).

d) Einwilligung der Mutter des Kindes, wenn es noch nicht das 21. Lebensjahr vollendet hat (§ 1726 Abs. 1), mag es auch volljährig sein. Wegen der Form, Bedingungsfeindlichkeit, Empfangsbedürftigkeit, Unwiderruflichkeit, Anfechtbarkeit und wegen des Ausschlusses der Vertretung gelten § 1730, 1724, 1726 Abs. 2, 1728 Abs. 1 BGB. Die Mutter, die zugleich Vormund oder nach § 1707 Abs. 2 Inhaberin der elterlichen Gewalt ist, wird durch §§ 1629 Abs. 2, 1795 Abs. 2, 181 nicht gehindert, ihre Einwilligung und die des Kindes als dessen gesetzliche Vertreterin dem Vater oder dem VormG gegenüber zu erklären. Bei beschränkter

---

[1]) Ist der Vater Ausländer oder staatenlos, so hat das VormG das Kind und (oder) den gesetzlichen Vertreter über § 17 Nr. 5 RuStAG, Art. 16 Abs. 1 GG zu belehren und Erklärungen hierüber herbeizuführen, AV d. Sen. f. Justiz v. Berlin v. 21. 12. 61 (ABl. 1962, 6 = StAZ 1962, 38).

Geschäftsfähigkeit ist die Mutter selbständig ohne ihren gesetzlichen Vertreter handlungsfähig (§ 1729 Abs. 3). Bei dauernder Geschäftsunfähigkeit oder dauernd unbekanntem Aufenthalt ist ihre Einwilligung entbehrlich (§ 1726 Abs. 3).

Die Ersetzung der mütterlichen Einwilligung läßt § 1727 BGB zu. Die Ersetzung muß bei der Ehelichkeitserklärung bereits wirksam sein, d. h., sie muß entweder formell rechtskräftig sein (§ 53 Abs. 1) oder das VormG muß ihre sofortige Wirksamkeit nach § 53 Abs. 2 angeordnet haben. Zuständig ist das für das Kind nach §§ 36, 43 zuständige VormG, nicht das nach § 43a für den Vater zuständige. Wegen des Verfahrens des VormG vgl. § 53 Anm. 3, 4, 6, § 55 Abs. 2. Das Gesetz macht für die Ersetzung keinen Unterschied, ob der Mutter nur die tatsächliche Personensorge nach § 1707 Abs. 1 oder nach § 1707 Abs. 2 die elterliche Gewalt zusteht. In dem letzten Falle wird ihre Einwilligung als gesetzliche Vertreterin durch die Ersetzung ihrer Einwilligung als Mutter nicht entbehrlich. Jedoch liegt hierin kein Schutz der Mutter, weil die Bestellung eines Pflegers nach § 1629 Abs. 2 Satz 2, 1796, 1909 BGB möglich ist, vgl. BayObLG 2. 6. 17 (18 105 = Recht 1917 Nr. 1433). Die verfassungsrechtlichen Bedenken gegen die Ersetzbarkeit (Krüger-Breetzke, GleichberG Einl. Rdn. 206; Göppinger, FamRZ 1959, 397 Fußn. 63) werden mit Rücksicht darauf, daß zum Vater ein biologisches Eltern- und Kindesverhältnis besteht, nicht gegen die Ersetzbarkeit an sich, sondern gegen die Erfordernisse des § 1727 zu richten sein; nach Art. 6 Abs. 3 GG ist ein Versagen der Mutter, also eine mindestens objektive Gefährung des geistigen oder leiblichen Wohls des Kindes bei der Mutter zu erfordern. § 1727 ist durch das FamRÄndG nicht nachkonstitutionelles Recht geworden, so daß eine Vorlegung nach Art. 100 Abs. 1 GG sich erübrigt; vgl. zu § 1707 BVerfG 6. 10. 29 (10 129).

3. Beurkundungsgeschäfte. Die nach § 1730 der Beurkundung bedürfenden Erklärungen (Antrag des Vaters, Einwilligungen nach § 1726) sind rechtsgeschäftlicher Art. Für die Form der Beurkundung gelten daher die Vorschriften der §§ 167 bis 180, 182 FGG, ergänzt durch landesrechtliche Ordnungsvorschriften (§ 200 Anm. 5). Zuständig sind stets die Notare (§ 20 BNotO) einschließlich der Bezirksnotare in Württemberg und der Notare in Baden (§§ 114, 115 BNotO, Art. 12 Abs. 3 WürttAGBGB, § 22 BadLFGG). Soweit die Beurkundungszuständigkeit der Gerichte landesrechtlich auf Grund des Art. 141 EGBGB ausgeschlossen ist, ist hierin eine Änderung durch die Zuweisung der Ehelichkeitserklärung an das VormG nicht eingetreten, da es sich nach wie vor nicht um Beurkundungen innerhalb eines anhängigen Verfahrens (vgl. Vorbem. 5 vor § 167), sondern um selbständige Beurkundungsgeschäfte handelt. In Baden ist die Zuständigkeit der Amtsgerichte für Beurkundungen nach § 1730 als Ausnahme von dem sonst geltenden Urkundsmonopol der Notare aufrechterhalten worden (§ 23 BadLFGG). Die Beurkundungszuständigkeit der Gerichte ist ausgeschlossen in Bayern (Art. 10 Abs. 2 BayAGGVG), in den ehemals bayerischen Gebietsteilen des Landes Rheinland-Pfalz (§ 78 NotORhPf., Art. 12 Abs. 1 Nr. 18 NotMaßnG), in Hamburg (§ 9 HambFGG) und in Bremen (§ 6 BremAGBGB). Soweit hiernach eine Beurkundungszuständigkeit der Gerichte besteht, ist die Beurkundung des Antrags des Vaters und der Einwilligungen der Mutter des Kindes und der Frau des Vaters durch § 23 Nr. 4 RechtspflG auf den Rechtspfleger übertragen, nicht aber die Einwilligung des Kindes oder seines gesetzlichen Vertreters (Arnold, RechtspflG § 23 Anm. 6 III).

4. Die **Vaterschaft des Antragstellers** ist ohne Bindung an das Anerkenntnis (§ 1725) und die Vermutungen der §§ 1718, 1720 vom VormG selbständig zu prüfen und erforderlichenfalls durch Ermittlungen aufzuklären (§ 12). Die Bindung an ein Abstammungsurteil (§§ 640, 643 ZPO), welches die Vaterschaft des Antragstellers feststellt oder verneint, gilt auch hier; jedoch können die Beteiligten bei Zweifeln nicht auf den Statusprozeß verwiesen werden. Ist die Vaterschaft eines anderen Mannes durch Abstammungsurteil festgestellt, so muß der Antragsteller dieses Urteil zunächst durch Klage beseitigen (§ 643 Satz 2). Ebenso muß bei Ehelichkeitserklärung zugunsten eines Dritten oder Legitimation durch nachfolgende Ehe mit einem von mehreren Beiwohnern die Unehelichkeit auf Anfechtungsklage (§§ 1721, 1735a, 1593) zuvor rechtskräftig festgestellt sein. Anerkennung durch einen Dritten nach § 1718 oder Feststellung seiner Zahlvaterschaft durch Urteil steht der Ehelichkeitserklärung nicht entgegen; auch nicht Adoption durch einen Dritten, jedoch treten dann die Legitimationswirkungen nur insoweit ein, als nicht die Adoption entgegensteht, KG 8. 4. 32 (JFG 9 62 = JW 1933, 176).

5. **Als sachliche Voraussetzung** erfordert **§ 1734 BGB n. F.:**

Ein Kind soll nur für ehelich erklärt werden, wenn die Ehelichkeitserklärung dem Wohle des Kindes entspricht und ihr keine triftigen Gründe entgegenstehen.

Die Entscheidung ist am Wohl des Kindes auszurichten. Die Belange der Mutter oder des Vaters kommen nicht in Betracht. Es wird wesentlich auf die Person und die Verhältnisse des Vaters und auf die Gründe ankommen, die ihn zur Stellung des Antrags veranlaßt haben. Die Ehelichkeitserklärung ist z. B. nicht angebracht, wenn es dem Vater nur darauf ankommt, sich der lästigen Verpflichtung zur Zahlung des Unterhalts in Geld zu entziehen, vgl. Stuttgart 3. 2. 34 (JFG 11 56). Entgegenstehende triftige Gründe rechtfertigen die Versagung. Die Prüfung geht mithin über die dem VormG bei der Entscheidung über die vormundschaftsgerichtliche Genehmigung der Kindeseinwilligung obliegende (Anm. 2b) hinaus. Das Kindeswohl ist nicht allein maßgebend. Die triftigen Gründe brauchen nicht in der Person der Beteiligten zu liegen, sondern können ihre Grundlage auch im öffentlichen Interesse haben. Das verkennt Palandt[21] § 1734 Anm. 1. Wegen der Bedeutung mangelnder Anerkennung im Heimatstaat des Kindes vgl. § 43a Anm. 8a. Eine Ehelichkeitserklärung kommt grundsätzlich nicht in Betracht, wenn die Eltern, statt eine zumutbare Ehe zu schließen, ihr eheähnliches Zusammenleben fortsetzen wollen (Rentenkonkubinat); dazu OLGPräs. Nürnberg 6. 9. 58 (FamRZ 428), 29. 7. 60 (FamRZ 1961, 36), Schleswig 26. 9. 61 (FamRZ 540); Schumacher, FamRZ 1960, 13; Bosch, FamRZ 1958, 428, 1959, 170, 1961, 37; Beitzke, FamR[10] § 31 II 3; H. Krüger, Die Rechtsstellung des ue. Kindes nach dem GG, 1960, S. 126f. Das Vorhandensein des Eheverbots der Verwandtschaft oder der Schwägerschaft zwischen den Eltern steht der Ehelichkeitserklärung nach Aufhebung des § 1732 BGB a. F. und des § 9 DVO-FamRÄndG v. 23. 4. 38 (vgl. Art. 9 I Abs. 1 Nr. 10 FamRÄndG) nicht mehr schlechthin entgegen (BTDrucks. 530/58 S. 19), wird sie aber oft als anstößig erscheinen lassen, insbesondere wenn die Befreiung vom Eheverbot der Schwägerschaft abgelehnt worden war (Lehmann FamR[3] § 32 II 5; Beitzke FamR[10] § 31 II 3).

6. **Anhörung** Verwandter und Verschwägerter des Mündels nach § 1847 BGB n. F. Anhörung der Mutter und des Vormunds erübrigt sich wegen ihrer Einwilligungen; jedoch kann sie zur Aufklärung des Sachverhalts dienlich sein. Anhörung des Jugendamts wird in § 48 JWG nur bei Erteilung der Genehmigung des VormG (Anm. 2b) vorgeschrieben, nicht mehr im Verfahren zur Ehelichkeitserklärung.

7. Wirksamwerden der Ehelichkeitserklärung. § 56a Abs. 1 Satz 1 regelt den Zeitpunkt, in welchem die Wirkungen der Ehelichkeitserklärung eintreten. Zwei Fälle sind zu unterscheiden:

a) Bekanntmachung an den Vater. In dem Regelfall, daß Vater und Kind die Ehelichkeitserklärung erleben, wird sie mit der Bekanntmachung (§ 16) an den Vater wirksam. Abweichend von der Regel des § 16 Abs. 1 genügt mithin die Bekanntmachung an den Vater allein, um die Wirksamkeit für alle Beteiligten, nämlich auch für das Kind und dessen Abkömmlinge (§ 1737) und für die Mutter des Kindes eintreten zu lassen. Da die Ehelichkeitserklärung nach dem Tode des Kindes nicht mehr erfolgen darf (§ 1733 Abs. 1), kann die noch zu Lebzeiten des Kindes erlassene (§ 18 Anm. 1) Ehelichkeitserklärung nicht mehr wirksam werden, wenn sie dem Vater erst nach dem Tode des Kindes bekanntgemacht wird (vgl. zu derselben Lage bei der Adoptionsbestätigung § 67 Anm. 1a); § 1735 setzt eine wirksam gewordene Ehelichkeitserklärung voraus (a. M. Beitzke, FamR[10] § 31 II 3).

Vorstehendes gilt für die als Voraussetzung des Wirksamwerdens erforderliche Bekanntmachung. Außerdem teilt das VormG die Ehelichkeitserklärung den anderen Beteiligten, also dem Kinde und der Mutter mit, ohne daß jedoch an das Unterbleiben Rechtsfolgen geknüpft sind.

b) Bekanntmachung nach dem Tode des Vaters an das Kind. Ist der Vater verstorben, die Ehelichkeitserklärung aber nach § 1733 Abs. 2 noch zulässig (§ 43a Anm. 5, 6), so wird die Verfügung mit der Bekanntmachung allein an das Kind wirksam, wiederum mit Wirkung auch für die übrigen Beteiligten. Mit den Worten „unbeschadet der Vorschrift des § 1733 Abs. 3 BGB“ bringt das Gesetz zum Ausdruck, daß die Ehelichkeitserklärung auf die Zeit vor dem Tode des Vaters zurückbezogen wird, obwohl die Wirksamkeit der Verfügung erst nach seinem Tode eintritt. Ist das Kind in der Geschäftsfähigkeit beschränkt, so wird ihm die Verfügung zu Händen seines gesetzlichen Vertreters bekanntgemacht, selbst wenn es älter als 14 Jahre ist. Denn wenn es auch in diesem Fall die Einwilligung stets persönlich erteilen muß (Anm. 2b), so bedarf es doch der Zustimmung seines gesetzlichen Vertreters (vgl. bei der Kindesannahme § 67 Anm. 1b).

Die Bekanntmachung an die Mutter und die Erben des Vaters ist ebenfalls geboten, ohne daß der Eintritt der Wirksamkeit davon abhängt. Ist das Kind, bevor ihm die Verfügung bekanntgemacht worden ist, ebenfalls verstorben, so kann die Verfügung und damit die Ehelichkeitserklärung nicht mehr wirksam werden.

Für die Form der Bekanntmachungen gilt § 16.

8. Kein Rechtsmittel gegen die Ehelichkeitserklärung. Im Interesse der Sicherung der Rechtsstellung des Kindes ist die Ehelichkeitserklärung, wie die Bestätigung der Kindesannahme (§ 67 Anm. 3), für alle Beteiligten schlechthin unanfechtbar (vgl. BTDrucks. 530/58 S. 28). Art. 19 Abs. 4 GG steht nicht entgegen, da kein Verfassungsgrundsatz besteht, daß jedes gerichtliche Verfahren mehr als eine Instanz umfassen müsse, BVerfG 8. 10. 56 (6 7, 12), KG 23. 1. 61 (DNotZ 217 = Rpfleger 409); Maunz-Dürig, GG Art. 19 Abs. 4 Rdn. 45. Verwandte des Vaters sind ohnehin nicht i. S. des § 20 Abs. 1 in ihren Rechten unmittelbar beeinträchtigt. Auch Fehlen oder Nichtigkeit des Antrags des Vaters gibt diesem kein Rechtsmittel. Selbst der Beteiligte, dessen nach § 1726 erforderliche Einwilligung irrig nach § 1726 Abs. 3 für entbehrlich gehalten wurde oder der seine erforderliche und nicht ersetzte (§ 1727) Einwilligung verweigert hat, kann gegen die gesetzwidrig gleichwohl ausgesprochene Ehelichkeitserklärung keine Beschwerde einlegen, obwohl der Mangel, anders als bei der Bestätigung der Kindesannahme (§ 65 Anm. 4), gemäß § 1735 auch im Klagewege nicht geltend gemacht werden kann. Der Grundsatz, daß grob gesetzwidrige Beschlüsse stets anfechtbar sein müßten (vgl. § 19 Anm. 3), gilt hier nicht. Eine Ausnahme könnte nur zugelassen werden, wenn das Gericht sich in offenbarer Willkür zum Nachteil eines Beteiligten über das Gesetz hinwegsetzen würde, vgl. BVerfG 26. 2. 54 (**3** 364), 16. 1. 57 (**6** 53).

Auch eine Beschwerdeentscheidung, welche das VormG anweist, die Ehelichkeitserklärung zu verfügen oder von einem Bedenken abzusehen, ist mit der weiteren Beschwerde nicht anfechtbar.

9. Keine Änderungsbefugnis. Aus denselben Gründen, auf denen der Ausschluß von Rechtsmitteln beruht (Anm. 8), wird dem VormG abweichend von § 18 Abs. 1 (§ 18 Anm. 8) durch Abs. 1 Satz 2 Halbs. 2 die Befugnis entzogen, die Verfügung, welche das Kind für ehelich erklärt, zu ändern, wenn es sie nachträglich für ungerechtfertigt erachtet. Das gilt ohne Rücksicht auf die Wesentlichkeit des nachträglich erkannten Mangels. Auch wenn sich herausstellt, daß der Antragsteller nicht der Erzeuger des Kindes ist, bleibt es allein den Anfechtungsberechtigten überlassen, die Unehelichkeit durch Ehelichkeitsanfechtungsklage oder nach dem Tode des Kindes oder des Scheinvaters durch Antrag an das VormG geltend zu machen (§§ 1735a, 1593ff., 1599).

Wegen des Zeitpunkts, in welchem die Verfügung unabhänderlich wird, vgl. § 67 Anm. 4 Abs. 2.

Eine ablehnende Verfügung kann nach den allgemeinen Grundsätzen (§ 18 Abs. 1 Halbs. 2) auf Antrag des Vaters geändert werden (§ 18 Anm. 6).

10. Rechtsmittel gegen die ablehnende Verfügung. Gegen die Ablehnung der Ehelichkeitserklärung findet die einfache (unbefristete) Beschwerde nach § 19 statt. Das Beschwerderecht steht nach § 20 Abs. 1, 2 dem Vater zu. Dem Kind wird durch Abs. 2 ein Beschwerderecht verliehen, wenn der Vater verstorben und, wie einschränkend zu ergänzen ist, die Voraussetzungen des § 1733 Abs. 2 für eine Ehelichkeitserklärung nach dem Tode des Vaters erfüllt sind. Für die Befugnis des Kindes zur selbständigen Ausübung des Beschwerderechts gilt § 59. Im übrigen gelten für das Beschwerderecht die allgemeinen Vorschriften (BTDrucks. 530/58 S. 28). Da § 20 Abs. 2 das Beschwerderecht nur aus § 20, nicht auch das aus sonstigen Vorschriften einschränkt (§ 20 Anm. 8 Abs. 2; Keidel § 20 Anm. 7) und eine Verrichtung des VormG vorliegt, ist § 57 Abs. 1 Nr. 9 anwendbar. Das Beschwerderecht im Interesse des Kindes steht mithin jedem zu, der durch seine persönliche Beziehung zu dem Kinde oder seinen Beruf verständlichen Anlaß hat, für das Wohl des Kindes einzutreten (§ 57 Anm. 27), also mit diesem Maßgabe z. B. der Mutter, Pflegeeltern, dem Jugendamt.

Das VormG darf der Beschwerde abhelfen.

11. Mitteilung der Ehelichkeitserklärung durch die Geschäftsstelle des VormG an den Standesbeamten, der das Geburtenbuch des Kindes führt, zwecks Eintragung eines Randvermerks, PStG § 30, AVO-PStG §§ 27, 23 Abs. 2, 39, DA § 239. Keine Eintragung im Familienbuch des Vaters, (Pfeiffer-Strickert, PStG, § 15 Anm. 7). Mitteilung an das VormG des Kindes nach § 50 FGG.

12. Gebühren des Gerichts entstehen nicht (§ 1 KostO). Beurkundungsgebühr des Gerichts oder Notars für Vaterschaftsanerkenntnis nebst Antrag

(§§ 1725, 1730) 1½ Gebühren nach §§ 36 Abs. 1, 44 Abs. 1, 147 Abs. 1, 141 (Küntzel, DNotZ 1953, 194). Gleichzeitig beurkundete Einwilligungen (§ 1726) werden hierdurch abgegolten; sonst ¼ Gebühr nach § 38 Abs. 3 KostO. Geschäftswert § 30 Abs. 3,2 KostO. Für Beschwerden gilt § 131 KostO. Für Betreiben des Antrags oder der Beschwerde erhält der Notar, auch wenn er Rechtsanwalt ist, nach Maßgabe des § 146 Abs. 2 KostO ½ Gebühr.

Anfechtung der Ehelichkeit nach dem Tode des Kindes oder des Mannes

56b Eine Verfügung, durch die das Vormundschaftsgericht über die Anfechtung der Ehelichkeit eines Kindes entscheidet, wird erst mit der Rechtskraft wirksam.

Eingefügt durch Art. 4 Nr. 5 FamRÄndG als Verfahrensvorschrift zu § 1599 BGB n. F. In Kraft getreten am 1. 1. 1962.

§ 1599 BGB hat durch Art. 1 Nr. 5 FamRÄndG folgende Fassung erhalten:

(1) Der Mann und die Eltern des Mannes fechten die Ehelichkeit des Kindes durch Klage gegen das Kind, das Kind ficht die Ehelichkeit durch Klage gegen den Mann an.

(2) Ist das Kind gestorben, so wird die Ehelichkeit durch Antrag beim Vormundschaftsgericht angefochten. Dasselbe gilt, wenn das Kind nach dem Tode des Mannes seine Ehelichkeit anficht.

(3) Wird die Klage oder der Antrag zurückgenommen, so ist die Anfechtung der Ehelichkeit als nicht erfolgt anzusehen.

1. **Rechtsentwicklung.**[1]) Die Ehelichkeitsanfechtung nach dem Tode des Kindes erfolgte gemäß § 1597 BGB a. F. durch Erklärung des Mannes oder seit der Einfügung des § 1595a BGB a. F. durch das FamRÄndG v. 12. 4. 38 (RGBl. I 380) des Staatsanwalts gegenüber dem NachlG. Dieses traf keine Entscheidung. Die Unehelichkeit konnte nur mit Wirkung für ein streitiges Rechtsverhältnis, für welches sie erheblich war, festgestellt werden. § 1 Nr. 4 AnglVO v. 6. 2. 43 (RGBl. I 80) änderte § 1597 BGB dahin, daß die Unehelichkeit auf Antrag, den nur der Staatsanwalt stellen konnte, vom VormG allgemeinverbindlich festgestellt wird (Maßfeller, StAZ 1943, 21; Leiß, DR 1943, 473). Nach dem Tode des Mannes konnte nach § 1593 BGB a. F. jedermann die Unehelichkeit geltend machen, wenn der Mann gestorben war, ohne das Anfechtungsrecht verloren zu haben. Seit dem FamRÄndG 1938 konnte auch in diesem Fall nur der Staatsanwalt die Ehelichkeit anfechten. Das FamRÄndG 1961 hält an dem Grundsatz fest, daß Unehelichkeit stets nur geltend gemacht werden kann, wenn die Ehelichkeit angefochten und die Unehelichkeit durch gerichtliche Entscheidung rechtskräftig festgestellt worden ist (§ 1593 BGB n. F.). Es dehnt diesen Grundsatz auf durch nachfolgende Ehe legitimierte und für ehelich erklärte Kinder aus (§§ 1721, 1735a n. F.). Nach dem Tode des Kindes oder des Mannes wird die Entscheidung dem VormG zugewiesen, weil es an einem Anfechtungsgegner fehlt (§§ 1599 Abs. 2, 1721, 1735a n. F.). Das Anfechtungsrecht des Staatsanwalts ist beseitigt. Statt dessen wird dem Kinde in bestimmt umgrenzten Fällen (§§ 1596 bis § 1598 BGB n. F.) und nach dem Tode des Mannes seinen Eltern (§ 1595a BGB n. F.) ein Anfechtungsrecht eingeräumt (vgl. Schwarzhaupt, FamRZ 1961, 329). Der Mutter billigt das Gesetz kein Anfechtungsrecht zu; das ist mit Art. 3 Abs. 2 GG vereinbar, Düsseldorf 22. 11. 57 (NJW 1958,

[1]) **Schrifttum:** Brühl, Die Anfechtung der Ehelichkeit ab 1. 1. 1962, FamRZ 1962, 8; Beitzke, Neuregelung der Ehelichkeitsanfechtung, ZBlJugR 1961, 314 u. JR 1962, 85.

712); Beitzke, FamR[10] § 24 II 2c; Lehmann FamR[3] § 23 I; Brühl, FamRZ 1962, 8 zu B I; a. M. Krüger-Breetzke, GleichberG, Einl. 175ff.; Scheffler in Bettermann-Nipperdey-Scheuner, Die Grundrechte IV 1 S. 286 zu Fußn. 173.

2. Nach dem Tode des Kindes steht das Recht, die Ehelichkeit durch Antrag beim VormG anzufechten, zu:

a) dem Mann, nämlich dem Ehemann oder früheren Ehemann der Mutter, als dessen eheliches Kind das Kind nach den §§ 1591, 1592, 1600 Abs. 1 und 2 BGB gilt (§ 1594 Abs. 1), auch wenn die Ehelichkeit auf Legitimation durch nachfolgende Ehe beruht (§ 1721 Satz 1); ferner dem Vater des für ehelich erklärten Kindes (§ 1735a Abs. 1 Satz 1).

b) den Eltern des Mannes, nach dem Tode eines Elternteils dem überlebenden Elternteil, wenn

α) der Mann bis zum Tode von der Geburt des Kindes keine Kenntnis erlangt hat (§ 1595a Abs. 1 Satz 1 und 2) oder

β) er diese Kenntnis zwar gehabt hat, aber innerhalb von zwei Jahren nach der Geburt des Kindes gestorben ist, ohne die Ehelichkeit angefochten zu haben (§ 1595a Abs. 2 Satz 1). Die Eltern haben also kein Anfechtungsrecht, wenn der Mann später als zwei Jahre nach der Geburt des Kindes gestorben ist, mag auch für ihn die Anfechtungsfrist zur Zeit seines Todes noch gelaufen sein (kritisch Deisenhofer, UJ 1962, 21). Dieses Anfechtungsrecht der Eltern ist ausgeschlossen, wenn der Mann die Ehelichkeit nicht anfechten wollte (§ 1595a Abs. 2 Satz 2). Dazu genügt es, daß der Mann in Kenntnis der in § 1594 Abs. 2 Satz 1 umschriebenen Umstände in irgendeiner Weise seinen Willen zu erkennen gegeben hat, trotz der gegen seine Vaterschaft sprechenden Umstände das Kind als sein eheliches hinzunehmen. In der Anmeldung der Geburt beim Standesamt wird ein solcher Wille noch nicht ohne weiteres zum Ausdruck kommen.

Das Anfechtungsrecht steht den Eltern auch zu, wenn die Ehelichkeit auf Legitimation durch nachfolgende Ehe oder auf Ehelichkeitserklärung beruht (§§ 1721 Satz 1, 1735a Abs. 1 Satz 1).

Die Eltern können das Anfechtungsrecht nur gemeinschaftlich ausüben.

3. Das Kind kann nach dem Tode des Mannes seine Ehelichkeit unter den in § 1596 Abs. 1 Nr. 1 bis 5 angeführten Voraussetzungen anfechten, nämlich

a) (Nr. 1) wenn der Mann gestorben oder für tot erklärt ist, ohne das Anfechtungsrecht nach § 1594 verloren zu haben;

b) (Nr. 2) wenn die Ehe geschieden, aufgehoben oder für nichtig erklärt ist oder wenn die Ehegatten (bis zum Tode des Mannes) seit drei Jahren getrennt gelebt haben und nicht zu erwarten gewesen ist, daß sie die eheliche Gemeinschaft wiederherstellen;

c) (Nr. 3) wenn die Mutter den Erzeuger des Kindes geheiratet hat;

d) (Nr. 4) wenn die Anfechtung wegen ehrlosen oder unsittlichen Lebenswandels oder wegen einer schweren Verfehlung des Mannes gegen das Kind sittlich gerechtfertigt ist;

e) (Nr. 5) Wenn die Anfechtung wegen einer schweren Erbkrankheit des Mannes sittlich gerechtfertigt ist.

Diese Voraussetzungen für das Anfechtungsrecht des Kindes gelten auch, wenn seine Ehelichkeit auf Legitimation durch nachfolgende Ehe beruht (§ 1721 Satz 1).

Für das Anfechtungsrecht des für ehelich erklärten Kindes genügt es, daß es nicht von dem Vater abstammt (§ 1735a Abs. 2); § 1596 wird in § 1735a Abs. 1 Satz 1 nicht für entsprechend anwendbar erklärt.

4. Anfechtungsfrist. Das Anfechtungsrecht des Kindes ist in den Fällen des § 1596 Abs. 1 Nr. 4, 5 unbefristet (vgl. auch § 1735a Abs. 2 Satz 3). Im übrigen beträgt die Anfechtungsfrist für das Kind und für den Mann zwei Jahre (§§ 1594 Abs. 1, 1956 Abs. 2 Satz 1, 1721 Satz 1, 1735a Abs. 2 Satz 1). Die Frist beginnt für den Mann mit dem Zeitpunkt, in dem er Kenntnis von der Geburt und den Umständen erlangt, die für die Unehelichkeit des Kindes sprechen, frühestens mit der Geburt des Kindes (§ 1594 Abs. 2); für das Kind in den Fällen des § 1596 Abs. 1 Nr. 1 bis 3 in dem Zeitpunkt, in dem das Kind von den Umständen, die für seine Unehelichkeit sprechen, und von dem Sachverhalt erlangt Kenntnis, der nach § 1596 Abs. 1 Nr. 1, 2 oder 3 Anfechtungsvoraussetzung ist (§ 1596 Abs. 2 Satz 2); für das für ehelich erklärte Kind vgl. § 1735a Abs. 2. Über das Maß der an diese Kenntnis zu stellenden Anforderungen und den Einfluß von Rechtsunkenntnis vgl. RG 24, 2, 40 (**163** 70), BGH 7. 5. 53 (**9** 336), 18. 6. 53 (**10** 111), 14. 7. 57 (**24** 134). Für ein minderjähriges Kind oder einen geschäftsunfähigen Anfechtungsberechtigten ist die Kenntnis des gesetzlichen Vertreters maßgebend. Das Kind kann in den Fällen, in denen sein Anfechtungsrecht befristet ist (§§ 1596 Abs. 1 Nr. 1 bis 3, 1721 Satz 1, 1735a Abs. 2 Satz 1) noch innerhalb einer mit seiner Volljährigkeit beginnenden Ausschlußfrist von zwei Jahren, deren Lauf von einer Kenntnis der Umstände unabhängig ist, anfechten, wenn der gesetzliche Vertreter während der Minderjährigkeit nicht rechtzeitig angefochten hat (§§ 1598, 1721 Satz 1, 1735a Abs. 2 Satz 2). Eine Fristhemmung tritt für den geschäftsunfähigen Mann nach dem Wegfall seiner Geschäftsunfähigkeit, für das Kind nach dem Eintritt seiner Volljährigkeit nach Maßgabe der §§ 1597 Abs. 4, 1595 Abs. 2 Satz 2, 206 BGB ein.

Für die Eltern des Mannes beträgt die Anfechtungsfrist nur sechs Monate. Sie beginnt mit der Kenntnis eines Elternteils von dem Tode des Mannes und der Geburt des Kindes (§ 1595a Abs. 1 Satz 3, 4, Abs. 2 Satz 1; vgl. auch § 1721 Satz 3, § 1735a Abs. 1 Satz 3), und zwar auch, wenn den Eltern die Umstände, die für die Unehelichkeit sprechen, nicht bekannt sind (BT-Drucks. zu 2812/3. Wahlp. S. 3).

Die Anfechtungsfristen werden gehemmt entsprechend §§ 203, 206 BGB durch höhere Gewalt oder Fehlen des gesetzlichen Vertreters (§§ 1594 Abs. 3, 1595a Abs. 1 Satz 5, 1596 Abs. 2 Satz 3, § 1735a Abs. 2 Satz 1 Halbs. 2). Der gesetzliche Vertreter fehlt auch, wenn der vorhandene rechtlich verhindert ist, z. B. nach §§ 1629 Abs. 2, 1795, RG 8. 2. 34 (**143** 350), Staudinger-Coing[11] § 206 Anm. 3; Palandt, § 206 Anm. 2; str. Höhere Gewalt kann vorliegen, wenn die Erteilung der Genehmigung des VormG (§§ 1595 Abs. 2 Satz 1, 1597 Abs. 1) sich verzögert, wenn das Kind behördlich (VormG, StAmt) als unehelich behandelt worden ist, RG 5. 7. 26 (JW 1927 1195), 3. 3. 39 (**160** 92), nicht aber bei schuldhafter Säumnis des Verfahrensbevollmächtigten, BGH 16. 12. 59 (**31** 342).

Die Anfechtung durch den Mann und die Eltern des Mannes ist ausgeschlosesn nach Ablauf einer Ausschlußfrist von 10 Jahren, die mit der Geburt, bei nachfolgender Legitimation mit der Eheschließung der Mutter, bei Ehelichkeitserklärung mit deren Wirksamwerden beginnt (§§ 1594 Abs. 4, 1595a Abs. 3, 1721 Satz 3, 1735a Abs. 1 Satz 3). Die Anfechtung durch das volljährig gewordene

Kind (§ 1598) ist nach Ablauf einer Ausschlußfrist von zwei Jahren seit dem Eintritt der Volljährigkeit ausgeschlossen. Einen Verlust des Anfechtungsrechts infolge Verzichts oder Anerkennung durch den Vater gibt es nicht (Schwoerer, NJW 1961, 2291); nur das Anfechtungsrecht der Eltern (Anm. 2b β) würde durch einen Verzicht des Vaters ausgeschlossen.

5. Antragsverfahren. Ein förmlicher Antrag eines Antragsberechtigten (Anm. 2, 3) ist notwendige Voraussetzung für die Einleitung des Verfahrens (§ 1599 Abs. 2). Einleitung von Amts wegen ist auch bei Legitimation durch nachfolgende Ehe (§ 1721) und Ehelichkeitserklärung (§ 1735a) ausgeschlossen (BTDrucks. 530/58 S. 18, 19). Der Antrag kann schriftlich beim Gericht eingereicht oder mündlich vor dem Richter oder zum Protokoll der Geschäftsstelle gestellt werden (§ 11). Der Antrag des Mannes, der Eltern des Mannes oder des volljährigen Kindes kann nicht durch einen Vertreter gestellt werden (§§ 1591 Abs. 1 Satz 1, 1595a Abs. 4, 1597 Abs. 4); dadurch wird nur die Vertretung bei der Willensbildung, nicht bei der Erklärung ausgeschlossen, vgl. KG 7. 7. 39 (JFG **20** 198). Von einem Bevollmächtigten wird regelmäßig gemäß § 13 Satz 3 die Vorlegung einer besonderen, auf das Anfechtungsverfahren gerichteten Vollmacht, die nicht notwendig beglaubigt sein muß (§ 13 Anm. 6), verlangt werden müssen (vgl. §§ 641, 613 ZPO).

Beteiligtenfähig sind der Mann, die Eltern des Mannes und das volljährige Kind, auch wenn sie in der Geschäftsfähigkeit beschränkt sind (§§ 1595 Abs. 1 Satz 2, 1595a Abs. 4, 1957 Abs. 4). Bei Minderjährigkeit des Kindes, Geschäftsunfähigkeit des volljährigen Kindes, des Mannes oder seiner Eltern handelt der gesetzliche Vertreter, der für die Anfechtung der Genehmigung des VormG bedarf (§§ 1597 Abs. 1, 4, 1595 Abs. 2 Satz 1, 1595a Abs. 4). Die Genehmigung muß vor Stellung des Antrags erteilt werden (§§ 1828, 1831); soweit die Anfechtung befristet ist (Anm. 4), genügt Nachreichung vor Fristablauf.

Der Eingang des (zulässigen) Antrags beim zuständigen Gericht wahrt die Anfechtungsfrist. Der Eingang beim örtlich unzuständigen VormG wahrt die Frist nur, wenn die Einreichung beim unzuständigen Gericht und der verspätete Eingang beim zuständigen auf höherer Gewalt (§ 203 BGB) beruhen, vgl. § 7 Anm. 8; RG 11. 1. 18 (**92** 45), 4. 10. 35 (**149** 10). Hat sich ein Anfechtungsrechtsstreit durch Tod des Beklagten in der Hauptsache erledigt, so wahrt die Klageerhebung auch die Frist für die Fortsetzung des Verfahrens vor dem VormG (Maßfeller, StAZ 1961, 246).

Zurücknahme des Antrages ist zulässig, und zwar bis zur Rechtskraft der Entscheidung; dann gilt die Anfechtung als nicht erfolgt (§ 1599 Abs. 3). **Tod** des Antragsstellers vor Rechtskraft erledigt die Hauptsache. Bei Tod des anfechtenden Mannes und Überleben wenigstens eines Elternteils tritt nicht, wie im Zivilprozeß (§ 641a ZPO), Unterbrechung ein. Die Eltern können den Antrag erneut stellen, sofern § 1595a gegeben.

6. Sachlich zuständig ist das VormG (§ 1599 Abs. 2), also das AG (§ 35 FGG), auch in Württemberg (Art. 68 Nr. 5 WürttAGBGB i. d. F. d. G v. 19. 12. 61, GBl 371). Richtervorbehalt besteht nach § 12 Nr. 3 RechtspflG. **Örtlich zuständig** ist bei Lebzeiten des Kindes das nach den Verhältnissen des Kindes gemäß den §§ 43, 36 im Zeitpunkt des Eingangs des Antrags zuständige VormG. Abgabe nach § 46 Abs. 3 ist statthaft; zustimmungsberechtigt (§ 46 Anm. 14) ist das Kind oder sein gesetzlicher Vertreter. Nach dem Tode des Kindes richtet sich die örtliche Zuständigkeit nach § 73 FGG; dann keine Abgabe nach § 46.

7. Internationale und interlokale Zuständigkeit. Sofern nach den Verhältnissen des Kindes eine von den §§ 43, 36, 73 FGG erforderte örtliche oder (§§ 36 Abs. 2, 73 Abs. 2) durch die Staatsangehörigkeit begründete Inlandsbeziehung vorliegt, ist auch die deutsche internationale Zuständigkeit gegeben, da die Vorschriften des FGG über die örtliche auch auf die internationale Zuständigkeit hinweisen, BayObLG 16. 1. 59 (Z 8 = FamRZ 364 = NJW 1038), vgl. Vorbem. 5 vor § 35 a. E. Das gilt auch, wenn nach dem maßgeblichen Personalstatut (Art. 18 EGBGB) fremdes Recht anzuwenden ist, selbst wenn der Heimatstaat die Entscheidung nicht anerkennt, KG 11. 10. 11 (OLGE **26** 242); Soergel-Kegel[9] Art. 18 EG Anm. 29; Baumbach-Lauterbach, ZPO[26] § 642 Anm. 2; a. M. Raape IPR[5] § 32 A I 3. Fehlt es in der Person des Kindes an einer örtlichen Inlandsbeziehung i. S. der §§ 43, 36, 73 und hat es auch nicht die deutsche Staatsangehörigkeit (gehabt), so muß das Vorhandensein der örtlichen Inlandsbeziehungen in der Person des Anfechtenden (Mann, Eltern) entsprechend § 642 Abs. 1 Satz 1 ZPO genügen. Fehlt es auch hieran, so ist bei fremder Staatsangehörigkeit des Kindes, aber Geltung des deutschen Personalstatuts nach Maßgabe des von Art. 18 EGBGB berufenen Mannes- oder Frauenrechts zur Verwirklichung der Statutszuständigkeit § 36 Abs. 2 FGG entsprechen anzuwenden (Soergel-Kegel[9] Art. 18 Anm. 32—34). Diese Grundsätze gelten für die interlokale Zuständigkeit sinngemäß mit der Abwandlung, daß an die Stelle der Staatsangehörigkeit der gewöhnliche Aufenthalt tritt (§ 44a Anm. 8).

8. Beteiligter im Verfahren ist der Anfechtende. Ein Anfechtungsgegner (Mann oder Kind, bei Anfechtung durch die Eltern Mann und Kind) ist wegen Todes nicht vorhanden. Zu Lebzeiten des Kindes ist dessen Mutter materiell beteiligt, da sie durch die Feststellung der Unehelichkeit die elterliche Gewalt verliert und ihre Rechte durch § 1597 Abs. 3 BGB nicht voll gewahrt werden. Aber auch wenn die Anfechtung sich gegen das verstorbene Kind richtet, wird man annehmen müssen, daß die Rechtsstellung der Mutter i. S. des § 20 Abs. 1 FGG betroffen wird, Dresden 17. 12. 43 (DR 1944, 414), Brühl FamRZ 1962, 8 zu E II. Die Erben des Mannes oder des Kindes sind nicht beteiligt, da die Regelung des § 1595a gerade bezweckte, erbrechtliche Interessen aus dem Anfechtungsrechtsstreit fernzuhalten (BT-Drucks. zu 2812/3. Wahlp. S. 3; Schwarzhaupt, FamRZ 1961, 329 zu I). Noch weniger der Erzeuger des Kindes, obwohl ihm nach der Feststellung der Unehelichkeit eine Inanspruchnahme durch den Mann oder dessen Erben wegen der Entbindungs- und Unterhaltungkosten droht (vgl. BGHZ **24** 9; **26** 217). Es fehlt an der Unmittelbarkeit der Beeinträchtigung (Reflexwirkung).

Jugendamt oder Staatsanwalt sind nicht zur Mitwirkung berufen.

9. Der **Amtsermittlungsgrundsatz** (§ 12 FGG) gilt abweichend vom Zivilprozeß (§ 641 Abs. 1 mit § 622 Abs. 2 ZPO) auch für nicht vorgebrachte ehelichkeitsfeindliche Tatsachen (a. M. Maßfeller, StAZ 1961, 246; Palandt[21] § 1599 Anm. 1), unbeschadet der Darlegungs- und Förderungspflicht des Antragstellers (§ 12 Anm. 2b). Formlose Ermittlungen nach § 12 FGG werden in der Regel nicht ausreichen, sondern ein förmliches Beweisverfahren nach der ZPO zu veranstalten sein (§ 15 Anm. 2). Die Mutter des Kindes kann nicht Zeugin sein (Anm. 8), insbes. wenn sie als gesetzliche Vertreterin auftritt (§ 15 Anm. 4). Wegen der Anordnung blutgruppenserologischer und erbkundlicher Untersuchungen vgl. die Bem. zu § 372a ZPO (Anl. II). Dazu Richtlinien für die Ausführung gerichtl. Blutgruppenuntersuchungen v. 24. 5. 1960 (BAnz. Nr. 106 und JMBlätter); Dahr, Der heutige

Stand der blutgruppenserologischen Vaterschaftsuntersuchungen, ÄrztlMitt. 1960, 3224. Zum Beweiswert erbkundlicher Gutachten grundlegend BGH 5. 4. 61 (DRiZ 257 = MDR 583 = JR 461 = FamRZ 306). Vgl. hierzu Beitzke, FamR[10] § 24 I 4; Baumbach-Lauterbach ZPO[26] § 372a Anm. 3 A; Palandt[21] § 1591 Anm. 4.

10. Rechtsmittel. Die Verfügung des VormG wird erst mit der Rechtskraft wirksam, gleichviel, ob der Antrag zurückgewiesen oder die Unehelichkeit festgestellt wird. Nach § 60 Abs. 1 Nr. 6 findet mithin die sofortige Beschwerde statt. Das gilt auch für die Zurückweisung des Antrags als unzulässig, da das Verfahren, wie die Anfechtungsfristen zeigen, auf baldige Klärung der Abstammungsverhältnisse abzielt. Die Entscheidung muß, um die Beschwerdefrist in Lauf zu setzen, den Beschwerdeberechtigten förmlich zugestellt werden, § 16 Abs. 2 und 3. Ein Beschwerderecht aus § 57 Abs. 1 Nr. 9 scheidet wegen Abs. 2 ebenda aus. Gegen die Zurückweisung des Antrags steht die Beschwerde nur dem Antragsteller zu (§ 20 Abs. 2), den Eltern nur gemeinschaftlich (§ 20 Anm. 3). Gegen die Feststellung der Unehelichkeit steht lediglich der Mutter ein Beschwerderecht nach § 20 Abs. 1 zu (Anm. 8). Das VormG ist zu einer Änderung seiner Entscheidung nicht befugt (§ 18 Abs. 2), vgl. § 18 Anm. 7, 12.

11. Rechtskraftwirkung. Die Feststellung der Unehelichkeit führt mit dem Eintritt der formellen Rechtskraft unmittelbar eine Veränderung der materiellen Rechtslage herbei und wirkt deshalb als rechtsgestaltende Verfügung (§ 16 Anm. 4) ebenso wie ein rechtskräftiges Statusurteil für und gegen alle (Maßfeller, StAZ 1943, 21; Leiß DR 1943, 473; Böhmer, DRiZ 1961, 376; Brühl, FamRZ 1962, 8 zu E II). Das Gericht darf sie nicht ändern (§ 18 Anm. 7). Mit Rücksicht darauf aber, daß die Verfügung ein Statusurteil ersetzt, wird man eine Wiederaufnahme des Verfahrens entsprechend §§ 578ff. ZPO zulassen müssen (vgl. § 18 Anm. 12). Eine Verfügung, welche den Antrag zurückweist, schließt die Erneuerung des Antrags, solange die Anfechtungsfrist läuft, nicht aus (§ 18 Anm. 6).

12. Mitteilung der rechtskräftigen Feststellung der Unehelichkeit durch die Geschäftsstelle des VormG an den Standesbeamten, der das Geburtenbuch des Kindes führt, PStG § 30, AVO-PStG §§ 27, 23 Abs. 2, 36, DA § 242.

13. Gebühren a) des Gerichts § 94 Abs. 1 Nr. 7 KostO i. d. F. des Art. 6 Nr. 1 FamRÄndG. Im Beschwerdeverfahren gilt § 131 KostO. Geschäftswert § 30 Abs. 3, 2 KostO. **b)** des Rechtsanwalts § 118 BRAGebO.

Aufhebung des Kindesannahmeverhältnisses

56c (1) Eine Verfügung, durch die das Vormundschaftsgericht das durch die Annahme an Kindes Statt begründete Rechtsverhältnis aufhebt, wird erst mit der Rechtskraft wirksam. Gegen die Verfügung steht die Beschwerde dem Annehmenden und dem Kinde zu; in den Fällen des § 1757 Abs. 2 des Bürgerlichen Gesetzbuchs ist auch der Ehegatte des Annehmenden beschwerdeberechtigt.

(2) Ist der Annehmende der gesetzliche Vertreter des Kindes, so ist dem Kinde für das Verfahren ein Pfleger zu bestellen.

Eingefügt durch Art. 4 Nr. 5 FamRÄndG als Verfahrensvorschrift zu §§ 1770a, 1770b BGB n. F. In Kraft getreten am 1. 1. 1962.

Vorbem. Nach dem Recht des BGB kann das durch die Kindesannahme begründete Rechtsverhältnis nur durch Vertrag zwischen dem Annehmenden und dem Kinde aufgehoben werden, der der gerichtlichen Bestätigung bedarf (§§ 1768, 1770). Die gerichtliche Aufhebung eines Kindesannahmeverhältnisses auf einseitigen Antrag des Angenommenen, des Annehmenden oder einer Verwaltungsbehörde ermöglichte das G v. 12. 4. 38 (RGBl. I 380) Art. 5 §§ 12 bis 21 unter der Voraussetzung, daß wichtige Gründe in der Person des Annehmenden oder des Kindes die Aufrechterhaltung des Annahmeverhältnisses sittlich nicht mehr gerechtfertigt erscheinen lassen. Vgl. die Bem. im Kommentar zu § 65 Anm. 6. Diese Vorschriften sind durch Art. 9 I Abs. 2 Nr. 9 FamRÄndG aufgehoben worden. Das Gesetz sieht statt dessen in § 1770a BGB n. F. eine Aufhebung des Annahmeverhältnisses durch das VormG aus Gründen des Kindeswohls vor. Für einen Sonderfall läßt das Gesetz ferner in § 1770b BGB n. F. die Aufhebung des Annahmeverhältnisses zu, wenn ein Kind ohne Einwilligung seiner Eltern (§ 1747 Satz 2) angenommen worden ist. Hierzu regelt § 56c FGG das Verfahren. Schrifttum: Maßfeller, StAZ 1961, 277.

A. Aufhebung des Annahmeverhältnisses aus Gründen des Kindeswohls. Der durch Art. 1 Nr. 29 FamRÄndG eingefügte **§ 1770a BGB** lautet:

Während der Minderjährigkeit des Kindes kann das Vormundschaftsgericht das Annahmeverhältnis aufheben, wenn dies aus schwerwiegenden Gründen zum Wohle des Kindes erforderlich ist. In den Fällen des § 1757 Abs. 2 kann auch das zwischen dem Kind und einem der Ehegatten bestehende Rechtsverhältnis aufgehoben werden.

1. Die Aufhebung setzt voraus:

a) Minderjährigkeit des Kindes; es darf mithin noch nicht volljährig (§ 2 BGB) oder für volljährig erklärt sein (§ 3 Abs. 2 BGB). Maßgebender Zeitpunkt ist der Erlaß (§ 18 Anm. 1) der Entscheidung der letzten Tatsacheninstanz (§ 27 Anm. 4c). Die auf Aufhebung lautende Entscheidung des AG muß daher vom LG aufgehoben und die Aufhebung des Annahmeverhältnisses abgelehnt werden, wenn der Angenommene erst während des Beschwerderechtszuges volljährig geworden ist (§ 23 Anm. 1, 3). Dagegen kann die weitere Beschwerde nicht darauf gestützt werden, daß der Angenommene nach dem Erlaß der Entscheidung des LG volljährig geworden sei (§ 27 Anm. 4c). Nur wenn das Rechtsbeschwerdegericht aus anderen Gründen zur Aufhebung kommt, kann es die neue Tatsache des Eintritts der Volljährigkeit berücksichtigen (§ 563 ZPO Anm. 2 nach § 27 FGG). Unrichtig Palandt[21] § 1770b Anm. 2.

b) Schwerwiegende Gründe, aus denen die Aufhebung zum Wohle des Kindes erforderlich ist. Die Vorschrift dient dem Schutze des minderjährigen Kindes, nicht dem Interesse des Annehmenden. Der Annehmende soll sich ebensowenig wie leibliche Eltern von dem Kinde lösen können (BTDrucks. Nr. 530/58 S. 23; Maßfeller StAZ 1961, 277). Erziehungsschwierigkeiten und Entwicklungsrückstand des Kindes rechtfertigen deshalb, wie bisher (KG 31. 10. 60, FamRZ 1961, 85) die Aufhebung nicht. Andererseits kann aber das Wohl des Kindes beeinträchtigt werden, wenn die Wahleltern es ablehnen und es als Last empfinden (zur Nieden, FamRZ 1956, 68 zu Va). Der schwerwiegende Grund braucht nicht verschuldet zu sein. Er kann sich z. B. auch aus einer schweren und unheilbaren geistigen oder körperlichen Erkrankung des Annehmenden ergeben (Finke, FamRZ 1958, 405 zu IIIf. 1). Bei der Abwägung der Gründe ist nicht nur der Verlust des

Unterhaltsanspruchs und des Erbrechts des Kindes nach den Annehmenden, sondern auch der Umstand zu berücksichtigen, daß es aus dem Familienverband, in den es hineingewachsen ist, herausgerissen wird. Auch die Annehmenden müssen sich grundsätzlich darauf verlassen dürfen, daß das Annahmeverhältnis nur in seltenen Ausnahmefällen aufgehoben werden kann (BTDrucks. Nr. 530/58 S. 23). Selbst bei Vorliegen schwerwiegender Gründe ist Aufhebung nicht geboten, wenn sie zum Wohl des Kindes nicht erforderlich ist, also wenn andere Maßnahmen, z. B. aus § 1666 BGB, ausreichen.

c) Bei Annahme als gemeinschaftliches Kind durch ein Ehepaar (§ 1749 Abs. 1 und 2) kann die Aufhebung auf das zu einem der Ehegatten bestehende, durch die Annahme begründete Rechtsverhältnis beschränkt werden (§ 1770a Satz 2), wenn diese Maßnahme ausreicht, um die schwerwiegende Beeinträchtigung des Kindeswohls i. S. des Satzes 1 zu beseitigen. Das wird vor allem bei Getrenntleben oder Scheidung, Aufhebung oder Nichtigerklärung der Ehe der Wahleltern in Betracht kommen. Jedoch reichen Scheidung und Übertragung der elterlichen Gewalt auf einen Wahlelternteil (§ 1671) für sich allein nicht aus, das Rechtsverhältnis zu dem anderen aufzuheben.

Hat ein Ehegatte ein Kind des anderen Ehegatten angenommen, so daß das Kind gemäß § 1757 Abs. 2 die rechtliche Stellung eines gemeinschaftlichen ehelichen Kindes der Ehegatten erlangt hat, so kann nur das Rechtsverhältnis zu dem annehmenden Ehegatten nach Satz 1 aufgehoben werden. Dagegen kann nicht die Rechtsstellung, die der leibliche Elternteil gemäß § 1757 Abs. 2 als Reflexwirkung der Annahme durch seinen Ehegatten und zur Vermeidung der Rechtsfolge des § 1765 Abs. 1 erlangt hat, Gegenstand der Aufhebung nach Satz 2 sein, wie die Gesetzesfassung zum Ausdruck zu bringen und die amtl. Begründung (BTDrucks Nr. 530/58 zu Nr. 32b Abs. 2) anzunehmen scheint. Dadurch träte für den leiblichen Elternteil die Rechtsfolge des § 1765 Abs. 1 ein, wozu er bei Erteilung seiner Einwilligung zur Annahme durch seinen Ehegatten (§ 1747) keinesfalls sein Einverständnis erklärt hat. Ein solche Maßnahme liefe auf eine „Weg-Adoption" ohne die erschwerenden Voraussetzungen des § 1747 Abs. 3 hinaus.

d) Nach dem Tode des Annehmenden (nicht des Kindes) wird die Aufhebung des Aufnahmeverhältnisses durch das VormG in § 1770c mit der Wirkung zugelassen, daß das Annahmeverhältnis als vor dem Tode aufgehoben gilt. Es ist nicht erforderlich, daß das Verfahren bereits vor dem Tode eingeleitet worden ist. Da das durch die Annahme begründete familienrechtliche Rechtsverhältnis bereits durch den Tod erloschen ist (Beitzke, FamR[9] § 32 VIII 1; BayObLGZ 1960, 78), erschöpfen sich die Wirkungen der Aufhebung in dem Fortfall des Erbrechts des Kindes und des Rechts zur Führung des durch die Annahme erworbenen Namens. Für eine erneute Annahme der Adoptivwaise ist die vorherige Aufhebung nicht erforderlich (§ 1749 Abs. 2 n. F.); dazu bedarf es wiederum der Einwilligung der leiblichen Eltern nach § 1747 (Kipp, FamR[5] § 91 Fußn. 19; Jansen, EJF A I i Nr. 11 Anm.).

2. Sachlich zuständig ist das VormG, also das AG (§ 35 FGG), auch in Württemberg (Art. 68 Nr. 19 WürttAGBGB i. d. F. d. G v. 19. 12. 61, GBl. 371). Richtervorbehalt besteht nach § 12 Nr. 3 RechtspflG. Die örtliche Zuständigkeit bestimmt sich nach den §§ 43, 36 FGG. Abgabe nach § 46 Abs. 3 ist statthaft; zur Erteilung der Zustimmung (§ 46 Abs. 2) berufen sind das Kind, gesetzlich vertreten durch den nach § 56c Abs. 2 zu bestellenden Pfleger, und die Wahleltern.

3. Internationale und interlokale Zuständigkeit. Das grundsätzlich unwandelbare Adoptionsstatut (Art. 22 Abs. 1, 27 EG) beherrscht auch die Aufhebung der Adoption (Staudinger-Raape[9] Art. 22 EG Anm. D II 4b; Soergel-Kegel[9] Art. 22 EG Anm. 46; Achilles-Greiff-Beitzke[21] Art. 22 EG Anm. 5). §§ 1770a, 1770b sind daher nur anwendbar, wenn zur Zeit der Bestätigung (west-)deutsches Recht Adoptionsstatut war. Das deutsche Adoptionsstatut begründet die deutsche internationale Zuständigkeit. Fehlt es in dem für die Aufhebung maßgebenden Zeitpunkt an einer in der Person des Kindes begründeten Inlandsbeziehung i. S. der §§ 43, 36 Abs. 1 und 2, wie es in Fällen mit Auslandsberührung vorkommen kann (§ 66 Anm. 6b), so muß eine Inlandsbeziehung i. S. des § 66 Abs. 1 in der Person des Annehmenden für die Begründung der örtlichen Zuständigkeit des VormG genügen. Hilfsweise greift die Statutszuständigkeit entsprechend § 36 Abs. 2 ein. Interlokal gilt Entsprechendes (§ 66 Anm. 7).

4. Amtsbetrieb. Das Verfahren nach § 1770a wird (anders § 1770b) von Amts wegen eingeleitet. Anregungen können vom Jugendamt, dem Kinde, den leiblichen Eltern oder einer beliebigen anderen Person oder Stelle ausgehen, auch von dem Annehmenden. Der Anregende wird dadurch nicht Beteiligter i. S. des § 13a Abs. 1 Satz 1.

5. Beteiligte im materiellen Sinne (§ 6 Anm. 4), die mithin zum Verfahren hinzugezogen werden müssen, sind die Wahleltern und das Kind. Auch wenn das Verfahren darauf abzielt, das Rechtsverhältnis nur zu einem der Wahlelternteile aufzuheben (§ 1770a Satz 2), ist auch der andere beteiligt, weil auch seine Rechtsstellung durch die Aufhebung des Annahmeverhältnisses zu dem anderen Teil berührt wird.

6. Ein **Pfleger** ist dem Kinde zur Vertretung im Verfahren zu bestellen, wenn der Annehmende gesetzlicher Vertreter des Kindes ist, wie es der Regel entspricht (§ 1757). Das gilt auch dann, wenn gesetzlicher Vertreter nur der Wahlelternteil ist, im Verhältnis zu welchem das Annahmeverhältnis im Fall des § 1770a Satz 2 bestehen bleiben soll. Unterlassung begründet den unbedingten Rechtsbeschwerdegrund des § 551 Nr. 5 ZPO. Auswahl des Pflegers nach §§ 1915, 1779. Doch werden die Verwandten des Kindes (§ 1779 Abs. 2 Satz 3), insbes. die leiblichen Eltern, meist ungeeignet sein, so daß sich die Bestellung des Jugendamts (§ 52 JWG) empfiehlt, auch im Hinblick auf das dem JA als solchem gegen die Aufhebung fehlende Beschwerderecht (Anm. 7b). Gegen die Anordnung der Pflegschaft steht den Wahleltern die Beschwerde (§ 20 Abs. 1, § 57 Abs. 1 Nr. 9) zu, mit welcher sie z. B. das Fehlen eines Bedürfnisses (§ 1909 BGB) rügen können. Das Beschwerderecht gegen die Ablehnung der Pflegschaft folgt aus § 57 Abs. 1 Nr. 3, steht also auch den leiblichen Eltern als Verwandten zu; das Kind kann sein Beschwerderecht nach Maßgabe des § 59 selbständig ausüben.

7. Anhörung des Jugendamts wird dem VormG durch § 48 JWG i. d. F. v. 11. 8. 61 (BGBl. I 1206), in Kraft seit 1. 1. 1962, zur Pflicht gemacht. Die Zuständigkeit es Jugendamts bestimmt sich nach § 11 JWG. Wegen der Bedeutung des Berichts für das Verfahren des VormG vgl. oben S. 37 zu A 1. Die Unterlassung der Anhörung begründet einen Verfahrensfehler.

8. Rechtsmittel. a) Gegen eine die Aufhebung ablehnende Verfügung ist die einfache (unbefristete) Beschwerde nach § 19 gegeben. Das Beschwerderecht ergibt sich aus § 57 Abs. 1 Nr. 9 (vgl. § 57 Anm. 27, 28), steht also dem Jugendamt zu, aber auch anderen Personen, die ein berechtigtes Interesse i. S. des § 57 Abs. 1 Nr. 9 geltend machen können. Diese Erweiterung des Kreises der Beschwerdeberechtigten ist im Hinblick auf die Angriffe, welchen das Kindesannahmeverhältnis dadurch von seiten eines nicht festumgrenzten Personenkreises ausgesetzt sein kann, nicht unbedenklich. Für die Befugnis des Kindes zur selbständigen Beschwerdeführung gilt § 59. Auch ein Beschwerderecht des Annehmenden ist möglich, wenn er es im Interesse des Kindes ausübt.

b) Eine das Annahmeverhältnis aufhebende Verfügung wird erst mit der Rechtskraft wirksam (§ 56c Abs. 1 Satz 1); vgl. § 53 Anm. 3. Deshalb findet die sofortige Beschwerde statt (§ 60 Abs. 1 Nr. 6), und es besteht nach § 18 Abs. 2 keine Änderungsbefugnis des VormG (§ 18 Anm. 7). Die Verfügung muß, um die Beschwerdefrist in Lauf zu setzen, allen Beschwerdeberechtigten förmlich zugestellt oder zu Protokoll bekanntgemacht werden (§ 16 Abs. 2, 3). Das Beschwerderecht wird durch § 56c Abs. 1 Satz 2 abschließend geregelt. Es steht nur dem Annehmenden, bei Annahme als gemeinschaftliches Kind jedem der Wahleltern unabhängig vom anderen, und dem Kinde zu. Das Beschwerderecht des Kindes wird von seinem gesetzlichen Vertreter oder dem nach § 56c Abs. 2 bestellten Pfleger (Anm. 5) namens des Kindes, von dem Kinde selbst nach Maßgabe des § 59 ausgeübt. Wird bei Annahme als gemeinschaftliches Kind (§ 1749) das Annahmeverhältnis nur zu einem der annehmenden Ehegatten aufgehoben (Anm. 1 c), so ist auch der andere Ehegatte selbständig beschwerdeberechtigt, im Verhältnis zu welchem das Annahmeverhältnis bestehen bleibt (Abs. 1 Satz 2 Halbs. 2). Ferner ist, wenn ein Ehegatte ein Kind des anderen Ehegatten angenommen hat und das zwischen diesem annehmenden Ehegatten und dem Kinde bestehende Annahmeverhältnis aufgehoben worden ist, auch der leibliche Elternteil beschwerdeberechtigt. Das Beschwerderecht besteht auch, wenn die Ehe der Wahleltern oder die Ehe des Annehmenden mit dem leiblichen Elternteil aufgelöst ist, und unabhängig von der Regelung der elterlichen Gewalt nach § 1671. Kein Beschwerderecht haben andere Personen, z. B. die leiblichen Eltern. Auch das Jugendamt als solches hat gegen die Aufhebung kein Beschwerderecht, da § 20 Abs. 1 trotz des Anhörungsgebots in § 48 JWG (Anm. 6) nicht zutrifft, übrigens durch § 56c Abs. 1 Satz 2 ausgeschlossen wird (so auch Finke, FamRZ1958, 405 zu III f. 1aE.).

Die weitere Beschwerde ist eine sofortige, wenn das AG die Aufhebung angeordnet hat, mag auch das LG sie abgelehnt haben (§ 29 Abs. 2), ebenso, wenn das AG die Aufhebung abgelehnt, das LG aber sie auf einfache Beschwerde angeordnet hat (§ 29 Anm. 10). Das Beschwerderecht für die Einlegung der weiteren Beschwerde richtet sich in beiden Fällen nach den vorstehend zu b) dargelegten Grundsätzen.

9. Mitteilung der rechtskräftigen Aufhebung durch Übersendung einer begl. Abschrift des Aufhebungsbeschlusses mit Rechtskraftattest an das Standesamt zur Beschreibung eines Randvermerks im Geburtenbuch schreiben vor PStG § 30, AusfVO-PStG §§ 27, 23 Abs. 2.

10. Gebühren. a) des Gerichts: Das Verfahren ist gerichtsgebührenfrei (§ 91 KostO; BTDrucks. Nr. 530/58 S. 30); Schuldner der Auslagen ist das Kind (§ 2 Nr. 2 KostO). Im Beschwerdeverfahren gilt § 131 KostO. Beschwerdewert § 30 Abs. 2 KostO.

b) des Rechtsanwalts § 118 BRAGebO.

B. Aufhebung des Annahmeverhältnisses wegen fehlender Einwilligung der Eltern. Der durch Art. 1 Nr. 29 FamRÄndG eingefügte **§ 1770b BGB** lautet:

(1) Während der Minderjährigkeit des Kindes hat das Vormundschaftsgericht das Annahmeverhältnis aufzuheben, wenn ein eheliches Kind ohne Einwilligung seiner Eltern, ein uneheliches Kind ohne Einwilligung seiner Mutter an Kindes Statt angenommen worden ist. Dies gilt nicht, wenn durch die Aufhebung des Annahmeverhältnisses das Wohl des Kindes erheblich gefährdet würde.

(2) Das Annahmeverhältnis wird nur auf Antrag aufgehoben. Antragsberechtigt ist der Elternteil, ohne dessen Einwilligung das Kind angenommen worden ist; wer sein Kind im Stich gelassen hat, kann den Antrag nicht stellen.

(3) Der Antrag kann nur innerhalb eines Jahres gestellt werden; die Frist beginnt mit dem Zeitpunkt, in dem der Antragsberechtigte von der Annahme an Kindes Statt Kenntnis erlangt. Die für die Verjährung geltenden Vorschriften der §§ 203, 206 sind entsprechend anzuwenden.

(4) Der Antrag kann nicht durch einen Vertreter gestellt werden. Ist der Antragsberechtigte in der Geschäftsfähigkeit beschränkt, so ist die Zustimmung des gesetzlichen Vertreters nicht erforderlich.

1. Die Aufhebung setzt voraus:

a) Minderjährigkeit des Kindes; vgl. oben zu A 1a.

b) Übergehen der nach § 1747 Satz 1 erforderlichen elterlichen Einwilligung auf Grund des § 1747 Satz 2 mit § 1746 Abs. 2. Die irrige Annahme des das Absehen von der Einwilligung gestattenden Tatbestandes des § 1746 Abs. 2 wird durch die Bestätigung geheilt (§ 1756 Abs. 2). Um die hierin liegende Härte vor allem in den Fällen zu beseitigen, in denen die Nichterreichbarkeit der Eltern auf den Wirren der Nachkriegszeit beruhte, gibt das Gesetz den Eltern das Recht, das ohne ihren Willen zustande gekommene Annahmeverhältnis aufheben zu lassen (BTDrucks. Nr. 530/58 S. 23). Dieser Fall liegt nicht vor, wenn der Elternteil wegen Geisteskrankheit zur Abgabe der Erklärung außerstande war und inzwischen genesen ist. Eine Berücksichtigung des Kindeswohls zugunsten der Aufrechterhaltung des Annahmeverhältnisses gestattet Abs. 1 Satz 2 bei erheblicher Gefährdung des Kindeswohls; dazu zur Nieden, FamRZ 1956, 68 zu Vb; BTDrucks. zu 2812/3. Wahlp. S. 7/8.

2. Antragsverfahren. Die Einleitung des Verfahrens setzt einen förmlichen Antrag eines Antragsberechtigten voraus (§ 1770b Abs. 2 Satz 1). Antragsberechtigt ist nur der übergangene Elternteil (Abs. 2 Satz 2), es sei denn, daß er sein Kind (vorsätzlich, wenn auch nicht gerade böswillig) im Stich gelassen, d. h. sich seinen Elternpflichten längere Zeit entzogen und dadurch die Ursache für seine Übergehung bei der Kindesannahme gesetzt hat. Abs. 4 Satz 1 schließt nur die Vertretung bei der Willensbildung, nicht bei der Erklärung des Willens aus, vgl. KG 7. 7. 39 (JFG 20 198). Von einem Bevollmächtigten wird deshalb regelmäßig die Vorlegung einer besonderen, auf das Aufhebungsverfahren gerichteten Vollmacht gemäß § 13 Satz 3 verlangt werden müssen, die nicht notwendig beglaubigt sein muß (§ 13 Anm. 6) Der in der Geschäftsfähigkeit beschränkte Antragsberechtigte ist selbständig beteiligtenfähig (Abs. 4 Satz 2). Ein Geschäftsunfähiger kann den Antrag auch nicht durch seinen gesetzlichen Vertreter stellen (Finke, FamRZ 1958, 405 zu IIIf 2).

3. Antragsfrist. Der Antragsteller kann den Antrag nur innerhalb eines Jahres seit Erlangung der Kenntnis von der Kindesannahme stellen (Abs. 3). Übergangsrechtlich beginnt die Frist für vor dem Inkrafttreten des FamRÄndG durchgeführte Kindesannahmen frühestens am 1. 1. 1962 (Art. 9 II Nr. 3, IV FamRÄndG). Fristhemmung entsprechend §§ 203, 206 bei höherer Gewalt oder Wegfall der Geschäftsunfähigkeit.

4. **Rechtsmittel.** Gegen eine die Aufhebung ablehnende Verfügung steht die einfache (unbefristete) Beschwerde nach § 19 dem Antragsteller zu (§ 20 Abs. 2), anderen Personen, auch dem Jugendamt, unter den Voraussetzungen des § 57 Abs. 1 Nr. 9 Wegen des Wirksamwerdens und der Anfechtbarkeit einer das Annahmeverhältnis aufhebenden Verfügung gelten die Bem. oben zu A 7b.

5. Wegen des Verfahrens im übrigen gelten die Bem. oben zu A 2, 3, 5, 6, 7, 9, 10.

Dritter Abschnitt

Annahme an Kindes Statt

Vorbemerkungen[1])

Bei der Annahme an Kindes Statt kann ein Gericht der freiwilligen Gerichtsbarkeit in dreifacher Eigenschaft zur Mitwirkung berufen sein, nämlich als Beurkundungsgericht, als Vormundschaftsgericht und als Bestätigungsgericht. Ferner kommt eine Mitwirkung der Jugendämter und Landesjugendämter sowie des Standesamts in Betracht.

A. **Beurkundungsgeschäfte.** Die Erklärungen zum Zwecke einer Kindesannahme die gerichtlicher oder notarieller Beurkundung bedürfen oder vor einem Gericht oder Notar abgegeben werden müssen, sind:

der Annahmevertrag (§ 1750);
der Aufhebungsvertrag (§ 1170 mit § 1750);
die Erteilung einer Vollmacht zum Abschluß des Annahme- oder Aufhebungsvertrages §§ 1751a Abs. 2, 1770);
die Einwilligung des Ehegatten des Annehmenden oder des Anzunehmenden (§§ 1746, 1748 Abs. 3);
die Einwilligung der Eltern oder der unehelichen Mutter eines noch nicht 21jährigen Kindes (§§ 1747, 1748 Abs. 3);
die Zustimmung des Ehemanns oder früheren Ehemanns der Frau zu der Vereinbarung, daß das Kind den Ehenamen der Frau erhalten soll (§§ 1758a Abs. 1 Halbs. 2, 1748 Abs. 3).

Diese Erklärungen sind durchweg rechtsgeschäftlicher Art. Für die Form der Beurkundung gelten daher die Vorschriften des 10. Abschnitts des FGG (§§ 167 bis 180, 182); landesrechtliche Ergänzungsvorschriften haben nur die Bedeutung von Ordnungsvorschriften (§ 200 Anm. 5). Zuständig sind stets die Notare (§ 20 BNotO) einschließlich der Bezirksnotare in Württemberg (§ 114 Abs. 1 Satz 3

[1]) Die weitgehenden Änderungen des materiellen und formellen Adoptionsrechts durch Art. 1 Nr. 18 bis 31, Art. 4 Nr. 6 bis 10 FamRÄndG machen eine völlige Neubearbeitung des Dritten Abschnitts erforderlich. Die nachstehenden Ausführungen treten daher an die Stelle der bisherigen Erläuterungen der §§ 65 bis 68 FGG.

Halbs. 2 BNotO, Art. 12 Abs. 3 WürttAGBGB) und der Notare in Baden (§ 115 BNotO, § 22 BadLFGG). Die Zuständigkeit der Gerichte für die Beurkundung von Rechtsgeschäften (§ 167 FGG) kann auf Grund des Vorbehalts in Art. 141 EGBGB ausgeschlossen sein; jedoch haben von den Ländern, welche von diesem Vorbehalt grundsätzlich Gebrauch gemacht haben (Vorbem. 2 vor § 167), für die Beurkundung gerade der angeführten Erklärungen bei der Kindesannahme Baden und Hamburg die Zuständigkeit der Amtsgerichte, Bremen die des Bestätigungsgerichts aufrechterhalten (BadLFGG § 23, HambFGG § 9 Abs. 3, BremAGBGB § 6 Abs. 2). Die Beurkundungszuständigkeit der Gerichte bei der Kindesannahme ist hiernach nur in Bayern (Art. 10 Abs. 2 BayAGGVG) und in den ehemals bayerischen Gebietsteilen des Landes Rheinland-Pfalz (§ 78 NotORhPf., Art. 12 Abs. 1 Nr. 18 NotMaßnG) ausgeschlossen.[1]) Soweit eine Beurkundungszuständigkeit der Gerichte besteht, ist die Beurkundung der Einwilligungen nach § 1748 Abs. 3 BGB auf den Rechtspfleger übertragen (§ 23 Nr. 5 RechspflG), nicht aber die Beurkundung des Annahme- oder Aufhebungsvertrages. Auch auf die Beurkundung der Vollmachtserteilung (§ 1751a Abs. 2 BGB n. F.) erstreckt sich die Übertragung auf den Rechtspfleger nicht.

1. Die **Beurkundung des Annahmevertrages** (§§ 1750, 1751, 1751a BGB n. F.) muß abweichend von § 128 BGB bei gleichzeitiger Anwesenheit beider Teile erfolgen (Simultanbeurkundung, § 1750). Das Erfordernis der Gleichzeitigkeit besteht nur im Verhältnis der Vertragsgegner zueinander. Sind auf einer Vertragsseite mehrere beteiligt, z. B. ein Ehepaar bei der Annahme als gemeinschaftliches Kind (§ 1749 Abs. 1), so genügt es, wenn jeweils der andere Teil und einer der mehreren Vertragsgegner gleichzeitig die Erklärung abgeben, KG 28. 2. 07 (RJA 8 245). Angebot und Annahme der gleichzeitig anwesenden Vertragsteile brauchen nicht als besondere Erklärungen beurkundet zu werden, wenn die Willensübereinstimmung beurkundet ist, KG 22. 4. 32 (JW 1933 176). Die Gleichzeitigkeit gehört zu den Formvorschriften, deren Verletzung gemäß § 1756 Abs. 1 durch die Bestätigung geheilt wird, BGH 14. 7. 53 (LM § 1750 Nr. 2).

Vertragsparteien sind der Annehmende oder das annehmende Ehepaar und der Anzunehmende (§§ 1741 Satz 1, 1749 Abs. 1). Der Annehmende muß unbeschränkt geschäftsfähig sein (§ 1744 Satz 2 n. F.); er kann, wenn er in der Geschäftsfähigkeit beschränkt ist, abweichend von § 1751 BGB a. F. den Vertrag auch nicht durch seinen gesetzlichen Vertreter schließen. Wer wegen Geistesschwäche, Verschwendung oder Trunksucht entmündigt ist oder unter vorläufiger Vormundschaft steht (vgl. § 114 BGB), kann mithin nicht adoptieren. Für ein Kind, welches geschäftsunfähig oder noch nicht 14 Jahre alt ist, werden die Vertragserklärungen von dem gesetzlichen Vertreter abgegeben. Das Kind zwischen 7 und 14 Jahren kann daher nicht mehr, wie nach § 1751 BGB a. F., den Vertrag selbst mit Zustimmung des gesetzlichen Vertreters abschließen. Dagegen darf ein Anzunehmender, der das 14. Lebensjahr vollendet hat und nicht geschäftsunfähig ist, nicht durch seinen gesetzlichen Vertreter vertreten werden, sondern er muß selbst Vertragschließender sein; ist er in der Geschäftsfähigkeit beschränkt, so muß der gesetzliche Vertreter zustimmen (§ 1751 Abs. 2); diese Zustimmung bedarf keiner Form. Steht die Sorge für die Person und die Sorge für das Vermögen verschiedenen Personen zu, so ist der gesetzliche Vertreter zur Mitwirkung berufen, dem die

[1]) Die angeführten Vorschriften des Landesrechts sind in Teil C des Kommentars wiedergegeben.

Vertretung in den die Person betreffenden Angelegenheiten zusteht. Das Kind kann nach §§ 1629 Abs. 2, 1795 nicht von dem Elternteil vertreten werden, dessen Ehegatte der Annehmende ist; es muß ein Pfleger bestellt werden, KG 7. 12. 34 (JFG **12** 101 = JW 1935 870). Das gilt auch für die Zustimmung als gesetzlicher Vertreter, LG Wuppertal 26. 9. 61 (NJW 2313). Gesamtvertretungsberechtigte Eltern (BVerfG 29. 7. 59, **10** 59) müssen beim Vertragsabschluß für ihr noch nicht 14jähriges Kind gemeinsam mitwirken; über Vertretung und Genehmigung s. nachstehend.

Fehlerhafte Vertretung ist ein sachlicher Mangel des Vertrages, der nicht gemäß § 1756 Abs. 1 durch die Bestätigung geheilt wird, Karlsruhe 15. 10. 59 (FamRZ 1960 292).

2. Die Zulässigkeit rechtsgeschäftlicher Vertretung beim Vertragsabschluß, die im Hinblick auf § 1750 Abs. 1 Satz 1 BGB a. F. im Schrifttum streitig war (vgl. die Nachweise bei Enneccerus-Nipperdey[15] § 178 Fußn. 12 und Boehmer, JZ 1960, 4 zu III), aber von RG 11. 1. 45 (DR 76) und BGH 7. 4. 52 (**5** 345), 13. 7. 59 (**30** 311) in statthafter Rechtsfortbildung contra legem zugelassen worden war, ist nunmehr gesetzlich geregelt in § 1751a BGB n. F. Danach ist auf Seiten des Anzunehmenden Bevollmächtigung ausgeschlossen, wenn er beschränkt geschäftsfähig und, weil älter als 14 Jahre, selbst zum Vertragsabschluß berufen ist. Wer nicht unbeschränkt geschäftsfähig ist, soll einen Annahmevertrag nicht durch einen Bevollmächtigten schließen können (BT-Drucks. 530/58 S. 21). Ein über 14 Jahre alter Minderjähriger, der nicht geschäftsunfähig ist, oder ein beschränkt geschäftsfähiger Volljähriger muß mithin als Anzunehmender ausnahmslos bei dem Vertragsabschluß persönlich mitwirken. Dagegen können sich der Annehmende, das volljährige, unbeschränkt geschäftsfähige Wahlkind und der gesetzliche Vertreter des Kindes, soweit er zum Vertragsabschluß, nicht nur zur Zustimmung berufen ist, bei dem Vertragsabschluß durch einen Bevollmächtigten vertreten lassen (§ 1751a Abs. 1). Die Vollmacht muß abweichend von § 167 Abs. 2 BGB gerichtlich oder notariell beurkundet sein. Um zu gewährleisten, daß der Bevollmächtigte nur als Vertreter in der Erklärung des Willens, nicht bei der Willensbildung handelt, darf die Vollmacht dem Vertreter keinen Spielraum für eine freie Willensbildung, sei es bei der Auswahl der Vertragsgegner, sei es bei der inhaltlichen Gestaltung des Vertrages lassen (vgl. BGHZ **5** 350); a. M. für den Inhalt Beitzke FamR[10] § 32 IV. Das Gesetz fordert demgemäß, daß die Vollmacht auf den Abschluß eines Annahmevertrages zwischen bestimmten Personen gerichtet ist (§ 1751a Abs. 2). Enthält die Vollmacht über den Inhalt des Vertrages keine besonderen Anweisungen, so wird anzunehmen sein, daß sie zu einem Annahmevertrage mit dem gesetzlichen Inhalt ermächtigt, so daß dem Bevollmächtigten der Abschluß von Vereinbarungen über den Ausschluß des Erbrechts (§ 1767 Abs. 1) und über die Namensführung (§ 1758 Abs. 2) verwehrt, die Vollmacht aber nicht ungültig ist. Hinsichtlich der Bezeichnung der Annehmenden ist dem Erfordernis der Bestimmtheit nach den Grundsätzen über die Inkognito-Adoption (Vorbem. A 4) genügt, wenn die Wahleltern nach Merkmalen bezeichnet werden, die jedem unbeteiligten Dritten die Feststellung der Nämlichkeit der vertragschließenden Wahleltern mit den in der Vollmacht gekennzeichneten gestatten.

Die Vollmacht muß beim Vertragsabschluß bereits wirksam, also nicht nur beurkundet, sondern dem zu Bevollmächtigenden oder dem Vertragsgegner gegenüber erklärt sein (§ 167 Abs. 1 BGB). Es empfiehlt sich deshalb, die Vorlegung einer Ausfertigung der Vollmacht durch den Bevollmächtigten in dem Vertrage zu beurkunden und eine beglaubigte Abschrift der Vollmacht der Niederschrift über den Annahmevertrag beizufügen (§ 29 Abs. 3 Satz 1 BNotO). Die nachträgliche Genehmigung der Erklärungen eines Vertreters ohne Vertretungsmacht oder eines nicht formgerecht, also unwirksam Bevollmächtigten wird nicht zugelassen, BGH 7. 4. 52 (5 351), 14. 7. 53 (LM BGB § 1750 Nr. 2), 13. 7. 59 (30 306 = EJF A I i Nr. 8 = FamRZ 456 = DNotZ 585 = JZ 1960 26); Beitzke, StAZ 1961, 98; a. M. Bosch, DNotZ 1951, 172; Boehmer, JZ 1960, 4.

3. **Beurkundung der Einwilligungserklärungen**[1]) der Ehegatten der Vertragschließenden und der Eltern oder der unehelichen Mutter eines noch nicht 21 Jahre alten Kindes (§§ 1746, 1747 Abs. 1, 2, 1748).

Die Einwilligungen sind einseitige, bedingungsfeindliche (§ 1742), empfangsbedürftige Willenserklärungen. Erklärungsgegner ist der Annehmende oder das Kind oder das Bestätigungsgericht (§ 1748 Abs. 1). Die Unwiderruflichkeit der Erklärung (§ 1748 Abs. 1 Halbs. 2) kann nicht vor ihrem Wirksamwerden eintreten, bei Erklärung unter Abwesenden also nicht schon mit der Beurkundung, sondern gemäß § 130 Abs. 1 BGB erst mit dem Zugehen (vgl. Enneccerus-Nipperdey[15] § 158 II A 1; offen gelassen in BGHZ 2 294), so daß vorheriges oder gleichzeitiges Zugehen eines Widerrufs (§ 130 Abs. 1 Satz 2) das Wirksamwerden der Einwilligung und damit den Eintritt ihrer Unwiderruflichkeit hindert. Der beschränkt Geschäftsfähige ist selbständig handlungsfähig. Der gesetzliche Vertreter eines Geschäftsunfähigen ist nicht zur Vertretung berufen, vielmehr ist dann die Einwilligung nach §§ 1746 Abs. 2, 1747 Abs. 1 Satz 2 entbehrlich. Bevollmächtigung ist ausgeschlossen (§ 1748 Abs. 2 Satz 1); auch ein Vertreter in der Erklärung des Willens ist im Hinblick auf § 1751a n. F., der die Bevollmächtigung auf den Vertragsabschluß beschränkt, nicht zuzulassen, da dafür kein dringendes Bedürfnis besteht (vgl. Boehmer, JZ 1960, 4 zu III 2c; a. M. Palandt § 1748 Anm. 1).

Maßgebend dafür, ob und wessen Einwilligung erforderlich ist, ist der Zeitpunkt der Bestätigung, KG 30. 5. 41 (JFG 22 332). Fehlen einer erforderlichen Einwilligung hindert die Bestätigung und macht die gleichwohl bestätigte Kindesannahme unwirksam (§ 65 Anm. 4). Die Einwilligung kann bis zur Bestätigung nachgebracht und mit heilender Wirkung auch nach Bestätigung erteilt werden (BGB-BGRK[9] § 1754 Anm. 3; Palandt[21] § 1746 Anm. 1; Soergel-Vogel[8] § 1754 Anm. 1, str.). Der Formmangel einer bis zur Bestätigung erklärten Einwilligung wird durch die Bestätigung geheilt (§ 1756 Abs. 1). In der Mitwirkung als gesetzlicher Vertreter oder Erteilung der Zustimmung als solcher (§ 1751 Abs. 2) kann in der Regel (Auslegungsfrage) die Erteilung der nach den §§ 1746, 1747 erforderlichen Einwilligung liegen, ebenso in der Mitwirkung als Annehmender bei der Annahme als gemeinschaftliches Kind, Herschel DFG 1941, 1; BayObLG 20. 4. 21 (21 197); Düsseldorf 14. 12. 48 (JMBlNRW 1949 42); LG Ellwangen 4. 2. 55 (FamRZ 220). Will der Ehegatte des Annehmenden zu dessen Lebzeiten der Kindesannahme beitreten (§ 1749 Abs. 2), so ist eine Einwilligung der Eltern gemäß § 1749 Abs. 2 Satz 2 n. F. abweichend von der bisherigen Rechtslage (KG 28. 3. 04, 27 A 184). nicht mehr erforderlich; die Vereinbarkeit dieser Vorschrift, die in BTDrucks. zu 2812/61 S. 7 gerechtfertigt wird, mit Art. 6 GG erscheint zweifelhaft. Maßfeller (StAZ 1961, 276) hält sie für unbedenklich.

[1]) **Schrifttum: Kränzlein, Zu den Einwilligungen bei der Annahme an Kindes Statt, in Festschr. f. Nottarp, 1961, S. 111ff.**

Die Einwilligung eines Elternteils oder der unehelichen Mutter kann erst nach einer Sperrfrist von drei Monaten seit der Geburt des Kindes erteilt werden, um übereilte Entschlüsse auszuschließen (§ 1747 Abs. 2 n. F.). Nach diesem Zweck der Vorschrift (BTDrucks. zu 2812/3. Wahlp. S. 7) wird man annehmen müssen, daß die Einwilligung vor Fristablauf nicht nur durch Erklärung gegenüber dem Erklärungsempfänger (§ 1748 Abs. 1) nicht erteilt, sondern nicht einmal beurkundet werden darf. Die Verletzung wird durch Bestätigung geheilt (§ 1756 Abs. 1 n. F.).

Die Einwilligungen sind entbehrlich, wenn der Einwilligungsberechtigte zur Abgabe der Erklärung dauernd außerstande (z. B. geisteskrank) oder sein Aufenthalt dauernd unbekannt ist. Darüber befindet das Bestätigungsgericht. Irrige Annahme dieses Tatbestandes wird durch die Bestätigung geheilt (§ 1756 Abs. 2). Über Möglichkeit gerichtlicher Aufhebung des Annahmeverhältnisses bei dieser Sachlage vgl. Bem. B zu § 56c.

Die Einwilligung des Ehegatten (§ 1746) kann nicht ersetzt werden, auch wenn die Weigerung grundlos ist und dem Kinde zum Nachteil gereicht, Celle 7. 10. 59 (MDR 52 = ZBlJugR 93, je 1960); Glässing, Vorauss. der Adoption, 1957, S. 90; sie ist auch bei Getrenntleben erforderlich. Über die Ersetzung der elterlichen Einwilligung (§ 1747) durch das VormG s. nachstehend Vorbem. B 2.

4. Die **Inkognito-Adoption,** welche die Geheimhaltung der Person der Wahleltern vor den leiblichen Eltern bezweckt, ist ein berechtigtes Anliegen. Sie ist in der Rechtsprechung, RG 13. 24. 28 (**121** 30), BGH 14. 6. 51 (**2** 287), 4. 3. 60 (EJF A I i Nr. 12 m. Anm. Jansen = FamRZ 229 = NJW 1059 = MDR 573 = StAZ 206 = ZBlJugR 119) und überwiegend im Schrifttum anerkannt. An dem Erfordernis, daß die Einwilligung nur zu einem bestimmten, hinsichtlich der Person des Annehmenden feststehenden Annahmevertrag erklärt werden kann, also nicht zur Annahme durch beliebige, von der Adoptionsvermittlungsstelle noch erst auszuwählende Wahleltern ermächtigen darf, ist auch bei der Inkognito-Adoption festzuhalten; eine Blanko-Adoption ist daher nicht statthaft, RG 19. 9. 33 (JW 2700), BGH a. a. O.; zur Nieden, JZ 1951, 775; 1959, 401; Guggumos, NJW 1958, 2121; Glässing, Vorauss. der Adoption, 1957, S. 116; Palandt[21], § 1747 Anm. 2; Siebert-Vogel[8] § 1747 Anm. 1; a. M. Weber, DNotZ 1951, 518; Machleid, JZ 1959, 145; Webler, ZBlJugR 1959, 130. Die Wahleltern müssen mithin in der Einwilligung zwar nicht namentlich, aber doch nach objektiven Merkmalen bezeichnet werden, die jedem unbeteiligten Dritten die Feststellung der Nämlichkeit der vertragschließenden Wahleltern mit den in der Einwilligung gekennzeichneten gestatten (RGZ 121 30; Guggumos, a. a. O.), z. B. nach der Nummer, unter welcher sie in der Liste einer Adoptionsvermittlungsstelle geführt werden. Die Inkognito-Adoption ist auf diese Weise durchführbar nicht nur, wenn der Elternteil seine Einwilligung nach § 1747 oder seine Zustimmung als gesetzlicher Vertreter nach § 1751 Abs. 2 zu erteilen hat, sondern infolge Zulassung der Bevollmächtigung durch § 1751a auch dann, wenn er als gesetzlicher Vertreter bei dem Vertragsabschluß mitzuwirken hat. Eine Vollmacht mit dem angeführten Inhalt erfüllt auch das Bestimmtheitserfordernis des § 1751a Abs. 2 (oben zu A 2; Guggumos, NJW 1958, 2121). Die Bestellung eines Pflegers zum Vertragsabschluß anstelle des einwilligungsbereiten, vertretungsbefugten Elternteils ist nicht zulässig, KG 30. 11. 34 (JW 1935 1439); Maßfeller, DJ 1935, 379; a. M. Ballarin, DJ 1938, 335;

Glässing a. a. O. S. 119. Die Pflegschaft ist seit der Zulassung der Vertretung in der Erklärung des Willens auch nicht notwendig.

Das Inkognito kann dadurch gesichert werden, daß gemäß § 61 Abs. 2 PStG auf Antrag des Jugendamts oder des gesetzlichen Vertreters, also der Wahleltern, ein Sperrvermerk in das Geburtenbuch eingetragen wird (Pfeiffer-Strickert, PStG, § 61 Anm. 8).

5. **Beurkundung der Zustimmung des** (früheren) **Ehemanns** der annehmenden Frau zur Führung des Ehenamens durch das Kind (§ 1758a).

Die Zustimmung ist einseitige, bedingungsfeindliche (§ 1742), empfangsbedürftige Willenserklärung. Erklärungsgegner ist die Annehmende oder das Kind oder das Bestätigungsgericht (§ 1758a Abs. 1 Halbs. 2 mit § 1748 Abs. 1). Mit ihrem Wirksamwerden wird die Zustimmung unwiderruflich (oben zu A 3). Bevollmächtigung, auch in der Erklärung des Willens, ist nicht statthaft (oben zu A 3). Der beschränkt Geschäftsfähige ist selbständig handlungsfähig. Die Zustimmung kann nur bis zur Bestätigung des Annahmevertrages erteilt werden (§ 1758a Abs. 3). Ist der Mann verstorben oder zur Abgabe der Erklärung, z. B. wegen Geisteskrankheit, außerstande oder abwesend, so ist die Zustimmung nicht wie bei den Einwilligungen nach § 1756 Abs. 2, entbehrlich, sondern sie muß, ebenso wie bei ihrer Verweigerung, vom VormG ersetzt werden (§ 1758a Abs. 2). Dazu die Bem. zu § 57a FGG. Wegen der Grundsätze für die Namensführung des Wahlkindes s. § 65 Anm. 3g.

B. Aufgaben des Vormundschaftsgerichts bei der Kindesannahme. Soweit das VormG im Zusammenhang mit der Kindesannahme tätig wird, finden auf das Verfahren außer den Allgemeinen Vorschriften (§ 1 bis 34) nur diejenigen des Zweiten Abschnitts „Vormundschaftssachen" (§§ 35 bis 64) Anwendung. Die Vorschriften des Dritten Abschnitts gelten nur für das Verfahren vor dem Bestätigungsgericht. Die Aufgaben des Dritten Abschnitts sind nicht dem VormG, sondern dem Amtsgericht als solchem übertragen. Die unterschiedliche Regelung der örtlichen Zuständigkeit (§§ 43, 36 einerseits, § 66 andererseits) kann dazu führen, daß verschiedene Gerichte mit derselben Kindesannahmesache befaßt sind. Diese Regelung hat der Gesetzgeber bewußt gewählt, weil bei der vormundschaftlichen Fürsorge das Kind, bei der Bestätigung aber der Annehmende (vgl. Art. 22 EGBGB) und das öffentliche Interesse an der Gesetzmäßigkeit des Vorgangs (§ 65 Anm. 1) im Mittelpunkt stehen. Es wäre deshalb nicht richtig, die Verrichtungen des VormG grundsätzlich gemäß § 46 an das Bestätigungsgericht abzugeben, um eine Vereinigung beider Verfahren in einer Hand zu erreichen, wie Schlegelberger (Vorbem. 1 vor § 65) empfiehlt. Eine Abgabe nach § 46 ist nur aus in der Sache liegenden Gründen zulässig, nicht lediglich zum Zwecke eines Richteraustausches; ein solches Verfahren wäre im Hinblick auf Art. 101 Abs. 1 Satz 2 GG bedenklich. Es ist im Gegenteil zweckmäßig, die Aufgaben des Vormundschaftsrichters und des Bestätigungsrichters, auch wo sie bei demselben Gericht zusammentreffen, geschäftlich und personell nach Möglichkeit zu trennen (so bereits Wellstein, FGG², § 65 Anm. 2), weil die Betrachtungsweise bei jedem der beiden Aufgabenbereiche eine andere ist und vier Augen mehr sehen als zwei. Es ist zu erwarten, daß sich dadurch auch die recht häufig gewordenen Fälle, in denen der Standesbeamte die Wirksamkeit der Kindesannahme mit Erfolg beanstandet (vgl. z. B. Karlsruhe, FamRZ 1960, 292), vermindern werden.

Verrichtungen des VormG bei der Kindesannahme sind:

1. Erteilung der vormundschaftsgerichtlichen Genehmigung zum Abschluß des Kindesannahmevertrages oder des Aufhebungsvertrages und zur Anfechtung dieser Verträge durch den gesetzlichen Vertreter oder das in der Geschäftsfähigkeit beschränkte Wahlkind (§§ 1751, 1755, 1770, 1828, 1829, 1831)[1]).

Für die Erteilung der Genehmigung gelten die allgemeinen Grundsätze (Bem. zu § 55). Richtervorbehalt besteht nach § 12 Nr. 3 RechtspflG. Anhörung des Jugendamts ist zwingend (§ 48 JWG). Wenn der Annehmende fremder Staatsangehöriger ist oder Wohnsitz oder gewöhnlichen Aufenthalt im Ausland hat, ist neben dem JA auch das Landesjugendamt zu hören, um dessen Erfahrungen bei Auslandsadoptionen nutzbar zu machen (§ 48 Abs. 1 Satz 3 JWG). Verstoß begründet Verfahrensfehler, berührt allerdings die Wirksamkeit der Entscheidung nicht. Anhörung der Eltern und des Kindes § 1695, bei Mündeln der Verwandten und Verschwägerten, § 1847 n. F.

Die Genehmigung des Annahmevertrages kann als Vorgenehmigung schon vor Vertragsabschluß erteilt werden, KG 12. 6. 08 (**36** A 29), 26. 1. 17 (RJA **15** 264); Siebert-Vogel[8]) § 1750 Anm. 1b. Sie darf nicht abhängig gemacht werden von der vorherigen Befreiung vom Alterserfordernis, KG 12. 6. 08 (**36** A 29 = OLGE **18** 292), 26. 1. 17 (RJA **15** 264), 20. 4. 23 (JFG **1** 92) oder vom Erfordernis der Kinderlosigkeit. Das VormG entscheidet nach Zweckmäßigkeitserwägungen; maßgebend ist das Wohl des Kindes, KG 26. 1. 17 (RJA **15** 264), Celle 6. 1. 61 (NdsRpfl. 86). Dabei sollte auch geprüft werden, ob ein ausreichender Grund zur Weggabe des Kindes vorliegt (Glässing, Vorauss. der Adoption, 1957, S. 124). Einem ersichtlich nichtigen Vertrage (Namensadoption) ist die Genehmigung zu versagen, KG 15. 3. 06 (**32** A 45 = RJA **7** 82 = OLGE **12** 347); ebenso, wenn sonstige nicht behebbare Unwirksamkeitsgründe zutage liegen, BGH 13. 7. 59 (**30** 308). Bei mangelnder Bekenntnisgleichheit zwischen Annehmendem und Kind sollte Genehmigung nur in Ausnahmefällen erteilt werden (Klein, FamRZ 1954, 68).

Die Genehmigung muß bei der Bestätigung erteilt (§ 1828) und dem Vertragsgegner gegenüber nach § 1829 wirksam geworden sein (vgl. § 55 Anm. 4d; dort auch über Bevollmächtigung des Notars); andernfalls ist die Bestätigung zu versagen. Ein gleichwohl bestätigter Vertrag bleibt schwebend unwirksam. Nachbringung der Genehmigung heilt rückwirkend, KG 12. 11. 08 (**37** A 52 = OLGE **18** 286); BayObLG 25. 7. 56 (Z 291); Siebert-Vogel[8] § 1750 Anm. 1; a. M. Staudinger-Keidel[9] § 1754 Anm. 4. Über Beschwerderecht des Kindes s. § 20 Anm. 5Aa, des Annehmenden § 20 Anm. 5 B x, § 57 Anm. 28 A h.

2. Ersetzung der Einwilligung eines Elternteils zur Kindesannahme. Der durch Art. 1 Nr. 20 FamRÄndG eingefügte **§ 1747 Abs. 3 BGB** bestimmt:

(3) Das Vormundschaftsgericht kann auf Antrag des Kindes die Einwilligung eines Elternteils ersetzen, wenn dieser seine Pflichten gegenüber dem Kind dauernd gröblich verletzt oder die elterliche Gewalt verwirkt hat, und wenn er die Einwilligung böswillig verweigert und das Unterbleiben der Annahme an Kindes Statt dem Kinde zu unverhältnismäßigem Nachteil gereichen würde.

a) Rechtsentwicklung. Verfassungsmäßigkeit. Das BGB sah eine Ersetzung der Einwilligung nicht vor. Die Vorschriften, welche die Ersetzung der Zustimmung eines anderen zu einem Rechtsgeschäft gestatten, sind einer Verallgemeinerung

---

[1]) Schrifttum: Schnitzerling, Die vorm. Genehmigung des Adoptionsvertrages usw., StAZ 1960, 169.

nicht fähig, KG 31. 5. 29 (JFG 7 82). Die Einwilligung war daher nicht ersetzbar (Siebert-Vogel[8] § 1747 Anm. 1; Palandt[20] § 1747 Anm. 1; Beitzke FamR[9] § 32 IV 1). Eine ausdehnende Anwendung des § 1746 Abs. 2 hatte in einem besonders krassen Fall mißbräuchlicher Verweigerung der Einwilligung KG 29. 7. 39 (JFG 20 222) zugelassen; ebenso Hamburg 2. 7. 57 (FamRZ 379), LG Hamburg 12. 6. 57 (FamRZ 328), LG Koblenz 8. 8. 55 (FamRZ 1956 59). Das KG hat jedoch diese Auffassung als mit dem Gesetz nicht vereinbar aufgegeben, KG 7. 2. 57 (FamRZ 184); ebenso Karlsruhe 11. 1. 57 (FamRZ 183); LG Darmstadt 31. 8. 55 (FamRZ 1956 60). In BGH 18. 4. 58 (27 126 = FamRZ 317) wurde die Frage offengelassen. Im Schrifttum lehnten ein Übergehen der verweigerten Einwilligung ab Palandt[20] § 1747 Anm. 2 mit § 1726 Anm. 3; Krüger-Breetzke, GleichberG Einl. Randn. 207; Klein, FamRZ 1957, 296; Beitzke a. a. O.; Glässing, Vorauss. der Adoption, 1957, S. 101; Bosch; FamRZ 1956, 60; 1959, 379; Jansen, EJF, B II Nr. 18 Anm.; Göppinger, FamRZ 1959, 401. De lege ferenda war die Frage, ob die Ersetzbarkeit gesetzlich begründet werden solle, umstritten; unter fürsorgerischen Gesichtspunkten wurde sie befürwortet von Glässing a. a. O. S. 111; W. Müller, FamRZ 1956, 60; zur Nieden, NJW 1961, 638 u. a., während Klein, FamRZ 1954, 66 und 1957, 295 ein Bedürfnis dafür nicht anerkannte. Verfassungsrechtliche Bedenken erhoben Krüger, Göppinger, Bosch, Beitzke und Jansen a. a. O.

Der RegEntwurf 1955 (BTDrucks. 1586/2. Wahlp.) sah eine Ersetzung der Einwilligung nicht vor; erst der RegEntwurf 1958 (BTDrucks. 530/3. Wahlp.) brachte die Gesetz gewordene Bestimmung in Vorschlag. Bei den Gesetzesvorarbeiten ergaben sich tiefgreifende Meinungsverschiedenheiten (BTDrucks. zu 2812/61 S. 7; Schwarzhaupt, FamRZ 1961, 329 zu III). Den Bedenken von Krüger (GleichberG Einl. Randn. 206), Göppinger (FamRZ 1959, 401) und Beitzke (FamR[10] § 32 IV) gegen die Vereinbarkeit der Vorschrift mit Art. 6 GG wird beizutreten sein. Art. 6 Abs. 3 GG gestattet nur die tatsächliche, nicht die rechtliche Trennung der Kinder von ihren Eltern und Erziehungsberechtigten. Demgegenüber können die fürsorgerischen Zweckmäßigkeitserwägungen, die zur Nieden (NJW 1961, 638) anstellt, nicht durchgreifen.

b) Sachliche Voraussetzungen. Es kann die Einwilligung nur eines Elternteils ersetzt werden. Bei Verweigerung durch beide Eltern ist die Ersetzung nicht zulässig. Mit Rücksicht darauf, daß das FamRÄndG an anderer Stelle (§ 1595a Abs. 1) zwischen „den Eltern" und „einem Elternteil" sorgfältig unterscheidet, und wegen des Ausnahmecharakters der Vorschrift kann an dem Gesetzeswortlaut nicht vorbeigegangen werden.

Sachlich wird erfordert alternativ dauernde gröbliche Verletzung der Pflichten gegenüber dem Kinde oder Verwirkung der elterlichen Gewalt i. S. des § 1676 BGB und hierzu kumulativ hinzutretend böswillige Verweigerung der Einwilligung und unverhältnismäßiger Nachteil für das Kind aus dem Unterbleiben der Annahme.

Für eine dauernde gröbliche, d. h. in besonderem Maße anstößige Verletzung der Elternpflichten wird es nicht ausreichen, daß der Elternteil sich um das bei Pflegeeltern oder nach Scheidung der Ehe bei dem wiederverheirateten anderen Elternteil untergebrachte Kind aus Gleichgültigkeit nicht gekümmert hat. In Betracht kommen wird eine ständige hartnäckige Verletzung der Unterhaltspflicht, die zu einer Beeinträchtigung der Lebenshaltung des Kindes geführt hat; ferner erhebliche Vernachlässigung bei der persönlichen Betreuung des Kindes.

Böswillig deutet auf eine verwerfliche, feindselige Gesinnung hin. Dazu genügen nicht sachfremde, keinesfalls anzuerkennende Motive (so zur Nieden, NJW 1961, 638). Vielmehr hat der Begriff dieselbe Bedeutung wie in den ebenfalls dem Schutze der Familie und der Jugend dienenden Bestimmungen der §§ 170a, 223b StGB; danach bedeutet böswillig den besonders verwerflichen Beweggrund (Bosheit, Haß, Sadismus, nicht nur Gleichgültigkeit oder Schwäche), die Absicht, dem anderen Böses anzutun (Dreher-Maßen, StGB[3], § 223b Anm. 6, § 170a Anm. 4; Nagler in Leipz. Komm. § 170a Anm. 2). Das wenn auch verwerfliche Streben nach eigenem Vorteil (Geldentschädigung) genügt mithin nicht, da das Tatbestandsmerkmal „grober Eigennutz" des § 170a StGB in § 1747 Abs. 3 fehlt. Auch bloße Saumseligkeit einer im Ausland weilenden Mutter bei der Erteilung der formgerechten Einwilligung reicht nicht aus, Karlsruhe 11. 9. 61 (FamRZ 490).

Ein unverhältnismäßiger Nachteil liegt wie bei § 1727 BGB, vor, wenn über die mit der Adoption notwendig oder regelmäßig eintretenden günstigen Folgen hinaus im Einzelfall für das Kind besondere Vorteile mit der Adoption verbunden sind, denen gegenüber die natürlichen Belange und das gesetzliche Recht der Eltern zurücktreten müssen, vgl. KG 22. 9. 39 (JFG **20** 322 = HRR Nr. 1503 = DR 2078), Hamm 28. 7. 49 (JR 1950 274). Andernfalls können nur Maßnahmen nach § 1666 veranlaßt sein.

c) **Verfahren.** Das Verfahren wird nur auf Antrag eingeleitet. Antragsberechtigt ist das Kind, vertreten durch den gesetzlichen Vertreter. Richtervorbehalt besteht nach § 12 Nr. 3 RechtspflG. Anhörung des Jugendamts ist Pflicht, obwohl § 1747 Abs. 3 in § 48 JWG (wohl nur versehentlich) nicht genannt wird. Anhörung der Eltern und des Kindes § 1695, bei Mündeln der Verwandten und Verschwägerten, § 1847 n. F.

Die örtliche Zuständigkeit bestimmt sich nach §§ 43, 36 FGG. Die deutsche internationale Zuständigkeit des VormG ist gegeben, wenn die des Bestätigungsgerichts begründet ist (§ 66 Anm. 5, 6). Über die Frage, ob eine Einwilligung i. S. des § 1747 erforderlich und mithin auch, ob sie ersetzbar ist, entscheidet die nach Art. 22 Abs. 1, 27 EGBGB berufene Rechtsordnung (Soergel-Kegel[9] Art. 22 EG Anm. 17). Ist hiernach deutsches Recht anwendbar, so kann die Einwilligung auch ersetzt werden, wenn für das Rechtsverhältnis zwischen dem Elternteil und dem Kinde nach Art. 19, 20 EG fremdes Recht maßgebend ist. Ist nach Art. 22 Abs. 1 EG fremdes Recht Adoptionsstatut, so kann das deutsche VormG tätig werden, wenn und soweit das fremde Recht die Ersetzbarkeit vorsieht. Über ausländisches Sachrecht berichtet Glässing, Vorauss. der Adoption, 1957, S. 107ff. Fehlt es an einer die örtliche Zuständigkeit nach den §§ 43, 36 begründenden Inlandsbeziehung in der Person des Wahlkindes, hat das Kind also im Inland weder Wohnsitz noch Aufenthalt und besitzt es auch nicht die deutsche Staatsangehörigkeit, so ist in erster Linie das VormG, welches nach § 66 Bestätigungsgericht ist, als Gericht des Fürsorgebedürfnisses, in letzter Linie das AG Schöneberg entsprechend § 36 Abs. 2 kraft Statutszuständigkeit zuständig (vgl. § 36 Anm. 3, oben S. 10). Interlokal gilt Entsprechendes.

d) Rechtsmittel. Gegen ablehnende Verfügung einfache (unbefristete) Beschwerde des Kindes nach §§ 19, 20 Abs. 2, 59, des Jugendamts und anderer Personen, welche die Belange des Kindes verfolgen, u. U. also auch der Annehmenden (§ 57 Anm. 28A h), nach § 57 Abs. 1 Nr. 9. Die ersetzende Verfügung wird gemäß § 53 Abs. 1 Satz 1 erst mit der Rechtskraft wirksam. Die sofortige Wirksamkeit der Verfügung kann nach § 53 Abs. 2 angeordnet werden. Mithin findet gegen die Ersetzung die sofortige Beschwerde statt (§ 60 Abs. 1 Nr. 6; § 53 Anm. 6; Maßfeller, StAZ 1961, 275). Das Beschwerderecht steht nur dem übergangenen Elternteil zu, §§ 20 Abs. 1, 59, 57 Abs. 2, auch dem Jugendamt nicht. Das Kind kann den Antrag bis zur Rechtskraft zurücknehmen.

Der Kindesannahmevertrag darf erst bestätigt werden, wenn die ersetzende Verfügung rechtskräftig oder ihre sofortige Wirksamkeit nach § 53 Abs. 2 angeordnet ist. Das VormG darf die ersetzende Verfügung in keinem Falle ändern, auch nicht, wenn es die sofortige Wirksamkeit angeordnet hat (§ 18 Abs. 2). Nach den für die Ehelichkeitserklärung geltenden Vorschriften der §§ 55 Abs. 2, 62, die hier entsprechend anwendbar sein müssen, ist auch dem Beschwerdegericht eine Änderung verwehrt, wenn der Annahmevertrag bestätigt ist, sei es in Verkennung des Fehlens der Rechtskraft oder weil die sofortige Wirksamkeit angeordnet oder wenn Wiedereinsetzung in den vorigen Stand zu gewähren war.

Das Verfahren ist gerichtsgebührenfrei (§ 91 KostO).

3. Ersetzung der Zustimmung des (früheren) **Ehemanns** der annehmenden Frau zur Führung des Ehenamens durch das Kind (§ 1758a). Vgl. die Erl. zu § 57a FGG und oben A 5 dieser Vorbem. sowie § 65 Anm. 3f.

4. Aufhebung des Kindesannahmeverhältnisses durch das VormG nach den §§ 1770a, 1770b. Die Vorschriften sind erläutert bei § 56c FGG.

C. Die Jugendämter und Landesjugendämter wirken vor allem durch Vorbereitung und Vermittlung der Kindesannahme mit. Diese Aufgaben sind hier nicht darzustellen. Die Vermittlung ist geregelt durch das G über die Vermittlung der Annahme an Kindes Statt v. 29. 3. 51 (BGBl. I 214) mit 1. DVO v. 25. 8. 52 (BGBl. I 608). Dazu Webler, ZBlJugR 1951, 94 und zur Nieden, Adoptionsvermittlung, 1959. Im gerichtlichen Verfahren ist das Jugendamt zu hören vom VormG nach § 48 JWG bei Erteilung vormundschaftsgerichtlicher Genehmigungen anläßlich einer Kindesannahme (§§ 1751, 1755, 1770), bei der Aufhebung des Annahmeverhältnisses nach §§ 1770a, 1770b und bei Ersetzung der elterlichen Einwilligung nach § 1747 Abs. 3 (oben B 2c dieser Vorbem.). Vom Bestätigungsgericht wird das Jugendamt nur gehört bei der Befreiung vom Erfordernis der Kinderlosigkeit nach § 68a Abs. 1 Satz 3 FGG n. F. Das Landesjugendamt ist vom VormG nach § 48 Abs. 1 Satz 3 im Fall des § 1751 BGB zu beteiligen, wenn der Annehmende fremder Staatsangehöriger ist oder seinen Wohnsitz oder gewöhnlichen Aufenthalt im Ausland hat, um die Erfahrungen des LJugA bei Auslandsadoptionen nutzbar zu machen (BT-Drucks. zu 2812/61 S. 10; Maßfeller, StAZ 1961, 277).

D. Der Standesbeamte hat gemäß § 30 PStG die Kindesannahme oder ihre Aufhebung von Amts wegen (§ 71 Anm. 1) durch Beischreibung eines Randvermerks in das Geburtenbuch einzutragen. Zu diesem Zweck hat ihm die Geschäftsstelle des Bestätigungsgerichts nach § 30 Abs. 2 PStG, §§ 27, 23 Abs. 2 AusfVO-PStG eine begl. Abschrift des Bestätigungsbeschlusses mit Rechtskrafttest und des Annahmevertrages zu übersenden (Pfeiffer-Strickert, PStG, § 30 Anm. 8, 15). Mit Rücksicht auf die beschränkte Wirkung der Bestätigung, welche nur ein konstitutives Tatbestandselement der Kindesannahme ist und heilende Wirkung nur für Formfehler entfaltet (§ 65 Anm. 4), ist der Standesbeamte an die Bestätigung insoweit nicht gebunden, als sie sachliche Mängel der Kindesannahme nicht heilt. Er ist daher berechtigt, die Wirksamkeit der Kindesannahme selbständig zu prüfen. Mit Rücksicht darauf aber, daß die bereits gerichtliche vorgenommene Prüfung eine gewisse tatsächliche Vermutung für die Gesetzmäßigkeit des Vorgangs begründet (vgl. Kuttner, IherJb. 61, 109, 177) und aus Gründen der Verwaltungsökonomie wird der Standesbeamte Anlaß zur Prüfung nur haben, wenn sich ihm nach Lage des Einzelfalles Bedenken aufdrängen (Beitzke, StAZ 1956, 267; FamRZ 1956, 172; ders., Das Verhältnis von Justiz und Verwaltung im Bereich standesamtl. Tätigkeit, 1957, S. 22ff.; Hamm 6. 11. 53 (StAZ 1954 37), Schleswig (StAZ 1956 291 = SchlHA 1956 358); ernste Zweifel fordernd BGH 15. 12. 56 (LM § 1754 Nr. 3 = FamRZ 122 = StAZ 77 = DNotZ 419, je 1957), 13. 7. 57 (FamRZ 363); Karlsruhe 15. 10. 59 (FamRZ 1960 292); a. M., das Prüfungsrecht zu stark beschränkend, Baur, FamRZ 1957, 124; Keidel § 69 Anm. 3). Kann der Standesbeamte seine Zweifel nicht selbst beheben, so kann er nach § 45 Abs. 2 PStG das AG, welches nicht das Bestätigungsgericht zu sein braucht, anrufen.

Auslandsadoptionen auf Grund ausländischen Rechtsakts können ebenfalls Grundlage für die Beischreibung eines Randvermerks nach § 30 PStG sein, vorausgesetzt, daß die ausländische Behörde nach deutschem Recht international zuständig gewesen ist und der Akt nach deutschem Recht auch im Inland Wirksamkeit erlangt hat; so für die Ehelichkeitserklärung BayObLG 8. 6. 21 (JFG **1** 137), für Adoption KG 29. 10. 26 (IPRspr. Nr. 81 = OLGE **46** 189 = JR 1927 Nr. 387), stillschweigend unterstellend BGH 4. 3. 60 (FamRZ 229 = NJW 1059 = MDR 573 = ZBlJugR 119 = StAZ 206); Soergel-Kegel[9] Art. 22 EG Anm. 45; Achilles-Greiff-Beitzke[21] Art. 22 EG Anm. 5; Jansen EJF, A I i Nr. 12 Anm. Der Standesbeamte hat bei Anwendbarkeit ausländischen Rechts selbständig zu prüfen, ob die vorgelegten Urkunden die Eintragung rechtfertigen, RG 18. 5. 16 (88 250). Bei Zweifeln kann er die Entscheidung des AG nach § 45 Abs. 2 PStG anrufen.

E. Erneuerung des Adoptionsrechts. Das G zur Vereinheitlichung und Änderung familienrechtlicher Vorschriften (Familienrechtsänderungsgesetz) v. 11. 8. 61 (BGBl. I 1221), in Kraft getreten am 1. 1. 1962, hat in Art. 1 Nrn. 18 bis 31 das sachliche Adoptionsrecht, in Art. 4 Nr. 5 bis 10 das Verfahrensrecht wesentlich geändert und durch Beseitigung der Rechtszersplitterung vereinheitlicht. Beibehalten ist die Vertragsnatur der Kindesannahme mit der Notwendigkeit gerichtlicher Bestätigung (§ 1741 BGB). Die Änderungen stellen sich als maßvolle Reform des bisher geltenden Rechts dar. Das Mindestalter des Annehmenden ist von 50 auf 35 Jahre herabgesetzt worden (§ 1744). Im Vordergrund steht die Adoption Minderjähriger, während die Erwachsenenadoption als Ausnahme von der Regel erscheint und besonderer Rechtfertigung bedarf (§§ 1744 Satz 3, 1745c); kritisch hierzu Knur, DNotZ 1959, 284. Die Befreiung vom Erfordernis der Kinderlosigkeit ist als Dauerrecht beibehalten und in das BGB und das FGG eingefügt worden (§ 1745a BGB, § 68a FGG). Über alle zulässigen Befreiungen entscheidet das Bestätigungsgericht im Verfahren der FG (§ 1745 BGB, § 65 Halbs. 2 FGG). Beim Vertragsabschluß wird in gewissen Grenzen Vertretung in der Erklärung zugelassen (§ 1751a). § 1749 Abs. 2 n. F. stellt die Statthaftigkeit erneuter Kindesannahme nach dem Tode des Annehmenden klar. Die negative normative Generalklausel des § 1754 Abs. 2 Nr. 2, welche die Herstellung eines Familienbandes gewährleisten und Mißbräuchen der Rechtseinrichtung vorbeugen soll, ist beibehalten, während der weitere Versagungsgrund des § 1754 Abs. 2 Nr. 3 i. d. F.

d. G v. 23. 11. 33 beseitigt ist. Die höhere Verwaltungsbehörde wirkt nicht mehr mit. Dem VormG werden neue Aufgaben zugewiesen durch die umstrittene Ersetzung der elterlichen Einwilligung (§ 1747 Abs. 3) und die Aufhebung des Kindesannahmeverhältnisses aus Gründen des Kindeswohls (§ 1770 a) oder wegen Fehlens der elterlichen Einwilligung (§ 1770b). Wegen der Gesetzesmaterialien und des Reformschrifttums s. oben S. 7 sowie Schnitzerling, Das neue Adoptionsrecht, RdJ 1962 78.

F. Der **Inhalt des Dritten Abschnitts** bezieht sich auf die Tätigkeit des Amtsgerichts als Bestätigungsgericht. Er regelt die sachliche und örtliche Zuständigkeit des Gerichts (§§ 65, 66), das Wirksamwerden und die Unabänderlichkeit des Bestätigungsbeschlusses (§ 67), die Rechtsmittel (§ 68) sowie das Verfahren bei der Befreiung vom Erfordernis der Kinderlosigkeit (§§ 68a, 68c) und den Erfordernissen des Alters und der Minderjährigkeit (§§ 68b, 68c).

Sachliche Zuständigkeit

65 Für die Bestätigung des Vertrages, durch den ein Kind an Kindes Statt angenommen oder das Annahmeverhältnis aufgehoben wird, sind die Amtsgerichte zuständig; sie entscheiden auch über die Befreiung von den Erfordernissen des § 1741 Satz 1 und des § 1744 Satz 1, 3 des Bürgerlichen Gesetzbuchs.

Fassung des Art. 4 Nr. 6 FamRÄndG. In Kraft getreten am 1. 1. 1962.

1. Mit der Annahme an Kindes Statt[1]) wird durch einen gerichtlich zu bestätigenden Vertrag (§§ 1741, 1750, 1754 BGB) ein Eltern- und Kindesverhältnis zwischen den Vertragschließenden begründet. Das Gesetz spricht in § 1754 Abs. 2 Nr. 2 von der Herstellung eines Familienbandes; das Wahlkind erwirbt die rechtliche Stellung eines ehelichen Kindes des Annehmenden (§ 1757) und erhält dessen Familiennamen (§ 1758). Die leiblichen Eltern verlieren die elterliche Gewalt, die uneheliche Mutter das Recht und die Pflicht, für die Person des Kindes zu sorgen (§ 1765 Abs. 1). Durch die **Bestätigung** als Ergebnis eines gerichtlichen Prüfungsverfahrens soll der Abschluß ungültiger Kindesannahmeverträge wegen der sich daraus ergebenden Unzuträglichkeiten, namentlich im öffentlichen Interesse, nach Möglichkeit verhütet werden (Wellstein, FGG², § 65 Anm. 2); durch die normative Prüfung nach § 1754 Abs. 2 Nr. 2 wird außerdem Mißbräuchen der Rechtseinrichtung vorgebeugt. Um die gerichtliche Prüfung zu erzwingen, wird die Wirksamkeit der Kindesannahme in § 1754 Abs. 1 Satz 1 von der Bestätigung abhängig gemacht. Die Prüfung, ob die Kindesannahme dem Wohl der Beteiligten dient, ist nicht Aufgabe des Bestätigungsgerichts, sondern, sofern das Wahlkind nicht unbeschränkt geschäftsfähig ist, des VormG (Vorbem. B 1). Die Erteilung der Bestätigung ist nicht in das Ermessen des Gerichts gestellt, sondern muß erfolgen, wenn kein gesetzlicher Versagungsgrund vorliegt (§ 1754 Abs. 2), KG 3. 1. 57 (FamRZ 185 = StAZ 191).

[1]) Schrifttum zum Adoptionsrecht außer den Kommentaren und Lehrbüchern des BGB: R. Becker, Annahme an Kindes Statt, 1950; Schnitzerling, Die Adoption, 1960; Glässing, Voraussetzungen der Adoption, 1957; Heinisch, Beendigung und Nichtigkeit der Adoption, 1960; Kränzlein, Zu den Einwilligungen bei der Annahme an Kindes Statt, in Festschr. f. Nottarp 1961, S. 111ff; zur Nieden, Adoptionsvermittlung, 1959; Firsching, Familienrecht (Hdb. d. amtsger. Praxis Bd. V), 2. Aufl. 1962 S. 109ff.

2. Sachlich zuständig ist das AG als solches. Da es sich nicht um eine Verrichtung des VormG handelt, ist EGBGB Art. 147 nicht anwendbar. Es entscheidet der Richter, da der 3. Abschnitt des FGG von der Übertragung auf den Rechtspfleger ausgeschlossen ist, vgl. RechtspflG § 3 Abs. 1 Nr. 2; der Richtervorbehalt des § 12 Nr. 3 RechtspflG betrifft die Geschäfte des VormG anläßlich einer Kindesannahme, also die Erteilung der vormundschaftsgerichtlichen Genehmigungen und die Entscheidungen nach BGB §§ 1747 Abs. 3, 1758a, 1770a und 1770b (vgl. Vorbem. B).

Die sachliche Zuständigkeit erstreckt sich auf die Bestätigung des Kindesannahmevertrages (§§ 1741 Satz 2, 1753, 1754) und des Aufhebungsvertrages (§§ 1770, 1741 Satz 2, 1753, 1754 ohne Abs. 2 Nr. 2). Durch Halbs. 2 wird die sachliche Zuständigkeit ferner begründet für die Befreiung vom Erfordernis der Kinderlosigkeit (§§ 1741 Satz 1, 1745, 1745a), dem Erfordernis des 35. Lebensjahrs des Annehmenden (§§ 1744 Satz 1, 1745, 1745b) und dem Erfordernis der Minderjährigkeit des Anzunehmenden (§§ 1744 Satz 3, 1745, 1745c). Die Befreiung vom Alterserfordernis ist mithin nicht mehr, wie bisher (Kommentar § 65 Anm. 5), eine Verwaltungsentscheidung.

Ein Antrag ist notwendige Voraussetzung der Bestätigung, wie das Gesetz in § 68 Satz 2 voraussetzt (Unger, ZZP **37** 404; Josef, FGG² § 68 Anm. 7; Schlegelberger § 68 Anm. 2; Keidel § 12 Anm. 2b; a. M. Dorner, FGG, Anm. 4, Fuchs FGG² Anm. 5 je zu § 68) und sich aus der Natur der Sache ergibt, da das Wirksamwerden der Kindesannahme oder ihrer Aufhebung den Vertragsteilen nicht von Amts wegen aufgenötigt werden kann.

Antragsberechtigt ist für die Bestätigung jeder Vertragschließende für sich, wie § 68 Satz 2 zeigt. Ein Antrag aller Vertragschließenden braucht nicht verlangt zu werden, weil sie an den Vertrag gemäß § 1754 bis zur endgültigen Versagung der Bestätigung gebunden sind (Denkschr. S. 54). Für die Befreiungen dagegen ist nach § 1745 nur der Annehmende antragsberechtigt. Er kann mithin trotz seiner vertragsmäßigen Bindung den Vertrag dadurch zu Fall bringen, daß er den Antrag auf Befreiung, sofern es einer solchen bedarf, nicht stellt oder zurücknimmt und dadurch die Versagung der Bestätigung herbeiführt. Eine gesetzliche Vermutung für die Bevollmächtigung des beurkundenden Notars zur Antragstellung (§ 13 Anm. 8) besteht nicht. Einer Form bedarf der Antrag nicht; er muß nur das Verlangen nach Bestätigung erkennen lassen. Eine Frist ist ebenfalls nicht zu wahren.

Für das Verfahren gelten die allgemeinen Vorschriften des 1. Abschnitts, insbesondere der Amtsermittlungsgrundsatz (§ 12), soweit nicht die §§ 67, 68, 68 a, 68 b, 68 c Abweichendes bestimmen.

3. Bei der Bestätigung des Annahmevertrages erstreckt sich die **Prüfungspflicht** des Gerichts auf folgende Voraussetzungen:

a) Ein **wirksamer Annahmevertrag** (§§ 1742, 1749, 1750, 1751, 1751a). Die Unwirksamkeit kann sich aus dem Mangel der gesetzlichen Form (§§ 1750, 125 Satz 1), aus mangelnder gesetzlicher (§ 1751) oder rechtsgeschäftlicher Vertretung, (§ 1751 a), aus der inhaltlichen Unzulässigkeit von Vertragsbestimmungen (§§ 1742, 1758, 1767 Abs. 2) oder aus den Nichtigkeitsgründen des Allgemeinen Teils (§§ 117, 134, 138, 139, 142 Abs. 1 BGB) ergeben. Die Zuständigkeit für die Beurkundung, die gesetzlichen Formerfordernisse und die Notwendigkeit und Zulässigkeit gesetzlicher Vertretung der Beteiligten sind erörtert in Vorbem. A und A 1, Form und

Umfang einer rechtsgeschäftlichen Vertretung in der Erklärung des Willens in Vorbem. A und A 2. Inhaltlich darf der Vertrag nicht bedingt oder befristet sein (§ 1742). Dispositiv ist lediglich die Regelung des Erbrechts des Kindes gegenüber dem Annehmenden (§ 1767 Abs. 1) und in engen Grenzen des Rechts zur Namensführung (§ 1758). Im übrigen können die Wirkungen der Kindesannahme nicht geändert werden (§ 1767 Abs. 2). Unstatthaft ist der Ausschluß des Unterhaltsanspruchs des Kindes gegen den Annehmenden (Siebert-Vogel[8] § 1767 Anm. 1) oder die Vereinbarung, daß das Kind in einer anderen Religion als der des Annehmenden zu erziehen sei, KG 11. 6. 09 (**38** A 91). Die äußere Verbindung des Annahmevertrages mit einem anderen Vertrage, z. B. einem Erb-, Erbverzichts- oder Hofübergabevertrage, ist statthaft. Ein Annahmevertrag kann auch wegen Scheins (§ 117 BGB) nichtig sein (Staudinger-Coing[11] § 117 Anm. 12; Enneccerus-Nipperdey[15] § 165 II 1 Fußn. 9 gegen v. Tuhr). Haben aber die Vertragschließenden den ernstlichen Willen gehabt, die Rechtswirkungen der Adoption herbeizuführen, sei es auch um eines von der Rechts- und Sittenordnung nicht gebilligten Zweckes willen, so liegt kein Scheingeschäft vor, KG 19. 5. 22 (OLGE **42** 186), München 1. 10. 23 (JFG **1** 101), RG 25. 3. 35 (**147** 220, 225 = JW 2132), BGH 5. 4. 61 (**35** 75 = NJW 1461 = FamRZ 306). Über Sittenwidrigkeit der Kindesannahme vgl. Siebert-Hefermehl[9] § 138 Anm. 110, Staudinger-Coing[11] § 138 Anm. 19g. Der Wunsch, die Bindung an einen Erbvertrag durch die Kindesannahme zu beseitigen, kann sittlich nicht zu beanstanden sein, RG 1. 12. 32 (**138** 373). Der Rechtssatz, daß ein Rechtsgeschäft, dessen Rechtsform zum Zweck der Steuerersparnis gewählt wurde, nicht schon aus diesem Grunde sittenwidrig ist (BGB-RGRK[11] § 138 Anm. 50), gilt auch für die Kindesannahme, BGH 5. 4. 61 (a. a. O). Für das Bestätigungsverfahren haben diese Gesichtspunkte an Bedeutung verloren, weil Bedenken dieser Art in der Regel bei Erwachsenen-Adoptionen auftreten werden, die nach § 1745c besonderer Rechtfertigung im Befreiungsverfahren bedürfen, und weil nach § 1754 Abs. 2 Satz 1 Nr. 2 bereits begründete Zweifel in der dort angegebenen Richtung zur Versagung der Bestätigung führen (Anm. k). Auch die Prüfung, ob eine Anfechtung des Annahmevertrages wegen Willensmangels begründet ist, obliegt dem Bestätigungsgericht (Staudinger[9], § 1754 Anm. 1; BayObLG 22. 3. 57, Z 118, 124). Bei Teilnichtigkeit (§ 139 BGB) ist die Bestätigung zu versagen, selbst wenn die ungültige Vertragsbestimmung den Bestand des Vertrages im übrigen nicht berührt, da das Gericht nicht seine Hand dazu bieten darf, einem teilweise unwirksamen Vertrage durch die Bestätigung den Rechtsschein der Gültigkeit zu verleihen, Kipp-Wolff, RamF[7] § 91 VI 2a; KG 3. 1. 57 (FamRZ 185 = StAZ 191), zweifelnd BGH 13. 7. 57 (**25** 163 = FamRZ 360). Liegen bei einem Vertrage über die gemeinschaftliche Annahme an Kindes Statt (§ 1749) Versagungsgründe nur in der Person eines der annehmenden Ehegatten vor, so muß dem ganzen Vertrag die Bestätigung versagt werden, BayObLG 22. 3. 57 (Z 118 = NJW 982 = EJF A I i Nr. 3 mit Anm. Braxmaier, implicite Karlsruhe 11. 9. 61 (FamRZ 490). Zur Frage, ob ein bestätigter Annahmevertrag in diesem Fall als Einzeladoption seitens des anderen Ehegatten aufrechterhalten werden kann, vgl. BGH 29. 5. 57 (**24** 345 = LM § 1749, BGB Nr. 1 mit Anm. Johannsen = NJW 1357 = FamRZ 305 = EJF A I i Nr. 6 mit Anm. Zimmermann); Beitzke, StAZ 1959, 102.

b) Annahmefähigkeit des Wahlkindes. Ein angenommenes Kind kann zu Lebzeiten des Annehmenden nicht noch einmal angenommen werden; dazu bedarf es einer vorherigen Aufhebung des Annahmeverhältnisses. Eine Ausnahme gilt nur für die Annahme durch den Ehegatten des Annehmenden (§ **1749** Abs. 2). Diese Ausnahme gilt aber nicht, wenn die Ehe der Wahleltern geschieden worden ist und der Ehegatte des wiederverheirateten Wahlelternteils das Kind annehmen will, Schleswig 21. 10. 60 (SchlHA 1961 22). Nach dem Tode des (oder der) Annehmenden dagegen ist eine erneute Annahme statthaft, BayObLG 19. 2. 60 (Z 78 = EJF A I i Nr. 11 mit Anm. Jansen = NJW 1060 = JR 339 = FamRZ 168 = DNotZ 253), wie nunmehr § 1749 Abs. 2 n. F. klarstellt. Abkömmlinge eines Wahlkindes, auf welche sich die Annahme gemäß § 1762 erstreckt, können ohne vorherige Aufhebung des Annahmeverhältnisses angenommen werden, Schleswig 9. 6. 61 (NJW 2163).

c) Erteilung der etwa erforderlichen **Genehmigung des VormG** und deren Wirksamwerden, §§ 1750 Abs. 1, 1751, 1829. Vgl. näher Vorbem. B 1. Die Genehmigung braucht jedoch nicht abgewartet zu werden, wenn feststeht, daß die Bestätigung ohnehin versagt werden muß, BayObLG 15. 1. 52 (Z 17).

d) Vorliegen des **Alterserfordernisses** des § 1744 Satz 1 auf Seiten des Annehmenden. Der (die) Annehmende muß das 35. Lebensjahr vollendet haben. Altersberechnung nach § 187 Abs. 2 BGB. Einen Altersunterschied von mindestens 18 Jahren, wie bisher, sieht das Gesetz nicht mehr vor. Ein zu geringer Altersunterschied wird aber bei der Befreiung vom Alterserfordernis (§ 1745b) oder vom Erfordernis der Minderjährigkeit (§ 1745c) ins Gewicht fallen. Maßgebend ist der Zeitpunkt des Vertragsschlusses, KG 30. 5. 41 (JFG **22** 335). Durch Erreichung des Alters oder Tod des Annehmenden vor Bestätigung tritt Heilung nicht ein, BGH 7. 5. 51 (**2** 62 = NJW 706). Über Befreiung s. die Bem. zu § 68b.

e) **Fehlen ehelicher Abkömmlinge des Annehmenden.** Der Annehmende darf keine (lebenden) ehelichen Kinder oder fernere eheliche Abkömmlinge haben. Maßgebend ist der Zeitpunkt des Vertragsschlusses, KG 3. 4. 25 (JFG **3** 123), Koblenz 14. 6. 56 (FamRZ 390). Ein für tot erklärter Abkömmling steht einem verstorbenen gleich; spätere Rückkehr beeinträchtigt die Gültigkeit der Adoption nicht (a. M. Kipp, FamR[5], § 91 Fußn. 14). Eheliche Abkömmlinge sind auch die durch nachfolgende Eheschließung oder Ehelichkeitserklärung legitimierten oder aus einer gemäß § 25 EheG nichtigen Ehe hervorgegangenen Kinder; dagegen steht das Vorhandensein anderer Adoptivkinder (§ **1743**) oder unehelicher Kinder der Adoption nicht entgegen. Eine Frau, die ein uneheliches Kind hat, kann jedoch wegen § 1705 nicht ein anderes Kind (ohne Befreiung) annehmen (Beitzke FamR[10] § 32 II 1; LehmannFamR[3] § 33 II 1 a; Weimar, StAZ 1949, 61; Glässing, Vorauss. der Adoption, S. 57; a. M. Staudinger[9] § 1741 Anm. 1 a). Annahme des eigenen unehelichen Kindes durch Vater oder Mutter ist statthaft, BayObLG 22. 9. 14 (15 543 = KGJ **48** 236 = RJA **14** 120), KG 20. 4. 23 (JFG **1** 92); Müller, AcP **95** 256ff. Die Annahme des Enkels durch die Großeltern, wenn er ihr einziger lebender Abkömmling ist, ist zulässig, BayObLG 22. 9. 14 (a. a. O.), aber keine Annahme an Enkels Statt; KG 13. 6. 30 (JFG **8** 98); vgl. Haase, Becker, MDR 1952, 90, 212, 341; Hillenkamp, ZBlJugR 1953, 14. Eltern und Kinder können von demselben Annehmenden nebeneinander angenommen werden, KG 13. 6. 30 (JFG **8** 98). Ein Nasciturus zur Zeit des Vertragsschlusses steht einem Abkömmling i. S. des § 1741 nicht gleich, Mot. IV 958, KG 3. 4. 25 (JFG **3** 123), BayObLG 29. 8. 31 (**31** 304); Koblenz 14. 6. 56 (FamRZ 390); Glässing a. a. O. S. 58; Siebert-Vogel § 1741 Anm. 1; a. M. Beitzke a. a. O.; Müller AcP **95** 263; Weimar, StAZ 1949, 60; Schmidt, DR 1941, 1059. Ein eigenes eheliches Kind kann nicht angenommen werden, auch nicht durch die geschiedene Mutter, Düsseldorf 12. 12. 57 (JMBlNRW 1958 58), AG Bielefeld 15. 9. 60 (StAZ 321). Die gemeinschaftliche Annahme eines ehelichen Kindes eines der Ehegatten aus einer früheren Ehe kann aber, wenn sie (irrig) bestätigt worden ist, als Annahme durch den anderen Ehegatten allein aufrechterhalten werden, LG Hamburg 29. 9. 58 (StAZ 1959 101 mit zust. Anm. Beitzke). Über Befreiung s. die Bem. zu § 68a.

f) **Minderjährigkeit des Angenommenen** (§ 1744 Satz 3). Der Angenommene darf zur Zeit des Vertragsabschlusses noch nicht volljährig oder für volljährig erklärt sein (§§ 2, 3 Abs. 2 BGB). Eintritt der Volljährigkeit nach Vertragsabschluß vor Bestätigung ist unschädlich. International- und interlokalprivatrechtlich beurteilt sich die Vorfrage der Minderjährigkeit nicht nach dem Adoptionsstatut (Art. 22 EG), sondern nach dem Personalstatut des Wahlkindes (Art. 7 EG), vgl. Soergel-Kegel[9] Art. 22 Anm. 17; wegen Erwerbs der Volljährigkeit nach dem Recht der DDR s. Erg. zu § 56 Anm. B 7 (oben S. 41). Über Befreiung s. die Bem. zu § 68b.

g) **Zustimmung** des (früheren) Ehemannes einer annehmenden Frau zur **Namensführung** durch das Wahlkind (§§ 1758, 1758a BGB). Die Zustimmung oder, soweit zulässig, ihre Ersetzung durch das VormG (Bem. zu § 57a) ist stets erforderlich, wenn in dem Annahmevertrage vereinbart wird oder beim Schweigen des Vertrages gemäß § 1758 Abs. 2 Satz 2 als vereinbart gilt, daß das Kind den Ehenamen der Frau erhält, d. h. denjenigen Namen, den die Frau durch eine Verheiratung (§ 1355 Satz 1) erworben hat. Führt die Frau durch Hinzufügung ihres Mädchennamens einen Doppelpamen (§ 1355 Satz 2), so kann das Kind auf Grund des § 1758 nur entweder den Mädchennamen oder den Ehenamen erwerben (Maßfeller-Reinicke, § 1758a Anm. 3; Achilles-Greiff[21] § 1758 Anm. 7; Schnitzerling, NJW 1960, 566; a. M. Krüger-Breetzke, GleichberG § 1758 Anm. 4). Übertragen werden kann nur der gegenwärtige Ehename der Frau, gleichgültig, ob sie ihn in der letzten oder in einer früheren Ehe erworben hat; zustimmungsberechtigt ist derjenige Ehemann, von dem die Frau diesen Namen herleitet, KG 23. 1. 61 (FamRZ 386 mit Anm. Graf v. Bernstorff S. 388). Wegen der Form und der Fähigkeit zur Abgabe der Zustimmungserklärung s. Vorbem. A und A 5, wegen ihrer Ersetzbarkeit durch das VormG § 57a mit Bem.

Verfassungsmäßige Bedenken aus Art. 3 Abs. 2 GG gegen die Regelung der §§ 1758, 1758a sind nicht begründet, BGH 13. 7. 57 (**25** 171), KG 23. 1. 61 (FamR 386), LG Stade 23. 12. 59 (MDR 1960 763); a. M. Krüger-Breetzke, GleichberG, § 1758a Anm. 2.

Wird die Zustimmung verweigert und ist das Kind bei Vertragsabschluß 18 Jahre alt oder wird die Ersetzung (rechtskräftig) abgelehnt, so liegt kein Grund zur Versagung der Bestätigung vor, es sei denn, daß nach dem ausdrücklichen oder durch Auslegung zu ermittelnden Vertragsinhalt der Vertrag für diesen Fall nicht gelten soll; das Wahlkind erhält kraft Gesetzes den Namen, den die Annehmende vor der Verheiratung geführt hat (§ 1758a Abs. 3 Satz 2), KG 23. 1. 61 (FamRZ 386); Schnitzerling, NJW 1960, 566 zu 2 b.

Der durch die Annahme erworbene Familienname umfaßt auch frühere Adelsbezeichnungen als Namensbestandteile (Art. 109 Abs. 3 Satz 2 WeimVerf.), RG 27. 11. 24 (**109** 243), 30. 9. 26 (**114** 338), h. M. Die gegenteilige Bestimmung des Art. 118 Abs. 3 Satz 2 BayrVerf. v. 2. 12. 46 (GVBl. 333) ist durch Art. 9 I Abs. 4 FamRÄndG aufgehoben worden (Knopp, NJW 1961, 1566; Maßfeller StAZ 1961,

278 zu IV; Bek. d. BayStMdJ v. 19. 10. 61, StAZ 1961, 337; vgl. auch Graf v. Bernstorff, NJW 1961, 633; RdErl. d. NdsMdI v. 28. 1. 60, MBl. 62 = StAZ 65).

Der Bestätigungsbeschluß soll, wenn ein Fall des § 1758 Abs. 2 vorliegt, nach § 1758a Abs. 4 die Feststellung enthalten, welchen Namen das Kind erhält. Diese Feststellung hat nur rechtsbekundende, nicht rechtsbegründende Wirkung, KG 23. 1. 61 (FamRZ 386); Schnitzerling, NJW 1960, 566 zu 3. Die Namensänderung tritt kraft Gesetzes auch ohne die Feststellung ein, z. B. wenn die Zustimmung noch vor dem Wirksamwerden der Bestätigung (§ 67 Anm. 1) wirksam erteilt oder ersetzt worden und dies nicht mehr zur Kenntnis des Gerichts gelangt ist. Trotz § 67 Abs. 3 kann die Feststellung gemäß § 18 Abs. 1 geändert oder mit der (unbefristeten) Beschwerde nach § 19 angefochten werden.

h) Einwilligung des Ehegatten des Annehmenden oder des Anzunehmenden (§ 1746). Maßgebend dafür, wessen Einwilligung erforderlich ist, ist der Zeitpunkt der Bestätigung, KG 30. 5. 41 (JFG **22** 332). Die Einwilligung kann nicht ersetzt werden, Celle 7. 10. 59 (MDR 52 = ZBlJugR 93, je 1960); das ist hier, anders als bei der elterlichen Einwilligung (Anm. 3 h) unstr. Vgl. näher zur Form, Fähigkeit zur Abgabe der Erklärung und weitere Erfordernisse Vorbem. A und A 3.

i) Einwilligung der Eltern eines ehelichen oder der Mutter eines unehelichen Kindes (§§ 1747 Abs. 1, 2, 1746 Abs. 2). Im Gegensatz zum Erfordernis der Minderjährigkeit (Anm. 3 e) ist sie stets erforderlich, wenn das Kind das 21. Lebensjahr noch nicht vollendet hat, mag es auch für volljährig erklärt sein. Maßgebend ist der Zeitpunkt der Bestätigung, KG 30. 5. 41 (JFG **22** 332). Das Einwilligungsrecht ist kein Ausfluß der elterlichen Gewalt, sondern des natürlichen Eltern- und Kindesverhältnisses, Mot. IV 964; KG 28. 3. 04 (**27** A 184), RG 23. 11. 27 (**119** 46). Deshalb kann es nicht nach § 1666 entzogen werden (Göppinger, FamRZ 1959, 397 Fußn. 61). Es steht auch dem Elternteil zu, der nach der Scheidung die elterliche Gewalt nicht ausübt (§ 1671) oder der sie verwirkt (§ 1676) oder dem das VormG die Bestandteile der elterlichen Gewalt entzogen hat (§ 1666). Auch bei einer wiederholten Kindesannahme ist die elterliche Einwilligung wiederum erforderlich, KG 28. 3. 04 (**27** A 184); Kipp, FamR^5 § 91 Fußn. 19; Jansen, EJF, Anm. zu A I i Nr. 11. Deshalb bedenklich § 1749 Abs. 2 Satz 2 n. F., wonach die elterliche Einwilligung nicht erforderlich ist, wenn das Kind zu Lebzeiten des Annehmenden zusätzlich von dessen Ehefrau angenommen wird (vgl. Vorbem. A 3 Abs. 2).

Vgl. im übrigen näher Vorbem. A 3 und über Blanko- und Inkognito-Adoption Vorbem. A 4.

Die Ersetzung der elterlichen Einwilligung durch das VormG sieht § 1747 Abs. 3 BGB n. F. unter eng begrenzten Voraussetzungen vor. Darüber Vorbem. B 2. Wird sie ersetzt, so darf die Bestätigung erst erteilt werden, wenn die Ersetzung wirksam geworden ist; vgl. Vorbem. B 2 d Abs. 2.

k) Fehlen des Versagungsgrundes des § 1754 Abs. 2 Satz 1 Nr. 2, nämlich das Bestehen begründeter Zweifel daran, daß durch die Annahme ein dem Eltern- und Kindesverhältnis entsprechendes Familienband hergestellt werden soll. Durch die Annahme soll auf künstlichem Wege ein Familienband hergestellt werden, welches seinem Inhalt nach dem Bande ähnelt, das durch die natürliche Abstammung geschaffen wird, RG 25. 3. 35 (**147** 220 = JFG **12** 11 = JW 2132). Das Gesetz geht davon aus, daß die persönlichen Beziehungen zwischen dem Annehmenden und dem Wahlkind sich nach dem Abschluß des Vertrages so gestalten, daß sie einem zwischen natürlichen Eltern und Kindern bestehenden Verhältnis irgendwie entsprechen und daß eine solche Gestaltung von ihnen beabsichtigt ist, BGH 5. 4. 61 (**35** 75 = NJW 1461 = FamRZ 306). Das bedeutet nicht, daß ein solches Band durch die Adoption erst entstehen müsse, also vorher nicht bestanden haben dürfe; auch die Ausstattung eines bereits bestehenden Verhältnisses der gekennzeichneten Art mit Rechtswirkungen kann ein billigenswerter Zweck der Kindesannahme sein, KG 4. 12. 36 (JW 1937 963), München 23. 6. 37 (JFG **16** 16), BGH 5.4.61 (a.a.O.). Begründete Zweifel an der Absicht, ein dem Eltern- oder Kindesverhältnis entsprechendes Familienband herzustellen, bestehen, wenn die für und gegen eine derartige Absicht sprechenden Umstände gleich schwer wiegen, München 13. 10. 37 (JFG **16** 275), BayObLG 15. 1. 52 (Z 17), BGH 24. 1. 57 (FamRZ 126 = NJW 673 = MDR 411 mit Anm. Beitzke = EJF A I i Nr. 2 mit Anm. Jansen).

4. Die Bestätigung ist konstitutiv insofern, als ohne sie die Kindesannahme nicht in Kraft tritt und ihre endgültige Versagung den Annahmevertrag vernichtet, insbesondere die Bindung der Vertragschließenden beseitigt (BGB § 1754 Abs. 1 Satz 2, Abs. 2 Satz 2). Sie ist also nicht nur deklaratorisch (so Keidel § 65 Anm. 1). Aber sie ist nur eines der konstitutiven Tatbestandselemente des Gesamttatbestandes Kindesannahme, insofern sie unerläßlich dafür ist, daß die Kindesannahme in Kraft tritt (Wellstein, FGG² § 65 Anm. 2; Lange, AcP **152**, 241, 243; Siebert-Vogel⁸ § 1741 Anm. 4). Im übrigen spricht sie als Ergebnis der gerichtlichen Prüfung nur rechtsbekundend aus, daß die sonstigen Erfordernisse der Kindesannahme vorhanden sind. Erweist sich diese Annahme als unrichtig, fehlt ein wesentliches Erfordernis, so ist die Kindesannahme trotz der Bestätigung unwirksam (Lange a. a. O. S. 244). Ein weiteres konstitutives Element der Bestätigung besteht darin, daß sie nach § 1756 Abs. 1 alle Formmängel und den Mangel verfrühter elterlicher Einwilligung (§ 1747 Abs. 2) sowie von sachlichen Mängeln (nur) die irrige Annahme der Entbehrlichkeit einer Einwilligung (§ 1756 Abs. 2) heilt. Hiernach wird die Berufung auf sachlich-rechtliche Nichtigkeit (BGB §§ 117, 134, 138) und die Anfechtung wegen Willensmängel (BGB §§ 119ff., 1755) durch die Bestätigung nicht ausgeschlossen; zugelassen wird auch die Anfechtung wegen Eigenschaftsirrtums (BGB § 119 Abs. 2), etwa wenn sich später erhebliche Anlagemängel des Kindes zeigen, RG 29. 4. 35 (**147** 310), 12. 10. 36 (**152** 228), 30. 9. 37 (**155** 348), 9. 12. 37 (JW 1938 376), Hamburg 27. 1. 56 (MDR 295), 13. 2. 61 (NJW 1470), oder die Berufung auf Unwirksamkeit wegen Fehlens einer Einwilligung, sofern nicht § 1756 Abs. 2 vorliegt, KG 7. 2. 57 (FamRZ 184), BGH 18. 4. 58 (**27** 126 = NJW 1291 = FamRZ 317 = MDR 589 = JZ 482 = EJF B II Nr. 18). Die Unwirksamkeit kann von jedermann in jedem Verfahren geltend gemacht werden, BGH 7. 5. 51 (**2** 64). Dazu Larenz, ZAkDR 1939, 11; Machleid, FamRZ 1956, 361; 1957, 81; Heinisch, FamRZ 1959, 135; Bosch, FamRZ 1961, 309. Wegen des Umfanges der Mangelheilung vgl. auch Vorbem. A 1, 3. Fehlende Zustimmung des Ehemanns zur Namensführung (§ 1758 a) berührt, anders als fehlende Einwilligung des Ehegatten nach § 1746 Abs. 1, die Gültigkeit der Kindesannahme nicht, sondern führt zur Berichtigung der Namensfeststellung (Anm. 3f).

5. Die **vertragliche Aufhebung** der Kindesannahme, BGB §§ 1768 bis 1770, bedarf ebenfalls der gerichtlichen Bestätigung. Sie darf nur versagt werden, wenn ein gesetzliches Erfordernis der Aufhebung fehlt. Beteiligte des Aufhebungsvertrages: BGB §§ 1768 Abs. 2, 3, 1769. Hat ein Ehegatte ein Kind des anderen Ehegatten angenommen, so ist zur Aufhebung des Vertrages nicht die bloße Einwilligung des leiblichen Elternteils, sondern seine Mitwirkung am Vertragsabschluß erforderlich, Karlsruhe 15. 10. 59 (FamRZ 292). Die Aufhebung durch gerichtliche Entscheidung (§§ 1770a, 1770b) gehört nicht zur Zuständigkeit des Bestätigungsgerichts, sondern ist eine Verrichtung des VormG (§ 56c mit Erl.).

6. **Mitteilung** des bestätigten Annahmevertrages oder der Aufhebung an das Standesamt zur Beischreibung eines Randvermerks im Geburtenbuch PStG § 30, AusfVO-PStG §§ 27, 23 Abs. 2; an das VormG FGG § 50. Über Prüfungsrecht des Standesbeamten s. Vorbem. D.

7. **Gebühren a)** des Gerichts § 98 KostO i. d. F. d. Art. 6 Nr. 3 FamRÄndG: Bestätigung 1/1 Gebühr mit Freigrenze, Veragung gebührenfrei; im Beschwerdeverfahren gilt § 131 KostO. Beurkundung des Annahme- oder Aufhebungsvertrages §§ 36 Abs. 2, 141 KostO; gleichzeitig beurkundete Zustimmungen und Einwilligungen werden hierdurch abgegolten, sonst $\frac{1}{4}$ Gebühr nach § 38 Abs. 3 KostO; Geschäftswert § 30 Abs. 3,2. Der Notar erhält für Anträge und Beschwerden auf Verlangen eines Beteiligten, die zum Vollzuge des beurkundeten Geschäfts erforderlich werden und rechtlicher oder tatsächlicher Begründung bedürfen, nach § 146 Abs. 2 KostO eine halbe Gebühr; dazu Tschischgale, JR 1958, 165. Die BRAGebO gilt hierfür nicht, auch wenn der Notar zugleich Rechtsanwalt ist, Oldenburg 7. 1. 58 (NJW 2024).

Örtliche Zuständigkeit

66 **(1) Für die Bestätigung ist das Gericht zuständig, in dessen Bezirk der Annehmende zu der Zeit, zu welcher der Antrag auf Bestätigung eingereicht oder nach Maßgabe des § 1753 Abs. 2 des Bürgerlichen Gesetzbuchs das Gericht oder der Notar mit der Einreichung betraut wird, seinen Wohnsitz oder in Ermangelung eines inländischen Wohnsitzes seinen Aufenthalt hat.**

(2) Ist der Annehmende Deutscher und hat er im Inland weder Wohnsitz noch Aufenthalt, so ist das Amtsgericht Schöneberg in Berlin-Schöneberg zuständig. Es kann die Sache aus wichtigen Gründen an ein anderes Gericht abgeben; die Abgabeverfügung ist für dieses Gericht bindend.

Abs. 2 i. d. Fassung des Art. 4 Nr. 7 FamRÄndG. In Kraft getreten am 1. 1. 1962. Abs. 1 unverändert i. d. Fassung der Bek. im BGBl. III 315—1.

1. Die **örtliche Zuständigkeit** richtet sich nach den Verhältnissen des Annehmenden, nicht des Anzunehmenden. Bei mehrfachem Wohnsitz des Annehmenden haben die Beteiligten die Wahl unter den zuständigen Gerichten; es entscheidet der Vorgriff (§ 4). Dasselbe gilt, wenn bei der Annahme als gemeinschaftliches Kind (BGB § 1749) die Ehegatten ihren Wohnsitz im Bezirk verschiedener AG haben, da der Annahmevertrag nur einheitlich bestätigt werden kann. Die Annahme von Müller (StAZ 1956, 233), dem Keidel Anm. 1 zustimmt, der Vertrag müsse von beiden für den Wohnsitz der Ehegatten zuständigen Amtsgerichten bestätigt werden, ist irrig; sobald eines der mehreren örtlich zuständigen Gerichte in der Sache tätig geworden ist, entfällt die Zuständigkeit des anderen (§ 4 Anm. 2). Eine Abgabe nach § 46 ist nicht statthaft. Abs. 1 gilt für Deutsche, Staatenlose und Ausländer. Ob ein deutsches Gericht tätig werden kann, wenn

der Annehmende Nichtdeutscher ist, ist eine Frage der internationalen Zuständigkeit (Anm. 6).

2. Örtlich maßgebend für die Bestimmung des zuständigen Gerichts ist der Wohnsitz (§§ 7, 8, 9 BGB) oder in Ermangelung eines solchen im Inland der (schlichte) Aufenthalt (§ 36 Anm. 6) des Annehmenden. Der verfahrensrechtliche Wohnsitzbegriff ist auch bei Beteiligung eines Ausländers nicht nach dessen Heimatrecht, sondern nach der lex fori, also nach deutschem Recht zu beurteilen, KG 16. 2. 61 (FamRZ 383).

3. Zeitlich maßgebend für die Begründung der örtlichen Zuständigkeit sind nicht die Verhältnisse zur Zeit des Vertragsschlusses, sondern zu dem Zeitpunkt, in welchem der Antrag auf Bestätigung bei einem sachlich zuständigen Gericht eingeht, mag es auch örtlich nicht zuständig sein, München 24. 6. 53 (BayJMBl. 247); das Gericht muß den Antrag an das örtlich zuständige Gericht weiterleiten. Das gilt auch dann, wenn der Annehmende nach der Einreichung stirbt, da BGB § 1753 Abs. 2 ebenso wie § 1741 Satz 2 unter dem „zuständigen Gericht" das sachlich zuständige meint, dessen Bestimmung das BGB dem FGG (§ 65) überlassen hat, und das Gesetz nur erfordert, daß einer der Vertragschließenden noch vor dem Tode des Annehmenden das zur Erlangung der Bestätigung Erforderliche getan hat; a. M. Schlegelberger Anm. 4; Keidel Anm. 4.

Eine Veränderung der maßgebenden Umstände nach dem angegebenen Zeitpunkt berührt nicht die einmal begründete Zuständigkeit des Bestätigungsgerichts.

4. Ist der Annehmende vor der Einreichung des Antrags gestorben, so ist die Bestätigung nach BGB §§ 1753 Abs. 3, 1770 noch zulässig, wenn einer der Vertragschließenden das beurkundende Gericht oder den Notar mit der Einreichung betraut hatte; der Zeitpunkt dieser Betrauung entscheidet auch über die örtliche Zuständigkeit. Das „Betrauen" (mit der Einreichung des von mindestens einem der Vertragschließenden gestellten Antrags) braucht nicht ausdrücklich oder gar förmlich zu geschehen. Es genügt, wenn die Beteiligten durch schlüssiges Verhalten dem Gericht (Notar) die Einreichung ihres Antrags beim Bestätigungsgericht überlassen haben. Außerdem genügt es, wenn einer der Beteiligten vor dem Tode des Annehmenden dem Notar Vollmacht zur Stellung des Antrags erteilt hatte, was ausdrücklich geschehen muß (§ 65 Anm. 3 Abs. 2).

Die Bezugnahme auf § 1753 Abs. 2 BGB bezieht sich lediglich auf den besonderen Fall der Bestätigung nach dem Tode des Annehmenden; sie ist deshalb keiner Verallgemeinerung in dem Sinne fähig, daß der Zeitpunkt der Betrauung des Gerichts oder Notars mit der Einreichung des Antrags stets für die örtliche Zuständigkeit maßgebend ist, auch wenn der Annehmende bei der Einreichung des Antrags lebt (Schlegelberger Anm. 4 a. E.). Deshalb ist entsprechende Anwendung auf die Übersiedlung ins Ausland vor der Einreichung des Antrags unzulässig; a. M. BayObLG 29. 12. 59 (Z 540 = EJF B II Nr. 30 mit abl. Anm. Jansen = DNotZ 1960 248 mit Anm. Reithmann = NJW 1960 1349). Soergel-Kegel Art. 22 EG Anm. 38 Fußn. 16 billigt die Entscheidung im Ergebnis unter dem Gesichtspunkt der Fürsorgebedürfnis-Zuständigkeit; doch ist ein Fürsorgebedürfnis nicht erkennbar und dieser Zuständigkeitsgrund in Kindesannahmesachen schwerlich anzuerkennen. Vielmehr ist die Bestätigung wegen fehlender örtlicher (und internationaler) Zuständigkeit abzulehnen, so bereits bei gleichem Sachverhalt KG 29. 10. 26 (OLGE 46 189).

5. Für **Deutsche im Ausland** begründet Abs. 2 die zentrale Zuständigkeit des AG Schöneberg mit der Befugnis, die Sache mit bindender Wirkung an ein anderes AG abzugeben. Die Regelung entspricht der des § 36 Abs. 2 n. F. für Vormundschaftssachen. Auf die Bem. dazu (oben S. 9) kann verwiesen werden.

a) Die Kindesannahme durch einen deutschen Wahlvater bedarf zur Wirksamkeit im Inland, auch wenn der Annahmevertrag im Ausland geschlossen wird und eine örtliche Zuständigkeit für den Annehmenden nach Abs. 1 nicht begründet ist, stets der Bestätigung durch das nach Abs. 2 zuständige Gericht. Deutschland nimmt mithin insoweit die ausschließliche internationale Zuständigkeit in Anspruch (Raape IPR[5] § 35 II; Beitzke, StAZ 1948, 54; Achilles-Greiff[21] Art. 22 EG Anm. 5; Erman-Marquordt Art. 22 EG Anm. 4f.; Keidel Anm. 1; a. M. Soergel-Kegel Art. 22 Anm. 37). Das gilt auch für die Annahme eines ausländischen Kindes durch einen Deutschen, KG 16. 12. 27 (HRR 1928 Nr. 963), die auch zulässig ist, wenn das Heimatrecht des Kindes die Adoption nicht kennt, RG 11. 7. 29 (**125** 265), da EGBGB Art. 22 Abs. 2 nicht zu einer zweiseitigen Kollisionsnorm auszugestalten ist; str., vgl. Soergel-Kegel[9] Art. 22 Anm. 7, 34. Nimmt der ausländische Wohnsitzstaat des deutschen Wahlvaters die Adoption vor (z. B. England), so kommt es zu einer (hinkenden) Adoption mit örtlich beschränkter, im Inland nicht anerkannter Gültigkeit; ein solches Rechtsverhältnis wird im deutschen Geburtenbuch nicht vermerkt, KG 14. 8. 61 (FamRZ 483).

b) Die ausländische (vertragsmäßige oder durch Hoheitsakt begründete) Adoption eines deutschen Wahlkindes durch einen Ausländer bedarf zu ihrer Wirksamkeit im Inland nicht der Bestätigung durch ein deutsches Gericht, da die Bestätigung ein sachliches Erfordernis der deutschen Adoption ist, KG 29. 10. 26 (OLGE **46** 189), BGH 4. 3. 60 (EJF A I i Nr. 12 mit Anm. Jansen = FamRZ 229 mit Anm. Bosch = NJW 1059 = StAZ 206 mit Anm. Gündisch 319 = MDR 573 = ZBlJugR 119); Soergel-Kegel[9] Art. 22 EG Anm. 34; Achilles-Greiff-Beitzke[21] Art. 22 EG Anm. 5; Palandt-Lauterbach[20] Art. 22 EG Anm. 2; a. M. Raape IPR[5] § 35 II a. E. Denn aus Art. 22 EG ist zu folgern, daß die Kindesannahme durch einen Ausländer sich auch dann nach dessen Heimatrecht richtet, wenn der Angenommene die deutsche Staatsangehörigkeit besitzt, KG 30. 6. 22 (JFG **1** 96), 8. 11. 35 (JFG **13** 181); Staudinger-Raape[9] Art. 29 EG Anm. A 1; Frankenstein, IPR IV S. 174 (unstr.). Die Belange des deutschen Kindes werden dadurch gewahrt, daß die ausländische Adoption nach Art. 22 Abs. 2 EG nur anerkannt wird, wenn die dort vorgesehenen nach deutschem Recht erforderlichen Einwilligungen erteilt sind. Die Erfordernisse des Art. 22 Abs. 2 EG können auch durch nachträgliche Erteilung der Einwilligungen erfüllt werden, BayObLG 25. 7. 56 (Z 285 = FamRZ 1957 225), Karlsruhe 29. 8. 56 (FamRZ 1957 224), Hamm 9. 6. 59 (StAZ 1960 98); Gündisch, FamRZ 1957, 199; Jansen EJF A I i Nr. 12 Anm.; Achilles-Greiff Art. 22 EG Anm. 7; Palandt a. a. O. Die nach § 66 Abs. 1 für einen ausländischen Annehmenden begründete deutsche Zuständigkeit ist neben der des Heimatstaates des Annehmenden oder neben einer sonst im Ausland begründeten nur eine konkurrierende; das deutsche Recht billigt dem Heimatstaat des Annehmenden ohne Rücksicht auf die Staatsangehörigkeit des Kindes, mag es auch die deutsche sein, stets die internationale Zuständigkeit zu (Soergel-Kegel[9] Art. 22 EG Anm. 37; Jansen a. a. O.; a. M. anscheinend KG 8. 10. 37, JFG **16** 211).

Auch der Namenswechsel des (deutschen) Kindes richtet sich nach dem (ausländischen) Adoptionsstatut (Art. 22 Abs. 1); das gilt auch dann, wenn nach diesem Recht die Namensänderung nicht kraft Gesetzes eintritt, sondern im Zusammenhang mit der Adoption von der ausländischen Behörde besonders verfügt wird (USA), BGH 4. 3. 60 (a. a. O.); Karlsruhe 29. 8. 56 (FamRZ 1957 224); Gündisch, FamRZ 1957, 199, 201; W. Müller, NJW 1955, 1061; FamRZ 1956, 174; Kegel IPR S. 311; Reithmann, Die Justiz 1956, 179.

6. Für die inländische Bestätigung einer Adoption durch einen **ausländischen Wahlvater** sind die örtliche Zuständigkeit, die internationale Zuständigkeit und das anzuwendende sachliche Recht von Bedeutung.

a) Die örtliche Zuständigkeit ergibt sich aus § 66 Abs. 1. Da diese Vorschrift im Gegensatz zu Abs. 2 nicht auf die Staatsangehörigkeit abstellt, ist sie auch anwendbar, wenn der Wahlvater Ausländer ist und im Inland Wohnsitz oder Aufenthalt hat, KG 30. 6. 22 (JFG 1 96 = OLGR 42 188), 8. 10. 37 (JFG 16 211 = JW 2975), BayObLG 22. 3. 57 (Z 118 = NJW 952 = EJF A I i Nr. 3). Für die Annahme durch einen Ausländer, der im Inland weder Wohnsitz noch Aufenthalt hat, fehlt es an einer Zuständigkeitsvorschrift, weil ein praktisches Bedürfnis dafür vereint wurde (D. 53). Infolge der Zulassung der Fernadoption durch einen Vertreter in der Erklärung des Willens (Vorbem. A 2) ist diese Lücke fühlbar geworden. Im Schrifttum ist vorgeschlagen worden, den Wohnsitz oder Aufenthalt des Vertreters des Annehmenden in dem Zeitpunkt, in welchem der Antrag auf Bestätigung eingereicht wird, entscheiden zu lassen (Guggumos, NJW 1950 415; Keidel Anm. 1 a. E.). Da diesem Anknüpfungspunkt aber eine gewisse Willkürlichkeit anhaftet und er auch versagt, wenn der Vertreter in dem maßgeblichen Zeitpunkt die örtliche Inlandsbeziehung aufgegeben hat, ist der entsprechenden Anwendung des Abs. 2 (AG Schöneberg mit Abgabebefugnis) der Vorzug zu geben; so auch Schlegelberger Anm. 3. Vorauszusetzen ist, daß die deutsche internationale Zuständigkeit wenigstens als Statutszuständigkeit (nachstehend zu b) begründet ist; fehlt es auch hieran, dann besteht für die Begründung einer deutschen Zuständigkeit praeter legem kein Anlaß.

b) Die internationale Zuständigkeit bietet keine Schwierigkeiten, wenn das nach EG Art. 22 Abs. 1 das Adoptionsstatut bestimmende fremde Recht auf das deutsche Recht zurückverweist, etwa auf die lex domicilii des Wahlkindes. Die Kollisionsrechte der Gliedstaaten der USA billigen dem Staat des domicile des Kindes, aber auch des domicile des Annehmenden „jurisdiction“ zu, worin in der Regel eine (versteckte) Rückverweisung auf das sachliche Recht des Domizilstaates zu sehen sein wird; so KG 31. 7. 59 (EJF B II Nr. 29 = NJW 1960 248 = FamRZ 1960 244), BayObLG 29. 12. 59 (Z 540 = EJF B II Nr. 30 = NJW 1960 1349 = DNotzZ 1960 248 mit Anm. Reithmann); vgl. bereits früher KG 10. 3. 33 (JW 2066 = IPRspr. 53), BayObLG 22. 3. 57 (Z 118 = NJW 952 = DNotZ 429); im Schrifttum Reithmann, Adoption durch Engländer und Amerikaner in Deutschland, DNotZ 1955, 133; Raape IPR[5] § 35 II Fußn. 176; Dölle, Dt. Notartag 1961 S. 38; Brühl, NJW 1958, 1381; Gündisch StAZ 1955, 114 und FamRZ 1957, 200; eingehend Gündisch, Internationale Zuständigkeit und versteckte Rückverweisung bei Adoptionen durch Amerikaner in Deutschland, FamRZ 1961, 352 gegen Wengler, NJW 1959, 127 und Beitzke, NJW 1960, 248. Dasselbe wird für England anzunehmen sein, wenn der Annehmende sein domicile i. S. des englischen Rechts in Deutschland hat, AG Bielefeld 15. 9. 60 (StAZ 321); a. M. Celle 14. 4. 54 (MDR 483 = NdsRpfl. 101 = JZ 702 mit Anm. Neuhaus), Reithmann, a. a. O.; vgl. Raape IPR[5] § 35 II Fußn. 175; Raape, MDR 1948, 382; Gündisch, FamRZ 1961,

352 Fußn. 40; Dopffel, RabelsZ **22** (1957) S. 220ff.; de Nova, RabelsZ **23** (1958) S. 730ff. Inländischer gewöhnlicher oder schlichter Aufenthalt des Annehmenden ist ein hinreichender Anknüpfungspunkt für die deutsche internationale Zuständigkeit auch dann, wenn gemäß EG Art. 22 Abs. 1 fremdes Recht anzuwenden ist. Eine Bestätigung durch das deutsche Gericht ist jedoch ausgeschlossen:

aa) wenn das Heimatrecht des Annehmenden die Adoption durch Staatsakt vollzieht, KG 7. 4. 33 (StAZ 1934 280), Celle 14. 4. 54 (MDR 483 = ZBlJR 211 = JZ 702 mit Anm. Neuhaus); Beitzke, StAZ 1948, 56 und NJW 1960, 248; Wengler, NJW 1960, 127, 130; Gündisch, FamRZ 1961, 352 zu II 3; a. M. Soergel-Kegel[9] Art. 22 EG Anm. 41; für den Fall, daß das ausländische Recht für den Erlaß des Hoheitsakts einen Vertragsschluß voraussetzt (vgl. für USA Gündisch, FamRZ 1957 200), befürwortet Wengler (NJW 1959 127, 130) die Zulassung der deutschen Bestätigung, sofern zugleich alle Erfordernisse des ausländischen Rechts erfüllt sind; dazu Gündisch a. a. O.

bb) wenn das Heimatrecht die ausschließliche internationale Zuständigkeit beansprucht, KG 30. 9. 27 (SeuffA **82** Nr. 35 = IPRspr. 1928 Nr. 53), 10. 3. 33 (JW 2066 = IPRspr. Nr. 53), 6. 9. 35 (JFG **13** 172 = JW 3481), 8. 10. 37 (JFG **16** 211 = JW 2975), BayObLG 22. 3. 57 (Z 118 = NJW 952 = DNotZ 429); str., a. M. Soergel-Kegel, Art. 22 EG Anm. 39;

cc) wenn der Heimatstaat des Annehmenden zwar die ausschließliche Zuständigkeit nicht beansprucht, aber die deutsche Zuständigkeit nicht anerkennt (Wengler NJW 1959 127);

dd) nach der Rechtsprechung des KG ferner, wenn das anzuwendende fremde Recht eine Zweckmäßigkeitsprüfung verlangt, KG 30. 6. 22 (JFG **1** 96 = OLGR **42** 188), 15. 1. 32 (DJZ 683 = IPRspr. Nr. 98 = ZAIP **6** 311), 10. 3. 33 (IPRspr. Nr. 53 = JW 2066). Hieran hat das KG auch festgehalten, nachdem die Änderung des § 1754 BGB durch das G v. 23. 11. 33 (§ 66a Anm. 1) auch dem deutschen Bestätigungsgericht eine gewisse Sachprüfung auferlegte, KG 6. 9. 35 (JFG **13** 172 = JW 3481 = HRR 1936 Nr. 23); anders die überwiegende Lehrmeinung, vgl. die Nachweise bei Soergel-Kegel, EG Art. 22 Anm. V I b, und Keidel Anm. 1;

ee) bei konkurrierender internationaler Zuständigkeit ist das deutsche Gericht befugt, sein Tätigwerden trotz Zuständigkeit abzulehnen, wenn die Sache besser der Gerichtsbarkeit des anderen Staates überlassen bleibt (forum non conveniens-Prinzip); KG 4. 6. 59 (EJF B II Nr. 31); dazu Wengler NJW 1959 127, 130; Soergel-Kegel[9] Vorbem. 307 Fußn. 5 vor Art. 7 EG; Gündisch, FamRZ 1961, 352 zu I 4.

7. Interlokale Zuständigkeit. Im interlokalen Privatrecht ist Art. 22 EG entsprechend anzuwenden, so für Sudetenland RG 11. 2. 42 (HRR Nr. 865); das gilt auch für das Verhältnis zur SBZ und zum Ostsektor Berlins (Beitzke, FamRZ 1960, 171; Raape IPR[5] § 35 IV 2; Soergel-Kegel[9] Art. 22 EG Anm. 57; Kegel IPR § 20 X 5). Das interlokale Personalstatut wird durch den gewöhnlichen Aufenthalt (§ **44**a Anm. 8) des Annehmenden bestimmt. Mithin ist gemäß Art. 22 Abs. 1 EG das Recht des Rechtsgebiets anzuwenden, dem der Annehmende nach seinem gewöhnlichen Aufenthalt angehört; ist hiernach das Recht der SBZ maßgebend, so müssen gemäß Art. 22 Abs. 2 die vom Westrecht erforderten Einwilligungen vorliegen, wenn das Kind den gewöhnlichen Aufenthalt in der BRD oder in Berlin West hat. Über das Sachrecht der SBZ (vgl. Kommentar § 65 Anm. 9) berichtet

Wächtler, NJ 1957, 17; Glässing, Vorauss. d. Adoption, 1957, S. 53f.; Kegel IPR § 20 X 5; Soergel-Kegel[9] Art. 22 EG Anm. 55. Für die örtliche Zuständigkeit gilt § 66 Abs. 1; die interlokale erfordert als Anknüpfungspunkt zum westlichen Rechtsgebiet gewöhnlichen Aufenthalt des Annehmenden (Vorbem. 6 vor § 35), hilfsweise seinen schlichten und gewöhnlichen Aufenthalt des Kindes. Eine Zuständigkeit nach § 66 Abs. 2 ist für mitteldeutsche Annehmende ohne Anknüpfungspunkt zum westlichen Rechtsgebiet nicht gegeben, Soergel-Kegel[9] Vorbem. 361 vor Art. 7 EG, Art. 22 EG Anm. 57 Fußn. 49; a. M. Hamburg 27. 9. 55 (FamRZ 1956, 395).

66a [Aufgehoben]

Die Vorschrift, eingefügt durch G v. 23.11.33 (RGBl. I 979), regelte die Anhörung der höheren Verwaltungsbehörde und ist aufgehoben mit Wirkung vom 1. 1. 1962 durch Art. 4 Nr. 8 FamRÄndG, soweit sie in der ehemals brit. Zone und im Saarland nicht bereits vorher aufgehoben worden war (vgl. Kommentar § 66 a Anm. 1).

Wirksamwerden und Unanfechtbarkeit der Bestätigung. Änderungsverbot

67 **(1) Der Beschluß, durch den das Gericht einen Annahme- oder Aufhebungsvertrag bestätigt, wird mit der Bekanntmachung an den Annehmenden wirksam.**

(2) Nach dem Tode des Annehmenden wird der Beschluß, unbeschadet der Vorschriften des § 1753 Abs. 3 und des § 1770 des Bürgerlichen Gesetzbuchs, mit der Bekanntmachung an das Kind, im Falle des § 1769 des Bürgerlichen Gesetzbuchs mit der Bekanntmachung an die übrigen Beteiligten wirksam.

(3) Der Beschluß ist unanfechtbar; das Gericht darf ihn nicht ändern.

Fassung des Art. 4 Nr. 9 FamRÄndG. In Kraft getreten am 1. 1. 1962. Das Gesetz beseitigt die durch G v. 23. 11. 33 (RGBl. I 979) eingeführte Änderung und kehrt, von redaktionellen Änderungen abgesehen, zu der Fassung der Bek. v. 20. 5. 1898 (RGBl. 771) zurück.

1. Wirksamwerden des Bestätigungsbeschlusses. § 67 enthält eine verfahrensrechtliche Ergänzung der §§ 1754, 1770 BGB. Nach diesen Vorschriften treten die Annahme an Kindes Statt und die Aufhebung des Annahmeverhältnisses ohne Rückwirkung auf den Zeitpunkt des Vertragsschlusses mit der Bestätigung des entsprechenden Vertrages in Kraft. Ergänzend bestimmt § 67, wann der Bestätigungsbeschluß wirksam wird. Drei Fälle sind zu unterscheiden:

a) Bekanntmachung an den Annehmenden. Abs. 1 betrifft den Regelfall, daß die Vertragschließenden die Bestätigung erleben. Der Bestätigungsbeschluß wird, mag es sich um die Bestätigung eines Annahmevertrages oder eines Aufhebungsvertrages handeln, mit der Bekanntmachung (§ 16) an den Annehmenden wirksam. Es genügt mithin, abweichend von der Regel des § 16 Abs. 1, die Bekanntmachung an den Annehmenden allein, um die Wirksamkeit für alle Beteiligten, nämlich auch für das Wahlkind und dessen nach §§ 1762 Satz 2, 1768 Abs. 2 zum Vertragsschluß hinzugezogenen Abkömmlinge, eintreten zu lassen. Wird ein Kind als gemeinschaftliches Kind von einem Ehepaar angenommen (§ 1749 Abs. 1), so muß der Beschluß beiden Eheleuten als den Annehmenden bekanntgemacht werden, BayObLG 13. 11. 59 (Z 435 = EJF A I i Nr. 10 = FamRZ 1960, 243); der Beschluß wird dann nicht mit der ersten Bekanntmachung an einen der Ehegatten (so Rausnitz § 67 Anm. 2a), sondern erst mit der an beide Ehegatten wirksam (Dorner Anm. 3, Fuchs Anm. 2, Wellstein[2] Anm. 2a, je zu § 67). Da der Annahmevertrag oder der mit dem Kinde selbst geschlossene Aufhebungsvertrag nach dem Tode des Kindes nicht mehr bestätigt werden darf (§§ 1753 Abs. 1, 1770), kann der noch zu Lebzeiten des Kindes erlassene (§ 18 Anm. 1) Bestätigungsbeschluß nicht mehr wirksam werden, wenn er dem Annehmenden erst nach dem Tode des Kindes bekanntgemacht wird (Wellstein[2] Anm. 2 a).

Vorstehendes gilt für die als Voraussetzung des Wirksamwerdens erforderliche Bekanntmachung. Außerdem teilt das Gericht die Bestätigung den anderen Vertragschließenden, also dem Kinde und dessen nach §§ 1762 Satz 2, 1768 Abs. 2 zum Vertragsschluß hinzugezogenen Abkömmlingen mit, ohne daß jedoch an das Unterbleiben Rechtsfolgen geknüpft sind.

b) Bekanntmachung nach dem Tode des Annehmenden an das Kind. Ist der Annehmende verstorben und die Bestätigung des Annahme- oder Aufhebungsvertrages nach §§ 1753 Abs. 2, 1770 BGB noch zulässig (§ 66 Anm. 4), so wird der Beschluß mit der Bekanntmachung allein an das Kind wirksam, wiederum mit Wirkung auch für die übrigen Beteiligten (Abs. 2 Halbs. 1). Mit den Worten „unbeschadet der Vorschriften des § 1753 Abs. 3 und des § 1770" will das Gesetz sagen, daß die Kindesannahme oder die Aufhebung des Annahmeverhältnisses auf die Zeit vor dem Tode des Annehmenden zurückbezogen werden, obwohl der Bestätigungsbeschluß erst nach seinem Tode wirksam wird. Ist das Kind in der Geschäftsfähigkeit beschränkt, so wird ihm der Beschluß zu Händen seines gesetzlichen Vertreters bekanntgemacht, selbst wenn es über 14 Jahre alt ist. Denn wenn es auch in diesem Fall an dem Vertragsschluß stets selbst mitwirken muß (Vorbem. A 2 vor § 65), so bedarf es doch der Zustimmung seines gesetzlichen Vertreters (Denkschr. S. 53; Wellstein[2] Anm. 2 b; Keidel Anm. 3 b).

Die Bekanntmachung an die übrigen Beteiligten (Anm. 1 a) und die Erben des Annehmenden ist ebenfalls geboten, ohne daß der Eintritt der Wirksamkeit davon abhängt. Ist das vertragschließende Kind, bevor ihm der Beschluß bekanntgemacht worden ist, ebenfalls verstorben, so kann die Bestätigung und damit die Annahme oder Aufhebung nicht mehr wirksam werden (Anm. 1a).

c) Bekanntmachung eines nach dem Tode des Kindes geschlossenen Aufhebungsvertrages nach dem Tode des Annehmenden. Hat der Annehmende gemäß § 1769 nach dem Tode des Kindes durch Vertrag zwischen ihm und den übrigen Beteiligten das zwischen ihnen bestehende Rechtsverhältnis aufgehoben, und ist er nach der Einreichung des Vertrages zur Bestätigung oder zwar vorher, aber nach der Betrauung des Gerichts oder Notars mit der Einreichung verstorben, so daß die Bestätigung nach §§ 1770, 1753 Abs. 2 noch zulässig ist (§ 66 Anm. 4), so läßt § 67 Abs. 2 Halbs. 2 den Beschluß wirksam werden, wenn er allen übrigen Beteiligten, also dem Letzten von ihnen, bekannt gemacht ist. Diese Beteiligten sind sämtliche Abkömmlinge des Kindes, auf welche sich die Wirkungen der Annahme nach § 1762 BGB erstrecken und die deshalb nach § 1768 an den Abschluß des Aufhebungsvertrages teilzunehmen hatten. War der Annahmevertrag von einem Ehepaar geschlossen, so gehört der überlebende Ehegatte ebenfalls zu den Beteiligten. Dagegen gehört die Bekanntmachung an die Erben des Kindes und des Annehmenden nicht zu den Voraussetzungen des Wirksamwerdens der Bestätigung, wie Keidel Anm. 4, 9, Schlegelberger Anm. 4 meinen; die Erben des Annehmenden sind nur nachrichtlich zu unterrichten, die Erben des Kindes werden im Fall des § 1769, wie das Kind selbst, von der Aufhebung nicht berührt.

2. Wegen der Form der Bekanntmachungen vgl. § 16.

3. **Kein Rechtsmittel gegen die Bestätigung.** Im Interesse der Sicherung der Rechtsstellung des Kindes ist die Bestätigung (des Annahme- oder des Aufhebungsvertrages) für alle Beteiligten für schlechthin mit Rechtsmitteln nicht anfechtbar erklärt worden. Selbst der Beteiligte, der seine nach §§ 1746, 1747 erforderliche und nicht ersetzte (§ 1747 Abs. 3) Einwilligung verweigert hat, kann gegen die gesetzwidrig gleichwohl erfolgte Bestätigung keine Beschwerde einlegen, KG 7. 2. 57 (FamRZ 184), BGH 18. 4. 58 (27 126 = NJW 1291 = FamRZ 317 = MDR 589 = JZ 482 = EJF B II Nr. 18); Johannsen LM FGG § 68 Nr. 2; die Erwägung, daß grob gesetzwidrige Beschlüsse (vgl. § 19 Anm. 3) stets anfechtbar sein müßten (so Göppinger, FamRZ 1959, 402 Fußn. 64) greift nicht durch, weil der Betroffene die Unwirksamkeit wegen des sachlichen Mangels durch Klage geltend machen kann (§ 65 Anm. 4).

Unanfechtbar ist auch ein Beschluß, durch den festgestellt wird, daß der Bestätigung ein bestimmtes Hindernis nicht entgegensteht, Celle 24. 6. 53 (NdsRpfl. 221), KG 7. 2. 57 (FamRZ 184); Keidel Anm. 2.

Auch die Beschwerdeentscheidung ist mit der weiteren Beschwerde nicht anfechtbar, wenn ein die Bestätigung ablehnender oder ihre Versagung aussprechender oder ein der Bestätigung entgegenstehendes Hindernis feststellender Beschluß des AG vom Beschwerdegericht aufgehoben und das AG angewiesen wird, die Bestätigung zu erteilen oder von dem Bedenken abzusehen, Celle 24. 6. 53 (NdsRpfl. 221); Keidel § 68 Anm. 2.

4. **Keine Änderungsbefugnis.** Aus denselben Gründen, auf denen der Ausschluß von Rechtsmitteln beruht (Anm. 3) wird dem Gericht abweichend von § 18 Abs. 1 (§ 18 Anm. 8) durch Abs. 3 Halbs. 2 die Befugnis entzogen, seinen die Annahme oder Aufhebung bestätigenden Beschluß zu ändern, wenn es ihn nachträglich für ungerechtfertigt erachtet, und zwar ohne Rücksicht auf die Wesentlichkeit des nachträglich erkannten Mangels, mag er selbst nach den in § 65 Anm. 4 dargelegten Grundsätzen die Unwirksamkeit der Kindesannahme oder ihrer Aufhebung begründen.

Die Änderung wird unstatthaft, sobald der Beschluß i. S. der Ausführungen zu § 18 Anm. 1 „erlassen“ ist, d. h. nicht erst mit dem Eintritt der Wirksamkeit (Anm. 1), auch nicht erst mit der ersten Bekanntmachung (so Wellstein[2] Anm. 4; Keidel Anm. 6), sondern sobald der UdG für die Bekanntmachung des Beschlusses durch Aushändigung des zu übergebenden Schriftstücks an den Gerichtswachtmeister oder die Post Sorge getragen hat.

Rechtsmittel gegen Versagung der Bestätigung

68 **Der Beschluß, durch den das Gericht die Bestätigung eines Annahme- oder Aufhebungsvertrages versagt, kann mit der sofortigen Beschwerde angefochten werden. Die Beschwerde steht auch dem Vertragschließenden zu, der die Be-**

stätigung nicht beantragt hatte. Die Vorschriften des § 22 Abs. 2, des § 24 Abs. 3 und des § 26 Satz 2 sind nicht anzuwenden.

Fassung des Art. 4 Nr. 9 FamRÄndG. In Kraft getreten am 1. 1. 1962. Das Gesetz beseitigt die durch G v. 23. 11. 33 (RGBl. I 979) eingeführte Änderung, und kehrt, von redaktionellen Änderungen abgesehen, zu der Regelung des § 68 Abs. 2 i. d. F. der Bek. v. 20. 5. 1898 (RGBl. 771) zurück.

1. Rechtsmittel gegen andere Entscheidungen als die Bestätigung. Im Bestätigungsverfahren sind außer der Bestätigung, deren Anfechtbarkeit in § 67 geregelt wird, drei Arten von Entscheidungen möglich, die hinsichtlich ihrer Anfechtbarkeit zu unterscheiden sind:

a) Gegen einen Beschluß, durch welchen das Gericht eine Entscheidung über die Bestätigung aus verfahrensrechtlichen Gründen ablehnt, z. B. wegen örtlicher oder internationaler Unzuständigkeit, steht dem Antragsteller (§ 20 Abs. 2) die einfache (unbefristete) Beschwerde zu, Dresden 7. 1. 02 (SeuffA **97** 176 Nr. 99), KG 31. 7. 59 (NJW 1960 248 = FamRZ 1960 244 = EJF B II Nr. 29); Unger, ZZP **37** 479[231]; Wellstein[2] Anm. 2; Schlegelberger Anm. 2; Keidel Anm. 4b. Aus einem solchen Grunde darf das Gericht nicht die Bestätigung versagen, sondern es muß den Bestätigungsantrag zurückweisen. Denn eine rechtskräftige Versagung hätte zur Folge, daß der Vertrag nach § 1754 Abs. 2 Satz 2 seine Kraft verliert; den Beteiligten muß es aber unbenommen bleiben, den Vertrag unter Behebung des Verfahrenshindernisses anderweit zur Bestätigung einzureichen. Andere Antragsberechtigte, die den zurückgewiesenen Antrag nicht gestellt hatten, sind nach § 20 Abs. 2 nicht beschwerdeberechtigt, da die Wirkung des § 1754 Abs. 2 Satz 2 nicht eintritt und sie den Antrag ihrerseits erneut stellen können.

b) Gegen Zwischenverfügungen, durch welche das Gericht den Beteiligten die Beseitigung von sachlichen Hindernissen aufgibt, welche nach seiner Meinung der Bestätigung entgegenstehen, mag die Verfügung selbst einen Teil der Sachentscheidung vorwegnehmen, findet ebenfalls die einfache (unbefristete) Beschwerde statt. Denn die Befristung der Beschwerde gegen die Versagung der Bestätigung in § 68 Satz 1 hat ihren Grund darin, daß der Vertrag mit der endgültigen Versagung nach § 1754 Abs. 2 Satz 2 seine Kraft verliert; diese Wirkung kann aber eine Zwischenverfügung oder eine Teilentscheidung noch nicht haben; daher ist die Beschwerde gegen diese Art von Entscheidungen unbefristet, KG 3. 1. 57 (FamRZ 185), 23. 1. 61 (FamRZ 386), BGH 13. 7. 57 (**25** 166 = FamRZ 360); a. M. Celle 7. 10. 59 (ZBlJugR 1960 93). Das Gericht ist deshalb nach § 18 Abs. 1 zu einer Änderung seiner Entscheidung befugt. Da die Verfügung aber bereits eine beschwerende Sachentscheidung enthält, steht die Beschwerde entsprechend § 68 Satz 2 jedem Vertragschließenden zu, auch wenn er die Bestätigung nicht beantragt hatte.

c) Die sofortige Beschwerde (§ 22) findet nach Satz 1 statt, wenn die Bestätigung aus sachlichen Gründen versagt wird, so daß der Vertrag mit der Rechtskraft dieser Entscheidung gemäß § 1754 Abs. 2 Satz 2 seine Kraft verliert. Die Versagung der Bestätigung wird nach der Regel des § 16 Abs. 1 mit der Bekanntmachung an die Vertragsschließenden wirksam (Wellstein[2] § 67 Anm. 1; Keidel § 67 Anm. 5), wenn auch noch nicht endgültig i. S. des § 1754 Abs. 2 Satz 2. Um die Beschwerdefrist in Lauf zu setzen, muß der Beschluß nicht nur dem Antragsteller, sondern allen Beschwerdeberechtigten, also allen Vertragschließenden, nach § 16 Abs. 2, 3 förmlich bekanntgemacht werden.

Die weitere Beschwerde gegen die Zurückverweisung der ersten Beschwerde ist ebenfalls eine sofortige (§ 29 Abs. 2). Hat das AG die Bestätigung versagt, das LG dagegen sie erteilt, so ist die weitere Beschwerde nach § 67 Abs. 3 ausgeschlossen (§ 67 Anm. 3).

Beschwerdeberechtigt ist nach Satz 2 abweichend von § 20 Abs. 2 jeder Vertragsteil, auch wenn er den Antrag nicht gestellt hat. Das in der Geschäftsfähigkeit beschränkte Wahlkind kann, auch wenn es älter als 14 Jahre ist, sein Beschwerderecht nur durch seinen gesetzlichen Vertreter ausüben; § 59 ist nicht anwendbar, weil keine Verrichtung des VormG vorliegt, BayObLG 15. 1. 52 (Z 17); Keidel Anm. 5. Der Ehegatte des Annehmenden, der nach § 1746 BGB in die Kindesannahme eingewilligt hat, hat gegen die Versagung der Bestätigung kein Beschwerderecht, KG 6. 9. 35 (JFG **13** 172).

2. Änderungsverbot. Das AG darf den die Bestätigung versagenden Beschluß gemäß § 18 Abs. 2 weder vor noch nach der formellen Rechtskraft ändern (§ 18 Anm. 7; Wellstein[2] Anm. 3; Keidel Anm. 4a). Dafür würde es nach der Rechtskraft auch an einer sachlichen Grundlage fehlen, weil der Vertrag gemäß § 1754 Abs. 2 Satz 2 seine Kraft verloren hat. Erkennt das AG später, daß es die Bestätigung zu Unrecht versagt hat, so können die Beteiligten einen neuen Vertrag schließen. Dessen Bestätigung würde keine materielle Rechtskraft der früheren Entscheidung entgegenstehen, selbst wenn er inhaltsgleich ist.

3. Satz 3 entzieht dem Beschwerdegericht die Befugnis, vor seiner Entscheidung einstweilige Anordnungen zu treffen (§ 24 Abs. 3) oder seiner Entscheidung sofortige Wirksamkeit beizulegen (§ 26 Satz 2). Dadurch soll ein wiederholter Wechsel in der Rechtsstellung des Wahlkindes vermieden werden (Wellstein[2] Anm. 3). Demselben Zweck dient der Ausschluß der Wiedereinsetzung in den vorigen Stand gegen die Versäumung der Beschwerdefrist (§ 22 Abs. 2); dieser Ausschluß ist übrigens sachlich unschädlich, weil die Beteiligten den Vertrag noch einmal schließen und zur Bestätigung vorlegen können (Anm. 2), wenn sie sich von einer in dem neuen Verfahren rechtzeitig einzulegenden Beschwerde Erfolg versprechen. De lege ferenda geht der Ausschluß aber wohl zu weit.

Befreiung vom Erfordernis der Kinderlosigkeit

68a (1) Wird Befreiung vom Erfordernis der Kinderlosigkeit (§ 1741 Satz 1 des Bürgerlichen Gesetzbuchs) beantragt, so soll das Gericht auch die ehelichen Abkömmlinge des Annehmenden hören; es darf von der Anhörung eines Abkömmlings nur absehen, wenn dieser zur Abgabe einer Erklärung dauernd außerstande oder sein Aufenthalt dauernd unbekannt ist. Abkömmlinge, die das vierzehnte Lebensjahr vollendet haben, sollen nach Möglichkeit persönlich gehört werden. Außerdem soll das Gericht das Jugendamt hören, das für den gewöhnlichen Aufenthalt der minderjährigen Abkömmlinge zuständig ist.

(2) Der Beschluß, durch den über den Antrag auf Befreiung entschieden wird, ist dem Annehmenden, nach dem Tode des Annehmenden dem Kinde bekanntzumachen.

(3) Wird die Befreiung versagt, so steht die Beschwerde nach dem Tode des Annehmenden dem Kinde zu.

Eingefügt durch Art. 4 Nr. 10 FamRÄndG. In Kraft getreten am 1. 1. 1962.

1. Allgemeines. Die Vorschrift enthält verfahrensrechtliche Ergänzungen zu §§ 1745, 1745a BGB n. F. über die Befreiung vom Erfordernis der Kinderlosigkeit. Diese Vorschriften stimmen in den Grundzügen, von einigen Änderungen des Verfahrensrechts abgesehen, überein mit dem G zur Erleichterung der Annahme an Kindes Statt v. 8. 8. 50 (BGB. 356). Zur bisherigen Rechtslage vgl. die Bem. im Kommentar zu § 65 Anm. 4, zur Reform BTDrucks. 530/58 S. 20, 21, 29 und zu 2812/61 S. 6; Finke, FamRZ 1958, 505.

2. Sachliche Voraussetzungen. Nach § 1741 Satz 1 BGB kann ein Kind nur annehmen, wer keine ehelichen Abkömmlinge hat. Der Begriff der Kinderlosigkeit ist erläutert bei § 65 Anm. 3e. Hiervon kann das Gericht nach § 1745 auf Antrag des Annehmenden Befreiung erteilen. Über die Voraussetzungen der Befreiung bestimmt **§ 1745a BGB** n. F.:

(1) Von dem Erfordernis der Kinderlosigkeit soll das Gericht befreien, wenn der Annahme an Kindes Statt keine überwiegenden Interessen der ehelichen Abkömmlinge des Annehmenden entgegenstehen und wenn keine Gefährdung der Interessen des Anzunehmenden durch das Vorhandensein ehelicher Abkömmlinge zu befürchten ist. Vermögensrechtliche Interessen der Beteiligten sollen nicht ausschlaggebend sein.

(2) Ehegatten, die gemeinschaftliche Abkömmlinge haben und in häuslicher Gemeinschaft leben, soll Befreiung nur erteilt werden, wenn sie gemeinschaftlich ein Kind annehmen wollen.

Abs. 1 entspricht mit geringfügigen Änderungen dem § 4, Abs. 2 dem § 1 Abs. 2 des G v. 8. 8. 50. Für die vorzunehmende Interessenabwägung behalten daher bish. Rechtspr. und Schrifttum ihre Bedeutung. Vgl. BayObLG 26. 6. 51 (Z 477 = NJW 924 = DNotZ 521), Oldenburg 2. 10. 51 (EJF 1 122), Hamburg 2. 10. 53 (ZBlJugR 1954 31), Hamm 5. 11. 53 (ZBlJugR 82 = StAZ 109, je 1954), Karlsruhe 2. 4. 57 (EJF A I i Nr. 1), Braunschweig 11. 6. 57 (NdsRpfl. 1958 73); Maßfeller, StAZ 1950, 22; Peters, Rpfleger 1950, 449; Beitzke, StAZ 1954, 140; Becker (§ 65 Fußn.) S. 122; Glässing (§ 65 Fußn.) S. 57ff.; Schnitzerling, Adoption, S. 21; Feil, UJ 1953, 358; Becker, UJ 1956, 352. Ob der Annehmende der Befreiung „würdig" ist (so BayObLG und Hamm a. a. O.), ist keine beachtliche Erwägung, da die Befreiung kein Gnadenakt ist, und kann allenfalls unter dem Gesichtspunkt des Kindeswohls bei der Genehmigung des VormG ins Gewicht fallen (Karlsruhe a. a. O.). Vermögensrechtliche Belange sollen nicht ausschlaggebend sein, können aber mit berücksichtigt werden.

Abs. 2 soll verhindern, daß künstlich Stiefkinder geschaffen werden. Das Hindernis besteht daher nicht, wenn ein Kind von einem Ehegatten in der Weise angenommen wird, daß es die Stellung eines gemeinschaftlichen ehelichen Kindes der Ehegatten erlangt, z. B. das angenommene (§ 1749 Abs. 2) oder leibliche eheliche Kind des anderen Ehegatten (§ 1757 Abs. 2), BayObLG 26. 6. 51 (Z 477), Maßfeller, StAZ 1961, 274, oder das uneheliche Kind der Frau von dem Ehemann, Hamm 30. 4. 58 (JMBlNRW 244 = FamRZ 340 = StAZ 1959 100 mit Anm. Beitzke).

Die Befreiung erübrigt nicht mehr, wie nach § 5 des G v. 8. 8. 50, die Befreiung vom Alterserfordernis des § 1744 Satz 1 (BTDrucks. 530/58 S. 20/21).

3. Verfahren. Das Verfahren wird nur auf Antrag eingeleitet; antragsberechtigt ist allein der Annehmende, nicht das Wahlkind (§ 1745). Bei Annahme durch ein Ehepaar als gemeinschaftliches Kind (§ 1749 Abs. 1) ist jeder Annehmende nur für seine Person antragsberechtigt, soweit er der Befreiung bedarf. Eine gesetzlich vermutete Antragsvollmacht des Notars besteht nicht (§ 65 Anm. 2). Der Antrag kann bereits gestellt werden, bevor der Annahmevertrag zur Bestätigung vorgelegt wird. Das Fehlen der Genehmigung des VormG zum Annahmevertrage und der nach §§ 1746, 1747 erforderlichen Einwilligungen hindert die Befreiung nicht. Die Reihenfolge der Erfüllung der Voraussetzungen der Kindesannahme ist dem Antragsteller anheimgestellt, BayObLG 26. 6. 51 (Z 477, 481). Tod des Annehmenden nach Stellung des Befreiungsantrags steht der Befreiung nicht entgegen, sofern die Voraussetzungen für eine Bestätigung nach dem Tode des Annehmenden (§ 65 Anm. 4, § 67 Anm. 1b) erfüllt sind, BGH 7. 5. 51 (2 62).

Für die sachliche, örtliche und internationale (interlokale) Zuständigkeit gelten dieselben Grundsätze wie für die Zuständigkeit zur Bestätigung (§ 65 Anm. 2, § 66 Anm. 1 bis 3, 5 bis 7), obwohl dies in § 65 Halbs. 2 nur für die sachliche, nicht aber in § 66 für die örtliche Zuständigkeit bestimmt wird. Ändern sich in der Zeit zwischen der Einreichung des Befreiungsantrags und der Stellung des Bestätigungsantrags die für die örtliche Zuständigkeit maßgebenden Verhältnisse, so läßt es sich nicht vermeiden, daß über Befreiung und Bestätigung verschiedene Gerichte entscheiden. Ebenso, wenn bei gemeinschaftlicher Kindesannahme der Ehegatte, der der Befreiung bedarf, seinen Wohnsitz in dem Bezirk eines anderen Gerichts hat als dem, bei welchem die Bestätigung nach § 66 (auch) beantragt werden kann, vgl. § 66 Anm. 1.

4. Anhörung a) der ehelichen Abkömmlinge. Beteiligter i. S. des § 6 Anm. 4 ist nur der Annehmende. Da aber die Interessen der ehelichen Abkömmlinge durch die Annahme berührt werden, schreibt das Gesetz in Abs. 1 Satz 1, 2 deren Anhörung vor. Diese Anhörungspflicht ist keine Verwirklichung des rechtlichen Gehörs (Art. 103 Abs. 1 GG), da die Rechte der Abkömmlinge i. S. des § 20 Abs. 1 durch die Befreiung nicht betroffen werden, sondern eine Beschränkung des richterlichen Ermessens bei der Sachaufklärung (§ 12). Das Gericht soll die persönliche Einstellung der Abkömmlinge zu der geplanten Kindesannahme ermitteln. Stehen sie ihr feindselig gegenüber, so wird von der Befreiung besser abzusehen sein (Glässing, Vorauss. d. Adoption, S. 69). Deshalb sollen über 14 Jahre alte Abkömmlinge nach Möglichkeit persönlich gehört werden, notfalls im Wege der Rechtshilfe. Bestellung eines Pflegers, wenn der Annehmende selbst gesetzlicher Vertreter, ist nicht erforderlich, wenn persönliche Anhörung durchführbar. Die Pflicht zur Anhörung der unter 14 Jahre alten Abkömmlinge ist gegenüber dem Gesetz v. 8. 8. 50 neu. Hier genügt (schriftliche oder mündliche) Anhörung des gesetzlichen Vertreters. Schwierigkeiten entstehen, wenn, wie es die Regel sein wird, der Annehmende selbst der gesetzliche Vertreter ist. Die Bestellung eines Pflegers (§§ 1909, 1915, 1779 BGB, § 52 JWG) bringt einerseits eine erhebliche Schwerfälligkeit in das Verfahren, andererseits handelt es sich nicht darum, Rechte der Abkömmlinge gegenüber dem Annehmenden zu wahren, sondern dem Gericht die Umstände zu Gehör zu bringen, die bei der Interessenabwägung nach § 1745a Abs. 1 auf Seiten der Abkömmlinge in Betracht kommen; diese Aufgabe erfüllt aber auch der Bericht des JA nach Abs. 1 Satz 3. Die Regelung schießt daher über das Ziel hinaus. Absehen von der Anhörung ist in Anlehnung an § 1746 Abs. 2 nur gestattet, wenn der Abkömmling zur Erklärungsabgabe dauernd außerstande, z. B. geisteskrank oder dauernd unbekannten Aufenthalts ist.

b) des nach § 11 JWG für die ehelichen Abkömmlinge zuständigen Jugendamts, falls die Abkömmlinge minderjährig sind, Abs. 1 Satz 3. Das für das anzunehmende Kind zuständige JA ist nicht mehr zu hören, weil es bereits vom VormG gemäß § 48 JWG gehört wird (Maßfeller, StAZ 1961, 274).

Abkömmlinge und Jugendamt werden durch ihre Anhörung nicht Verfahrensbeteiligte. Kosten (§ 13a Abs. 1) des Annehmenden können ihnen auch bei erfolglosem Widerspruch nicht auferlegt werden.

5. Bekanntmachung der Entscheidung. Wirksamwerden. Die stattgebende oder ablehnende Verfügung ist dem Annehmenden bekanntzumachen (§ 16). Ist der Annehmende nach der Stellung des Antrags auf Befreiung (Anm. 2) gestorben und sind die Voraussetzuen erfüllt, unter denen eine Bestätigung des Annahmevertrages nach dem Tode des Annehmenden zulässig ist (§ 65 Anm. 4, § 67 Anm. 1b), so ergeht die Bekanntmachung an das Wahlkind (Abs. 2); andernfalls ist der Befreiungsantrag durch den Tod erledigt. Mit der Bekanntmachung wird die Entscheidung wirksam (§ 16 Abs. 1).

6. Rechtsmittel. Gegen die Versagung der Befreiung ist die einfache (unbefristete) Beschwerde nach § 19 gegeben. Das Beschwerderecht steht nach § 20 Abs. 1, 2 nur dem Annehmenden zu (Maßfeller, StAZ 1961, 274). Dem Wahlkind wird ein Beschwerderecht durch Abs. 3 verliehen, wenn der Annehmende nach der Stellung des Antrags auf Befreiung gestorben ist und, wie einschränkend zu ergänzen ist, die Voraussetzungen für eine Bestätigung des Annahmevertrages nach dem Tod des Annehmenden erfüllt sind (Anm. 4). Das in der Geschäftsfähigkeit beschränkte Wahlkind übt sein Beschwerderecht durch den gesetzlichen Vertreter aus; § 59 ist nicht anwendbar.

Die Erteilung der Befreiung ist unanfechtbar (Maßfeller, StAZ 1961, 274); das wird zwar nicht ausdrücklich bestimmt, wie bei der Bestätigung des Annahmevertrages (§ 67 Abs. 3); es fehlt jedoch an einem Beschwerdeberechtigten. Die ehelichen Abkömmlinge haben kein Beschwerderecht (BTDrucks. 530/58 S. 29; vgl. zur Entstehungsgeschichte des die Anfechtung der Befreiung ausschließenden § 6 Abs. 2 des G v. 8. 8. 50 Glässing, Vorauss. der Adoption, S. 71). Die ehelichen Abkömmlinge werden in keinem subjektiven Recht i. S. des § 20 Abs. 1 unmittelbar betroffen. § 57 Abs. 1 Nr. 9 ist, da keine Vormundschaftssache, nicht anwendbar, so daß auch das JA nicht beschwerdeberechtigt ist.

7. Die **Änderungsbefugnis** des AG ist nicht, wie in § 67 Abs. 3 Halbs. 2 für die Bestätigung, ausgeschlossen. Das Gericht darf daher seine ablehnende Verfügung auf Antrag des Annehmenden oder indem es einer von ihm eingelegten Beschwerde abhilft, ändern (§ 18 Abs. 1 Halbs. 2). Die Erteilung der Befreiung darf von Amts wegen geändert werden, aber nicht mehr nach der Bestätigung des Annahmevertrages, da dem Kinde die erworbene Rechtsstellung nicht ohne gesetzliche Ermächtigung entzogen werden darf.

8. Gebühren a) des Gerichts entstehen nicht (§ 1 KostO); BTDrucks. 530/58 S. 30; im Beschwerdeverfahren gilt § 131 KostO; **b)** des Notars § 146 Abs. 2 KostO; **c)** des Rechtsanwalts § 118 BRAGebO.

Befreiung vom Alterserfordernis und vom Erfordernis der Minderjährigkeit

68b (1) Der Beschluß, durch den über den Antrag auf Befreiung von den Erfordernissen des § 1744 Satz 1, 3 des Bürgerlichen Gesetzbuchs entschieden

wird, ist dem Annehmenden, nach dem Tode des Annehmenden dem Kinde bekanntzumachen.

(2) Wird die Befreiung versagt, so steht die Beschwerde nach dem Tode des Annehmenden dem Kinde zu.

Eingefügt durch Art. 4 Nr. 10 FamRÄndG. In Kraft getreten am 1. 1. 1962.

1. **Allgemeines.** Die Vorschrift enthält verfahrensrechtliche Ergänzungen zu §§ 1745, 1745b, 1745c BGB n. F. über die Befreiung vom Alterserfordernis des 35. Lebensjahres des Annehmenden (§ 1744 Satz 1) und vom Erfordernis der Minderjährigkeit des Anzunehmenden (§ 1744 Satz 3). Die Befreiung vom Alterserfordernis war bis dahin eine dem AG zugewiesene Justizverwaltungsentscheidung (vgl. Kommentar § 65 Anm. 6). Sie ist infolge der Zuweisung an das Gericht durch § 1745 BGB eine Angelegenheit der FG geworden (§ 1 FGG). Das Erfordernis der Minderjährigkeit ist vom FamRÄndG erstmals eingeführt worden, um dem Mißbrauch der Adoption Volljähriger zu unlauteren Zwecken wirksam vorzubeugen (BTDrucks. 530/58 S. 20 und zu 2812/61 S. 6). Zur Reform Finke, FamRZ 1958, 405; Schwarzhaupt, FamRZ 1961, 329; Knur, Zur Reform der Adoption Volljähriger, DNotZ 1959, 284; Maßfeller, StAZ 1961, 273.

2. **Sachliche Voraussetzungen.**

A. **Befreiung vom Alterserfordernis.** Nach § 1744 Satz 1 muß der Annehmende das 35. Lebensjahr vollendet haben. Dazu § 65 Anm. 3d. Hiervon kann das Gericht nach § 1745 auf Antrag des Annehmenden Befreiung erteilen. Über die Voraussetzungen der Befreiung bestimmt **§ 1745b BGB** n. F.:

Von dem Erfordernis des fünfunddreißigsten Lebensjahres soll das Gericht, sofern nicht triftige Gründe entgegenstehen, insbesondere befreien, wenn der Annehmende das leibliche Kind seines Ehegatten an Kindes Statt annehmen will.

Das Gesetz gibt eine Richtlinie nur für einen Sonderfall. Um die Beseitigung von Stiefkinderverhältnissen zu fördern, soll das Gericht grundsätzlich befreien, wenn der (die) Annehmende das leibliche Kind seines Ehegatten annehmen will, sofern, wie zu ergänzen ist, das Kind dadurch die Stellung eines gemeinschaftlichen ehelichen Kindes der Ehegatten erlangt (§ 1757 Abs. 2), also wenn das eheliche Kind des anderen Ehegatten oder das uneheliche Kind der Ehefrau (vgl. § 68a Anm. 2 Abs. 3) angenommen wird. Das gleiche kann gelten, wenn das angenommene Kind des Ehegatten angenommen wird (§ 1749 Abs. 2), nicht aber, wenn etwa die Frau das uneheliche Kind ihres Mannes annehmen will. Bei Entgegenstehen triftiger Gründe kann die Befreiung gleichwohl versagt werden.

Im übrigen wird das Ermessen des Gerichts nicht beschränkt. Die DurchfVO v. 27. 7. 34 (RGBl. I 738 = BGBl. III 315-2-1) ist aufgehoben (Art. 9 I Abs. 2 Nr. 3 FamRÄndG). Die unterste Grenze ist wegen § 1744 Satz 2 jedenfalls die Volljährigkeit. Trotz des förmlichen Wegfalls des Altersunterschiedes von 18 Jahren (§ 1744 BGB a. F.) wird darauf geachtet werden müssen, daß der Altersunterschied nicht so gering ist, daß er einem Eltern- und Kindesverhältnis nicht mehr entspricht. Dem bisherigen Mindestalter von 50 Jahren lag der Gedanke zugrunde, daß in diesem Alter die Wahrscheinlichkeit der Erzeugung eigener Kinder geringer geworden ist (Staudinger[9] § 1744 Anm. 1). Dieser Gedanke hat im Hinblick auf die starke Herabsetzung des Mindestalter, durch welche die Annahme von Kleinkindern gefördert werden soll (BTDrucks. zu 2812/61 S. 6), und die Zulassung der

Befreiung vom Erfordernis der Kinderlosigkeit an Bedeutung eingebüßt. Es wird daher nicht mehr der Nachweis der voraussichtlichen Kinderlosigkeit gefordert werden können, sondern entsprechend § 1745a zu prüfen sein, ob der Annahme überwiegende Interessen etwa noch zu erwartender ehelicher Abkömmlinge entgegenstehen und ob eine Gefährdung der Interessen des Anzunehmenden durch noch zu erwartende Nachkommenschaft zu befürchten ist (so schon bisher AG Celle 17. 9. 51, NJW 1952, 147; LG Kiel 28. 5. 55, DAVorm. Jg. 28 109; Erl. d. JM Bad.-Württ. v. 5. 10. 54, StAZ 1955, 6; Mattil, ZBlJugR 1950, 207). Auch beim Nachweis voraussichtlicher Kinderlosigkeit können Gründe vorhanden sein, die Befreiung gleichwohl zu versagen, BGH 7. 5. 51 (2 65/66). Vgl. noch Glässing, Vorauss. d. Adoption, S. 81ff.

B. Befreiung vom Erfordernis der Minderjährigkeit. Nach § 1744 Satz 3 muß der Anzunehmende minderjährig sein. Dazu § 65 Anm. 3f. Hiervon kann das Gericht nach § 1745 auf Antrag Befreiung erteilen. Über die Voraussetzungen der Befreiung bestimmt **§ 1745c BGB** n. F.:

Von dem Erfordernis der Minderjährigkeit des Kindes soll das Gericht befreien, wenn die Herstellung eines Annahmeverhältnisses sittlich gerechtfertigt ist.

Für die Befreiung genügt es hiernach nicht, daß i. S. des § 1754 Abs. 2 Satz 1 Nr. 2 keine begründeten Zweifel an der Absicht der Beteiligten bestehen, ein dem Eltern- und Kindesverhältnis entsprechendes Familienband herzustellen (vgl. § 65 Anm. 3k); es muß hinzukommen, daß die Herstellung des Annahmeverhältnisses sittlich gerechtfertigt ist. Bei der Anwendung dieses unbestimmten Rechtsbegriffs wird zu berücksichtigen sein, daß die Erwachsenen-Adoption eine notwendige und segensreichen Zwecken dienstbar zu machende Rechtseinrichtung ist, für welche nach wie vor ein praktisches Bedürfnis besteht (Knur, DNotZ 1959, 284). Die Befreiung ist daher nicht nur in seltenen Ausnahmefällen zu erteilen. Den strengeren Standpunkt der RegE 1955 und 1958 (BTDrucks. 1586/55 und 530/58), welche „besondere Gründe" für die sittliche Rechtfertigung forderten (vgl. Maßfeller, BAnz. Nr. 54/55 S. 6), hat das Gesetz durch Streichung dieses Erfordernisses aufgegeben, um eine Diskriminierung der Adoption Volljähriger zu vermeiden und sie nicht über Gebühr zu erschweren (BTDrucks. zu 2812/61 S. 6; Maßfeller, StAZ 1961, 274). Sittlich gerechtfertigt ist daher die Annahme, wenn sie durch einen verständigen, von der Sittenordnung nicht mißbilligten Zweck veranlaßt ist, z. B. durch den Wunsch, einen Erben für den Hof oder das gewerbliche Unternehmen zu haben.

3. Verfahren. Für das Verfahren gelten die Bemerkungen zu § 68a Anm. 3,5 bis 8 entsprechend.

Verbindung von Befreiung und Bestätigung

68c Das Gericht kann in demselben Beschluß von den Erfordernissen des § 1741 Satz 1 und des § 1744 Satz 1, 3 des Bürgerlichen Gesetzbuchs befreien und den Annahmevertrag bestätigen.

Eingefügt durch Art. 4 Nr. 10 FamRÄndG. In Kraft getreten an 1. 1. 1962.

1. Verbindung. Zur Vereinfachung und Beschleunigung des Verfahrens läßt das Gesetz es zu, daß die Befreiung vom Erfordernis der Kinderlosigkeit, vom

Alterserfordernis und vom Erfordernis der Minderjährigkeit mit dem Beschluß über die Bestätigung des Annahmevertrages verbunden werden. Das ist möglich, weil die Voraussetzungen für das Wirksamwerden dieser Entscheidungen dieselben sind, so daß die Wirksamkeit bei Zusammenfassung in einem Beschluß gleichzeitig eintritt, und weil die Entscheidungen sämtlich unanfechtbar und mit der Bestätigung unabänderlich sind.

2. Keine nachträgliche Befreiung. Nach der Bestätigung kann eine erforderliche, aber unterbliebene Befreiung, von der Berichtigung einer offenbaren Unrichtigkeit (§ 18 Anm. 10) abgesehen, nicht mehr nachgeholt werden, weil der Annahmevertrag unheilbar nichtig geworden ist (Thiesing, Recht 1904, 382; Palandt[20] § 1745 Anm. 1; Siebert-Vogel[8] § 1745 Anm. 1; BGH 7. 5. 51, 2 66).

Fünfter Abschnitt

Nachlaß- und Teilungssachen

Örtliche Zuständigkeit des Nachlaßgerichts

73 [Absatz 1 unverändert]

(2) Ist der Erblasser Deutscher und hatte er zur Zeit des Erbfalles im Inland weder Wohnsitz noch Aufenthalt, so ist das Amtsgericht Schöneberg in Berlin-Schöneberg zuständig. Es kann die Sache aus wichtigen Gründen an ein anderes Gericht abgeben; die Abgabeverfügung ist für dieses Gericht bindend.

[Absatz 3 unverändert]

Abs. 2 i. d. Fassung des Art. 4 Nr. 11 FamRÄndG. In Kraft getreten am 1. 1. 1962.

1. Für Erblasser deutscher Staatsangehörigkeit, die z. Z. ihres Todes im Inland weder Wohnsitz noch Aufenthalt hatten, begründet Abs. 2 die zentrale Zuständigkeit des AG Schöneberg mit der Befugnis, die Sache mit bindender Wirkung an ein anderes NachlG abzugeben. Damit ist die bisherige Regelung des § 14 VereinheitlVO v. 31. 5. 34 (RGBl. I 472, BGBl. III 315—2) in das Gesetz übernommen worden. Vgl. zur Rechtsentwicklung und zur Bedeutung der Vorschrift § 36 Anm. 1 (oben S. 9). Deutsche i. S. des Art. 116 Abs. 1 GG stehen deutschen Staatsangehörigen gleich (Art. 9 II Nr. 5 FamRÄndG). Für die Abgabebefugnis des AG Schöneberg gelten die Bem. zu § 36 Anm. 4 (oben S. 10) entsprechend. Die Befugnis des AG Schöneberg, auch seine Zuständigkeit nach § 7 Abs. 1 Satz 2 ZustErgG auf ein anderes AG zu übertragen, die bisher auf eine entsprechende Anwendung des § 14 VereinheitlVO gestützt worden war (vgl. Kommentar Anl. IV, § 7 ZustErgG Anm. 9), folgt nach der Aufhebung dieser Vorschrift durch Art. 9 I Abs. 2 Nr. 2 FamRÄndG nunmehr aus einer entsprechenden Anwendung des § 73 Abs. 2 FGG.

B

Anerkennung ausländischer Entscheidungen in Ehesachen (Art. 7 FamRÄndG)

Anerkennung ausländischer Entscheidungen in Ehesachen

1 (1) Entscheidungen, durch die im Ausland eine Ehe für nichtig erklärt, aufgehoben, dem Bande nach oder unter Aufrechterhaltung des Ehebandes geschieden oder durch die das Bestehen oder Nichtbestehen einer Ehe zwischen den Parteien festgestellt ist, werden nur anerkannt, wenn die Landesjustizverwaltung festgestellt hat, daß die Voraussetzungen für die Anerkennung vorliegen. Die Verbürgung der Gegenseitigkeit ist nicht Voraussetzung für die Anerkennung. Hat ein Gericht des Staates entschieden, dem beide Ehegatten zur Zeit der Entscheidung angehört haben, so hängt die Anerkennung nicht von einer Feststellung der Landesjustizverwaltung ab.

(2) Zuständig ist die Justizverwaltung des Landes, in dem ein Ehegatte seinen gewöhnlichen Aufenthalt hat. Hat keiner der Ehegatten seinen gewöhnlichen Aufenthalt im Inland, so ist die Justizverwaltung des Landes zuständig, in dem eine neue Ehe geschlossen werden soll; die Justizverwaltung kann den Nachweis verlangen, daß das Aufgebot bestellt oder um Befreiung von dem Aufgebot nachgesucht ist. Soweit eine Zuständigkeit nicht gegeben ist, ist die Justizverwaltung des Landes Berlin zuständig.

(3) Die Entscheidung ergeht auf Antrag. Den Antrag kann stellen, wer ein rechtliches Interesse an der Anerkennung glaubhaft macht.

(4) Lehnt die Landesjustizverwaltung den Antrag ab, so kann der Antragsteller die Entscheidung des Oberlandesgerichts beantragen.

(5) Stellt die Landesjustizverwaltung fest, daß die Voraussetzungen für die Anerkennung vorliegen, so kann ein Ehegatte, der den Antrag nicht gestellt hat, die Entscheidung des Oberlandesgerichts beantragen. Die Entscheidung der Landesjustizverwaltung wird mit der Bekanntmachung an den Antragsteller wirksam. Die Landesjustizverwaltung kann jedoch in ihrer Entscheidung bestimmen, daß die Entscheidung erst nach Ablauf einer von ihr bestimmten Frist wirksam wird.

(6) Das Oberlandesgericht entscheidet im Verfahren der freiwilligen Gerichtsbarkeit. Zuständig ist das Oberlandesgericht, in dessen Bezirk die Landesjustizverwaltung ihren Sitz hat. Der Antrag auf gerichtliche Entscheidung hat keine aufschiebende Wirkung. § 21 Abs. 2, §§ 23, 24 Abs. 3, §§ 25, 30 Abs. 1 Satz 1 und § 199 Abs. 1 des Gesetzes über die Angelegenheiten der freiwilligen

Gerichtsbarkeit gelten sinngemäß. Die Entscheidung des Oberlandesgerichts ist endgültig.

(7) Die vorstehenden Vorschriften sind sinngemäß anzuwenden, wenn die Feststellung begehrt wird, daß die Voraussetzungen für die Anerkennung einer Entscheidung nicht vorliegen.

(8) Die Feststellung, daß die Voraussetzungen für die Anerkennung vorliegen oder nicht vorliegen, ist für Gerichte und Verwaltungsbehörden bindend.

1. Rechtsentwicklung. Ausländische Entscheidungen in Ehesachen sind im Inlande wirksam, wenn die Voraussetzungen für ihre Anerkennung vorliegen (vgl. für Urteile ausländischer Gerichte § 328 ZPO). Hierüber wurde nach früherem Recht, wie noch jetzt bei Urteilen, die nicht in Ehesachen ergangen sind, in dem jeweiligen Sachzusammenhang, in welchem die Frage auftrat, von Fall zu Fall entschieden, z. B. von dem Standesbeamten, wenn der im Ausland geschiedene Ehegatte im Inland eine neue Ehe eingehen wollte, oder als Vorfrage in einem Rechtsstreit. Wollten die Ehegatten eine Entscheidung mit Wirkung für und gegen alle herbeiführen, so mußten sie im Inland einen Rechtsstreit über die Feststellung des Bestehens der Ehe führen. Da diese Regelung für die Ehegatten unzweckmäßig war und auch nicht dem öffentlichen Interesse an der Klarstellung des Personenstandes entsprach, wurde durch § 24 der 4. DVO-EheG v. 25. 10. 1941 (RGBl. I 654) eine Regelung eingeführt, nach welcher ausländische Entscheidungen in Ehesachen im Inland nur wirksam sind, wenn der Reichsminister der Justiz durch einen Gerichte und Verwaltungsbehörden bindenden Bescheid festgestellt hat, daß die Voraussetzungen für die Anerkennung gegeben sind[1]). Diese Vorschrift wurde ersetzt für die Länder der ehemals brit. Zone durch § 28 AVO-EheG v. 12. 7. 48 (VOBlBrZ 210), für Berlin West durch G v. 12. 12. 50 (VOBl. I 557). Nach der Entsch. der BReg. gemäß Art. 129 Abs. 1 Satz 2 GG v. 6. 12. 49 (BGBl. 34) war die Zuständigkeit auf die LJMin. übergegangen. Der Bescheid konnte als Verwaltungsakt auf dem Gebiet des Zivilprozesses durch Klage vor den ordentlichen Gerichten angefochten werden, BGH 26. 2. 58 (FamRZ 180 = DVBl. 709), BVerwG 19. 12. 57 (JZ 625 mit Anm. Ule = VerwArch. 272 mit Anm. Menger). In der Zeit vom 1. 4. 60 bis 31. 12. 61 war das OLG im Verfahren nach den §§ 23ff. EGGVG i. d. F. das § 179 VwGO anzurufen.

Die angeführten Rechtsvorschriften sind aufgehoben mit Wirkung vom 1. 1. 1962 durch Art. 9 I Abs. 2 Nr. 16, 25 und 26 FamRÄndG. Das Verfahren ist nunmehr unter grundsätzlicher Beibehaltung des bisherigen Rechtszustandes geregelt in Art. 7 FamRÄndG. Hierbei wurde in der Annahme, daß das Verfahren zur Anfechtung von Justizverwaltungsakten nach den §§ 23ff. EGGVG nur eine Übergangslösung darstelle, die Anrufung des Gerichts (OLG) in Art. 7 FamRÄndG besonders und mit nicht unerheblichen Abweichungen von dem Verfahren nach §§ 23ff. EGGVG geregelt.

---

[1]) **Schrifttum: Jonas, DR 1942, 55; Satter, ZAkDR 1942, 132; Maßfeller, DR 1941, 2540; Rexroth, DJ 1941, 1088; Beitzke, Zur Anerkennung ausländischer Ehescheidungsurteile, DRZ 1946, 172; Schwenn, Die internationale Anerkennung von Ehescheidungen, JZ 1955, 565; Kallmann, Anerkennung und Vollstreckung ausl. Zivilurteile, 1946, S. 262ff.; Riezler, Internationales Zivilprozeßrecht, 1949, S. 508—594; Hoyer, Anerkennung von Entscheidungen in Ehesachen im Ausland, 1951; ferner die Kommentare und Lehrbücher zu § 328 ZPO und zu Art. 17 EGBGB.**

Materialien: Entwurf 1952 BTDrucks. Nr. 3802/1. Wahlp. S. 85; Entwurf 1958 BTDrucks. Nr. 530/3. Wahlp. S. 31, Nr. 2812/3. Wahlp. S. 25, zu 2812 S. 10.

Schrifttum zur Reform: Finke, FamRZ 1958, 409; Maßfeller, StAZ 1961, 302.

2. Grundsatz. Im Umfang des Anwendungsbereichs des Art. 7 § 1 (Anm. 3) ergeben sich für ausländische Entscheidungen in Ehesachen (Anm. 5) aus § 1 Abs. 1 Satz 1 zwei Grundsätze:

a) Die ausländische Entscheidung entfaltet bis zu ihrer Anerkennung im Inland keine Wirkung; BGH 26. 2. 58 (FamRZ 180); Stein-Jonas-Schönke[18] Anh. nach § 328 V 1. Der Standesbeamte darf eine Eheschließung des im Ausland geschiedenen Ehegatten nicht vornehmen; das Kind einer im Ausland geschiedenen Ehefrau hat er im Geburtenbuch als eheliches Kind des geschiedenen Mannes einzutragen (Raape, IPR[5] § 30 Fußn. 97), da die Ehe im Inland noch als fortbestehend gilt. Der positive Feststellungsbescheid der Verwaltungsbehörde wirkt jedoch auf den Zeitpunkt der Rechtskraft der ausländischen Entscheidung zurück; Beitzke, DRZ 1946, 172; Riezler, IZPR S. 515; BGH 28. 6. 61 (FamRZ 427).

b) Die Entscheidung über die Anerkennung ist ausschließlich der Landesjustizverwaltung zugewiesen. Einer Klage auf Feststellung der Wirksamkeit der ausländischen Entscheidung stände die Unzulässigkeit des Rechtswegs entgegen (Stein-Jonas-Schönke[18] Anh. nach § 328 I; Wieczorek, ZPO, § 328 F III B 3; a. M. Beitzke, DRZ 1946, 173; Riezler, IZPR S. 515). Den Gerichten der streitigen, freiwilligen oder Verwaltungsgerichtsbarkeit ist die Beurteilung der Anerkennung auch als Vorfrage untersagt. Bei Vorgreiflichkeit ist nach § 148 ZPO auszusetzen. Wird einem ausländischen Ehenichtigkeits- oder Aufhebungsurteil durch Bescheid der Verwaltungsbehörde die Anerkennung versagt, so kann das Prozeßgericht auf Antrag nach §§ 151, 152 zur Erwirkung eines inländischen Urteils aussetzen. Versagt die Verwaltungsbehörde einem ausländischen Ehefeststellungsurteil die Anerkennung, so kann das Gericht, wenn der Streit das Bestehen der Ehe der Prozeßparteien betrifft, nach § 154 Abs. 1 ZPO auf Antrag aussetzen oder über das Bestehen der Ehe als Vorfrage selbständig befinden, letzteres stets, wenn es auf das Bestehen der Ehe in einem Verfahren unter Dritten (Erbfolge) ankommt (Stein-Jonas-Schönke[18] Anh. nach § 328 II 3 d).

3. Eine **Entscheidung** im Ausland ist Voraussetzung für die Notwendigkeit des Justizverwaltungsverfahrens. Darunter sind nicht nur Entscheidungen staatlicher Gerichte (Urteile i. S. des § 328 ZPO) zu verstehen, sondern auch Entscheidungen geistlicher Gerichte (Israel) oder Behörden (Raape IPR[5] § 30 B I 2; Soergel-Kegel[9] Art. 17 EG Anm. 84), überhaupt durch Behörden jeder Art (vgl. klarer § 606a ZPO: „von einer ausländischen Behörde getroffene Entscheidung“). Die Entscheidung kann mithin auch im Verfahren der freiwilligen Gerichtsbarkeit, durch Verwaltungsakt, durch Hoheitsakt des Staatsoberhaupts oder durch Sondergesetz im formellen Sinne ergangen sein (vgl. Soergel-Kegel[9] Art. 17 EG Anm. 42, 81—83; Stein-Jonas-Schönke[18] Anh. nach § 328 II 1). Privatscheidung durch vertragliches oder einseitiges Rechtsgeschäft (Verstoßung, Scheidebrief, vgl. Albers, StAZ 1951, 244; Beitzke FamRZ 1960, 126; Soergel-Kegel[9] Art. 17 EG Anm. 42) erfordert das Justizverwaltungsverfahren, wenn der Akt durch eine ausländische Behörde registriert wird (Stein-Jonas-Schönke a. a. O.); andernfalls entfällt das förmliche Anerkennungsverfahren (Soergel-Kegel[9] Art. 17 EG Anm. 65) mit der Folge, daß über die Anerkennung in dem Verfahren entschieden wird, in welchem es darauf ankommt.

Über Auflösung der Ehe kraft Gesetzes, z. B. infolge Verschollenheit, Todeserklärung, Wiederverheiratung nach Todeserklärung, Religionswechsel, lebenslänglicher Freiheitsstrafe, wird ohne förmliches Anerkennungsverfahren nach Maßgabe des durch Art. 17 EG berufenen Rechts entschieden (Soergel-Kegel⁹ Art. 17 EG Anm. 9, 43, 85).

Die Entscheidung muß formell rechtskräftig, d. h. nach Maßgabe des ausländischen Rechts mit einem befristeten Rechtsbehelf nicht mehr anfechtbar sein. Eine Wiederaufnahmemöglichkeit bleibt außer Betracht. Erfordert das ausländische Scheidungsstatut zur Auflösung der Ehe außer einem Urteil dessen standesamtliche Registrierung (Belgien, Niederlande, Luxemburg), so muß dieser Vorschrift genügt sein (Raape IPR⁵ § 30 B I 3; vgl. Soergel-Kegel⁹ Art. 17 EG Anm. 42).

4. Ausland ist jede Gebietshoheitsgewalt, die keine deutsche ist. Hierzu sind auch untergegangene Staaten zu rechnen. Das Saarland war stets Inland.

Die SBZ und der Ostsektor Berlins sind kein Ausland i. S. des Art. 7 FamRÄndG. Die Anerkennung ist daher nicht von emer förmlichen Feststellung durch die LJustizVerw. abhängig, das Feststellungsverfahren also nicht zulässig, BGH 9. 5. 56 (**20** 323); Stein-Jonas-Schönke, Anh. nach § 328 II 2; Baumbach-Lauterbach, § 328 Vorbem.; Raape, IPR⁵ § 30 G 2. Hierzu hat der BGH den Grundsatz aufgestellt, daß sich niemand auf die Unwirksamkeit eines sowjetzonalen Urteils berufen kann, solange nicht im Widerspruch zu diesem Urteil durch ein rechtskräftiges Urteil eines Gerichts der BRD im Verfahren nach §§ 606ff. ZPO das Bestehen der Ehe festgestellt ist, und zwar auf eine binnen angemessener Frist zu erhebende Klage des beschwerten Ehegatten oder, wenn der Versagungsgrund des § 328 Abs. 1 Nr. 4 ZPO vorliegt, des Staatsanwalts, BGH 30. 11. 60 (**34** 134 = FamRZ 203 = JZ 667 = NJW 874, je 1961); dazu Drobnig, FamRZ 1961, 341; Beitzke, JZ 1961, 649. Über die Anerkennung wird nach Maßgabe der §§ 328, 606a ZPO entschieden.

5. Entscheidungen in Ehesachen, die zu ihrer Wirksamkeit im Inland der Feststellung nach § 1 Abs. 1 bedürfen, sind solche, die eine Ehe für nichtig erklären, aufheben oder scheiden (trennen), und zwar sowohl dem Bande nach als auch unter Aufrechterhaltung des Ehebandes (Trennung von Tisch und Bett), oder die das Bestehen oder Nichtbestehen einer Ehe unter den Parteien feststellen, mithin nicht Entscheidungen, die eine Klage dieser Art abweisen oder zur Herstellung des ehelichen Lebens verurteilen oder vermögensrechtliche Beziehungen von Ehegatten regeln; für ihre Anerkennung gelten die allgemeinen Vorschriften (Beitzke, DRZ 1946, 173). Urteile auf Trennung von Tisch und Bett sind anerkennungsfähig, wenn sie nichtdeutsche Ehegatten betreffen (Soergel-Kegel⁹ Art 17 EG Anm. 86), andernfalls im Inland ohne Wirkung.

6. Der zeitliche Geltungsbereich erstreckt sich auch auf vor dem Inkrafttreten des Art. 7 FamRÄndG und des § 24 4. DVO-EheG (1. 11. 1941) ergangene ausländische Entscheidungen. Auch Tod eines oder beider Ehegatten enthebt nicht von der Notwendigkeit des Feststellungsverfahrens und gestattet dem Gericht nicht, in einem Erbfolgestreit über die Anerkennung selbständig zu befinden (Anm. 2). War jedoch am 1. 11. 1941 in einem deutschen Familienbuch (Heiratsregister) gemäß § 12 PStG 1937 auf Grund einer ausländischen Entscheidung die Nichtigerklärung, Aufhebung, Scheidung oder Trennung oder das Bestehen oder Nichtbestehen einer Ehe vermerkt, so steht dieser Vermerk nach der Übergangsvorschrift in Art. 9 II Nr. 4 FamRÄndG (ebenso bereits § 24 Abs. 3 4. DVO-EheG) einer Feststellung der Anerkennung nach Art. 7 § 1 gleich, d. h., die Wirksamkeit der Entscheidung für das Inland steht in einer Gerichte und Verwaltungsbehörden bindenden Weise fest. Der Vermerk kann auch in einem Verfahren nach § 47 PStG nicht mit der Begründung beseitigt werden, die Entscheidung hätte nicht anerkannt werden dürfen. Die Beurkundung einer Eheschließung des im Ausland geschiedenen Verlobten in der irrigen Annahme der Wirksamkeit der ausländischen Entscheidung für das Inland hat diese Wirkung nicht.

7. **Der persönliche Geltungsbereich** wird durch § 1 Abs. 1 Satz 3 ausgeschlossen, wenn ein Gericht des Staates entschieden hat, dem beide Ehegatten zur Zeit der Entscheidung angehört haben. Daß auch eine inländische Zuständigkeit bestanden hätte, steht nicht entgegen (§ 606a Nr. 1 ZPO). Der Grund der Regelung beruht darauf, daß die Anerkennung von Urteilen des Heimatstaates in der Regel unbedenklich sein wird, da § 328 Abs. 1 Nr. 1—3 entfallen und Nr. 4 nur selten vorliegen wird. Für Verwaltungsentscheidungen trifft das nicht in gleichem Maße zu; deshalb entfällt das Feststellungsverfahren nach dem eindeutigen Wortlaut nur, wenn ein Gericht des Heimatstaates entschieden hat (a. M. Stein-Jonas-Schönke Anh. nach § 328 VII 1). Satz 3 schließt nur das förmliche Verfahren nach Art. 7 § 1 aus, berührt aber nicht die sachliche Anerkennungsfähigkeit; darüber wird nach § 328 ZPO von dem Gericht oder der Behörde in dem Verfahren, in welchem es darauf ankommt, entschieden (Rosenberg, ZPR § 149 III 2; Riezler, Internationales Familienrecht Deutschlands u. Frankreichs, S. 577; Palandt Art. 17 EG Anm. 6 b bb; Raape IPR[5] § 30 Fußn. 102; Soergel-Kegel Art. 17 EG Anm. 68, 78; Neuhaus, FamRZ 1957, 394; a. M. Stein-Jonas-Schönke a. a. O.). Ebenso wird frei entschieden über die Vorfrage, ob das Anerkennungsverfahren gemäß Satz 3 entfällt, z. B. bei Zweifeln über die Staatsangehörigkeit (a. M. Stein-Jonas-Schönke a. a. O. Bem. VII 2; Jonas DR 1942, 55; Beitzke, DRZ 1946, 172); der Beteiligte allerdings, der behauptet, daß Satz 3 nicht vorliege, z. B. weil ein Ehegatte nicht die Staatsangehörigkeit des Urteilsstaats oder (auch) die deutsche gehabt habe, kann die Entscheidung der Justizverwaltungsbehörde nachsuchen; stellt diese fest, daß Satz 3 eingreift, so weist sie den Antrag als unzulässig zurück. Diese Entscheidung ist zwar nicht nach § 1 Abs. 8 bindend, gibt aber dem Gericht den Weg für eine eigene Prüfung frei.

Maßgebender Zeitpunkt für die Staatsangehörigkeit ist der Erlaß der ausländischen Entscheidung. Späterer Erwerb der deutschen oder einer dritten Staatsangehörigkeit schließt Abs. 1 Satz 3 nicht aus. Satz 3 gilt auch für Mehrstaater, die außer der Staatsangehörigkeit des Urteilsstaats noch die eines dritten haben, ausgenommen, daß dies die deutsche ist (Stein-Jonas-Schönke a. a. O. Bem. VII 3; Baumbach § 328 Bem. 7 B e; vgl. aber Kegel IPR § 13 II 5). Bei Scheidung von Ausländern in drittem Staat greift das Anerkennungsverfahren Platz.

8. **Die sachlichen Voraussetzungen** der Anerkennung sind bei Urteilen ausländischer Gerichte nach § 328 Abs. 1 Nr. 1 bis 4 zu beurteilen. Von der Verbürgung der Gegenseitigkeit (§ 328 Abs. 1 Nr. 5) darf die Anerkennung nach Abs. 1 Satz 2 nicht abhängig gemacht werden. Bei ausländischen Ver-

waltungsakten oder Entscheidungen der freiwilligen Gerichtsbarkeit (Anm. 3) beurteilt sich die Anerkennung nach den (geschriebenen oder ungeschriebenen) Normen des deutschen internationalen Verwaltungsrechts oder Rechts der freiwilligen Gerichtsbarkeit. § 328 ZPO wird entsprechend anzuwenden sein, es sei denn, daß die Behörde keine Entscheidung gefällt, sondern nur Erklärungen entgegengenommen hat (RG 28. 2. 38, JW 1518 mit Anm. Maßfeller; Soergel-Kegel[9] Vorbem. 314—316 vor Art. 7 EG, Art. 17 EG Anm. 81—83; Stein-Jonas-Schönke § 328 Bem. III 2).

Voraussetzung der Anerkennung ist nach § 328 ZPO:

a) **Nr. 1: Internationale Zuständigkeit.** Die Gerichte des Entscheidungsstaats müssen nach deutschem internationalen Zivilprozeßrecht international zuständig gewesen sein. Die Regeln hierfür sind den §§ 606—606b ZPO zu entnehmen. Die fremde internationale Zuständigkeit setzt hiernach voraus, daß a) Deutschland nicht die ausschließliche internationale Zuständigkeit beansprucht (§§ 606, 606a) und b) die Gerichte des Entscheidungsstaates, die dortige Geltung der deutschen Zuständigkeitsvorschriften (§§ 606, 606b) unterstellt, international zuständig wären. Die Zuständigkeitsregeln des Entscheidungsstaats sind hierbei ohne Bedeutung. Maßgebend sind die Verhältnisse z. Z. der Einleitung des ausländischen Verfahrens (perpetuatio fori); auch der Eintritt der die Zuständigkeit begründenden Verhältnisse während des Verfahrens bis zur Entscheidung reicht aus. Späterer Fortfall dieser Umstände steht der Anerkennung nicht entgegen. Außerdem aber genügt es, wenn die internationale Zuständigkeit des Entscheidungsstaats wenigstens bis zur Anerkennung eingetreten ist (Stein-Jonas-Schönke, Anh. nach § 328 Bem. IV 1, § 328 IV 2; Baumbach § 328 2 A; str., vgl. Rosenberg ZPR, § 149 II 1 b). Werden ausländische Ehegatten in einem anderen Staat als demjenigen, dessen Recht nach Art. 17 Abs. 1 EG die Scheidung beherrscht, geschieden, so setzt die Anerkennung voraus, daß auch der Heimatstaat des Mannes das Urteil anerkennt (Raape, IPR[5] § 30 B II 2; str., a. M. Soergel-Kegel[9] Art. 17 EG Anm. 73). Im übrigen ist wegen der Einzelheiten hier auf die Kommentare zu §§ 328, 606 bis 606b ZPO zu verweisen. Der Hinderungsgrund entfällt, wenn der Beklagte die Anerkennung beantragt (§ 606a Nr. 3).

b) **Nr. 2: Einlassung** des unterlegenen deutschen Beklagten auf das ausländische Verfahren, wenn ihm die prozeßeinleitende Zustellung weder in dem Entscheidungsstaat in Person, d. h. unter Ausschluß der Ersatz- und der öffentlichen Zustellung, noch durch Gewährung deutscher Rechtshilfe durch eine deutsche Inlands- oder Auslandsbehörde zugestellt worden ist. Vgl. zu den Erfordernissen der Zustellung RG 15. 6. 36 (JW 2456), KG 6. 4. 36 (JW 3334), Celle 10. 2. 61 (StAZ 1962, 10). Maßgebend ist der Zeitpunkt der Zustellung. Einlassung ist jede nach Maßgabe der ausländischen Verfahrensordnung ihrer Form nach beachtliche Prozeßhandlung, mag sie auch nicht die Hauptsache, sondern z. B. die Zuständigkeit betreffen. Staatenlose mit deutschem Personalstatut (Art. 29 EG) stehen deutschen Staatsangehörigen nicht gleich, wohl aber Deutsche i. S. des Art. 116 Abs. 1 GG (Art. 9 II Nr. 5 FamRÄndG). Vgl. Stein-Jonas-Schönke § 328 Bem. V, Anh. nach § 328 Bem. IV 2; Baumbach § 328 Anm. 3. Der Hinderungsgrund ist verzichtbar, aber keine Heilung nach § 187 ZPO.

c) **Nr. 3: Kollisionsrechtliche Benachteiligung** einer deutschen Partei. Das ausländische Urteil darf eine deutsche Partei durch Anwendung eines anderen Rechts nicht ungünstiger stellen, als sie bei Anwendung des vom deutschen IPR berufenen Rechts der Eheschließung und der Ehescheidung (Art. 13, 17, 27 EG) stehen würde, gleichgültig, ob das fremde Recht nach den Gesetzen des Entscheidungsstaats mit Recht oder zu Unrecht angewendet worden ist. Hierbei kommt es nicht auf eine Nachprüfung der Rechtsanwendung an, sondern auf einen Vergleich des Ergebnisses der ausländischen Entscheidung mit einem hypothetischen inländischen Rechtsstreit; die Anerkennungsbehörde ist auf die in der ausländischen Entscheidung getroffenen tatsächlichen Feststellungen nicht beschränkt (Stein-Jonas-Schönke § 328 Bem. VI, Anh. nach § 328 Bem. IV 3). Vgl. Staudinger-Raape[9] S. 262ff. zu Art. 13 EG, S. 408ff. zu Art. 17 EG; Riezler, IZPR S. 528. Wegen deutscher Staatsangehörigkeit vgl. Anm. 8b. Der Hinderungsgrund der Nr. 3 ist auch für die benachteiligte Partei unverzichtbar, BGH 26. 2. 58 (FamRZ 180).

d) **Nr. 4: Wahrung des deutschen ordre public.** Die Anerkennung darf nicht gegen die guten Sitten oder den Zweck eines deutschen Gesetzes verstoßen. Hierfür kommt es wesentlich auf die Stärke der Inlandsbeziehung an. Scheidungen auf einseitiges oder einverständliches Verlangen ohne sachliche Voraussetzungen sind z. B. nicht zu beanstanden, wenn sie im Heimatstaat vorgenommen werden, RG 28. 2. 38 (JW 1518); anders, wenn die Ehe Deutscher im Ausland auf diese Weise geschieden wird, RG 22. 4. 32 (**136** 142 = JW 1932 2274 mit Anm. Raape), KG 4. 5. 37 (JW 1977 mit Anm. Maßfeller). Auslandsscheidungen Deutscher erfordern stets ein Urteil (§ 41 EheG). Der Sittenverstoß kann nicht nur in der Unsittlichkeit der Rechtsfolge, sondern auch in der Art des Zustandekommens der Entscheidung liegen, z. B. bei groben Verfahrensmängeln (Versagung des rechtlichen Gehörs). Bei Zuständigkeitserschleichung liegt in der Regel der Versagungsgrund des § 328 Abs. 1 Nr. 1 vor, vgl. Soergel-Kegel[9] Art. 17 EG Anm. 74, 117, 118; ferner Raape IPR[5] § 19 A IV. Ein Verstoß gegen den Zweck eines deutschen Gesetzes liegt vor, wenn der Unterschied zwischen dem fremden und dem inländischen Recht politisch und sozial so erheblich ist, daß die Anerkennung die Grundlagen des deutschen staatlichen oder wirtschaftlichen Lebens angriffe, RG 28. 6. 18 (**93** 182), 29. 6. 42 (**169** 245), wofür es auf die Anwendung im Einzelfall ankommt, RG 17. 2. 36 (**150** 283); vgl. Kegel IPR § 16 IV 2. Darunter fällt eine schweizerische Eheschuldstrafe, Königsberg 19. 12. 39 (HRR 1940 Nr. 499), nicht schon ein Versäumnisverfahren im Eheprozeß, LG Dresden, 16. 10. 35 (JW 3493). Der Hinderungsgrund der Nr. 4 ist unverzichtbar.

Staatsverträge berühren nicht die Notwendigkeit des Anerkennungsverfahrens, sondern nur die sachlichen Voraussetzungen der Anerkennung (Stein-Jonas-Schönke Anh. nach § 328 V 2; zweifelnd Wieczorek, ZPO § 328 Bem. F I). Sie bestehen in Ehesachen mit der Schweiz (Abk. v. 28. 7. 30, RGBl. II 1066, nebst AusfVO v. 23. 8. 30, RGBl. II 1209, Art. 3, 4), Italien (Abk. v. 9. 3. 36, RGBl. 1937 II 145, mit AusfVO v. 18. 5. 37, RGBl. II 143, Art. 3, wieder in Kraft seit 1. 10. 52, Bek. v. 23. 12. 52, BGBl. 986), Belgien (Abk. v. 30. 6. 58, BGBl. 1959 II 766, mit AusfG v. 26. 6. 59, BGBl. I 425, Bek. v. 23. 11. 60, BGBl. II 2408, Art. 2, 4, 5), Großbritannien (Abk. v. 14. 7. 60, BGBl. 1961 II 302, mit AusfG v. 28. 3. 61, BGBl. I 301, Bek. v. 28. 6. 61, BGBl. II 1025, Art. 2, 3, 4 Buchst. c, Unterzeichnungsprotokoll). Auszugsweiser Abdruck bei Baumbach[26] Anh. nach § 723.

9. Verwaltungsverfahren.

a) Sachliche Zuständigkeit. Sachlich zuständig ist die Landesjustizverwaltung, also der Minister oder das Staatsministerium der Justiz eines der Länder

der Bundesrepublik, in Berlin der Senator für Justiz, in Hamburg die Senatskommission für die Justizverwaltung, in Bremen der Senator für Justiz und Verfassung. Über die Ausschließlichkeit dieser Zuständigkeit s. Anm. 2b und darüber, daß sie sich nicht auf die Vorfrage erstreckt, ob es des förmlichen Feststellungsbescheides bedarf, Anm. 7.

b) Örtlich zuständig ist nach Abs. 2 die Justizverwaltung des Landes, in dem einer der Ehegatten, unter denen die anzuerkennende Entscheidung ergangen ist, also nicht notwendig der Antragsteller, seinen gewöhnlichen Aufenthalt hat. Dieser Begriff ist erläutert bei § 45 Anm. 3. Auf den Wohnsitz im Rechtssinne kommt es nicht an. Schlichter Aufenthalt genügt nicht. Haben beide Ehegatten ihren gewöhnlichen Aufenthalt in verschiedenen Ländern der BRD, so ist jede der beiden Justizverwaltungen örtlich zuständig. Da aber die Entscheidung nur einheitlich ergehen kann, wird anzunehmen sein, daß das Tätigwerden der zuerst angerufenen Justizverwaltung die Zuständigkeit der anderen ausschließt (vgl. § 4 FGG).

Hat keiner der Ehegatten seinen gewöhnlichen Aufenthalt im Inland, also im Geltungsbereich des Gesetzes (Maßfeller, StAZ 1961, 302), so kommt es darauf an, ob einer von ihnen eine Eheschließung im Inland beabsichtigt. Zuständig ist alsdann die Justizverwaltung des Landes, in dem die neue Ehe geschlossen werden soll. Hierfür ist der Amtssitz des Standesbeamten maßgebend. Das kann ein nach § 15 Abs. 2, 3 EheG zuständiger oder ein von diesem nach § 15 Abs. 4 EheG ermächtigter Standesbeamter sein. Ermächtigt z. B. der Standesbeamte des Standesamts I in Berlin den Standesbeamten in Köln mit der Eheschließung, so ist die Justizverwaltung von Nordrhein-Westfalen örtlich zuständig.

Die zentrale Zuständigkeit des Senators für Justiz von Berlin ist nach Abs. 2 Satz 3 gegeben, wenn die Zuständigkeit einer anderen Justizverwaltung nicht begründet ist, also wenn keiner der Ehegatten lebt oder keiner von ihnen seinen gewöhnlichen Aufenthalt im Inland hat und eine Eheschließung im Inland nicht beabsichtigt ist. Diese Zuständigkeit gilt auch dann, wenn das Bedürfnis für die Anerkennung im Bereich einer anderen Landesjustizverwaltung hervortritt oder der antragstellende Nicht-Ehegatte dort seinen gewöhnlichen Aufenthalt hat.

c) Ein **Antrag** ist notwendige Voraussetzung des Verwaltungsverfahrens. Der Antrag bedarf keiner besonderen Form. Er muß die Entscheidung bezeichnen, um die es geht, und angeben, ob die Anerkennung oder Nichtanerkennung (Abs. 7) erstrebt wird. Der Antrag kann ohne Einwilligung eines Gegners zurückgenommen werden, nach der Entscheidung der Verwaltungsbehörde nur, wenn das Gericht zulässigerweise angerufen worden ist (vgl. auch Anm. 10d ß).

d) Antragsberechtigt ist jeder, der ein rechtliches Interesse an der Anerkennung oder Nichtanerkennung (Abs. 7) glaubhaft macht (Abs. 3). Das Interesse ist ein rechtliches, wenn es auf einem Rechtsverhältnis des Antragstellers zu einer anderen Person beruht, welches durch die Anerkennung oder Nichtanerkennung beeinflußt wird (§ 57 Anm. 3). Ein solches Interesse hat jeder der (früheren) Ehegatten. Auch der Ehegatte, der das Scheidungsurteil erwirkt hatte, kann die Nichtanerkennung betreiben, BGH 26. 2. 58 (FamRZ 180). Zu Lebzeiten beider Ehegatten wird der Kreis dritter Personen, denen ein rechtliches Interesse zuzubilligen ist, wegen der persönlichkeitsbezogenen Natur der Angelegenheit eng zu ziehen sein. In Betracht kommt ein Kind der im Ausland geschiedenen Ehefrau, welches bis zur Anerkennung der ausländischen Entscheidung im Inland als Kind des geschiedenen Mannes gilt (Anm. 2a), der neue Ehegatte des im Ausland geschiedenen Ehegatten, nicht aber der Verlobte, der mit dem im Ausland Geschiedenen die Ehe schließen möchte, oder der präsumtive Erbe eines lebenden Ehegatten. Nach dem Tode eines Ehegatten erweitert sich der Kreis der Antragsberechtigten auf dessen Erben oder Erbeserben, deren Erbrecht von der Anerkennung oder Nichtanerkennung abhängt.

Der Antragsteller hat sein rechtliches Interesse darzulegen und glaubhaft zu machen. Trotz Glaubhaftmachung muß der Antrag wegen fehlender Antragsberechtigung zurückgewiesen werden, wenn sich ergibt, daß ein rechtliches Interesse in Wahrheit nicht besteht oder bis zur Entscheidung fortgefallen ist.

e) Das **Verfahren** der Behörde richtet sich, soweit es nicht in Art. 7 FamRÄndG geregelt ist, nach den landesrechtlichen Vorschriften für das Verwaltungsverfahren vgl. für Berlin VwVerfG v. 2. 10. 58 (GVBl. 951) §§ 1 Abs. 4, 4—6, 16; für Bremen VwVerfG i. d. F. v. 1. 4. 60 (GVBl. 37) § 1 Abs. 2. Das Verfahren wird zweckmäßig und ohne Bindung an Formen durchgeführt. Dem Antragsteller kann die Beibringung von Unterlagen aufgegeben werden[1]). Im übrigen ist der Sachverhalt von Amts wegen aufzuklären. Anhörung des Antragsgegners durch Gewährung von Gelegenheit zur Äußerung ist zur Wahrung des rechtlichen Gehörs geboten. Als Antragsgegner hinzuzuziehen ist jeder, dessen rechtliches Interesse an der Entscheidung dem des Antragstellers zuwiderläuft, also der andere Ehegatte und jeder, der für die Stellung eines Antrags mit entgegengesetztem Ziel antragsberechtigt wäre (Anm. 9d).

f) Die **Entscheidung** kann lauten auf

α) Zurückweisung des Antrags als unzulässig, z. B. wegen örtlicher Unzuständigkeit oder fehlender Antragsberechtigung oder weil es nach § 1 Satz 3 einer Feststellung nicht bedarf (Anm. 7);

β) Zurückweisung des Antrags als unbegründet, wenn es an den sachlichen Voraussetzungen für die beantragte Feststellung der Anerkennung oder Nichtanerkennung fehlt. Die Behörde ist auf die Zurückweisung des Antrags beschränkt; sie darf nicht etwa von Amts wegen die dem Antrage entgegengesetzte Feststellung treffen, wie die Regelung des Rechts zu dem Antrage auf gerichtliche Entscheidung in Abs. 5 Satz 1, Abs. 7 zeigt;

γ) Feststellung, daß die Voraussetzungen für die Anerkennung vorliegen (Abs. 5);

δ) Feststellung, daß die Voraussetzungen für die Anerkennung nicht vorliegen (Abs. 7). Ist im ausländischen Entscheidungsstaat oder in einem dritten Staat oder gar trotz fehlender Anerkennung im Inland bereits eine neue Ehe geschlossen worden, so steht dieser Umstand, selbst wenn das nach Art. 13 EG maßgebende Recht die neue Ehe anerkennt, der Nichtanerkennung der Auflösung der früheren Ehe nicht entgegen; str., vgl. Raape IPR[5] § 30 B I 4.

g) Ein Ermessen steht der Behörde nicht zu; die Entscheidung ist ein gesetzesgebundener Verwaltungsakt (Satter, ZAkDR 1942, 133; Maßfeller, DR 1941, 2541; Riezler, IZPR S. 514). Sie ist deklaratorisch, nicht konstitutiv (Beitzke, DRZ 1946, 172; Riezler S. 515). Anerkennung bedeutet, daß der anerkennende Staat der Entscheidung für sein Rechtsgebiet dieselbe rechtliche Bedeutung beimißt wie der Entscheidungsstaat (Riezler, IZPR S. 512); die Entscheidung darf daher nicht

---

[1]) Baden-Württemberg Erl. d. MdJ v. 9. 11. 1961 (GABl. 639 = StAZ 1962, 5); Schleswig-Hollstein RdErl. d. IM v. 30. 10. 57 (ABl. Schl.-H. 403) i. d. F. v. 28. 12. 61 (ABl. 1962, 24 = StAZ 1962, 41).

inhaltlich geändert, z. B. nur mit Wirkung ex nunc anerkannt werden, wenn sie Wirkung ex tunc hat, oder ergänzt werden, z. B. durch Beifügung eines Schuldausspruchs. Eine klarstellende Erläuterung ist möglich (Stein-Jonas-Schönke Anh. nach § 328 VIII 3). Die Anerkennung wirkt auf den Zeitpunkt der Rechtskraft der ausländischen Entscheidung zurück (Anm. 2a).

h) Eine Begründung der Verfügung ist nicht vorgeschrieben; aus rechtsstaatlichen Gründen (vgl. § 16 FGG Anm. 8) ist sie aber angebracht, wenn der Antrag zurückgewiesen oder ihm gegen den Widerspruch eines Beteiligten stattgegeben wird. Ob eine Rechtsmittelbelehrung beizufügen ist, richtet sich nach den landesrechtlichen Vorschriften über das Verwaltungsverfahren; § 58 VwGO gilt nicht; ihr Fehlen hat keine verfahrensrechtlichen Folgen.

i) Die Wirksamkeit einer feststellenden Entscheidung (Anm. 9f γ, δ) tritt für alle Beteiligten mit der Bekanntmachung an den Antragsteller ein (Abs. 5 Satz 2). Eine Bekanntgabe an die übrigen im Verfahren aufgetretenen Beteiligten ist außerdem geboten, aber für das Wirksamwerden der Entscheidung ohne Bedeutung. Förmliche Zustellung ist nicht erforderlich, da keine Frist in Lauf gesetzt wird. Da der Antrag auf gerichtliche Entscheidung unbefristet ist (Anm. 10c), konnte das Wirksamwerden nicht von dem Eintritt der formellen Rechtskraft abhängig gemacht werden. Jedoch kann die Behörde den Eintritt der Wirksamkeit dadurch aufschieben, daß sie in der Entscheidung eine Frist bestimmt, nach deren Ablauf die Entscheidung wirksam wird (Abs. 5 Satz 3). Das kommt nach dem Ermessen der Behörde in Betracht, wenn einerseits mit einer Anrufung des OLG, andererseits mit einer baldigen Eheschließung zu rechnen ist und ein Erfolg der Anrufung des OLG nicht gänzlich ausgeschlossen erscheint. Die Frist darf nicht länger bemessen werden, als es zur Anrufung des OLG und zur Erwirkung einer einstweiligen Anordnung nach § 24 Abs. 3 FGG (Anm. 10f) angemessen erforderlich ist. Die Behörde kann die Frist auf Antrag abkürzen oder sie vor ihrem Ablauf verlängern, jedoch eine unterlassene Fristbestimmung nicht nach dem Wirksamwerden der Entscheidung nachholen.

10. Gerichtliches Verfahren.

a) Sachlich zuständig ist ein Zivilsenat des Oberlandesgerichts als Gericht erster und letzter Instanz (§ 1 Abs. 4, 5 Satz 1, 6 Satz 3 mit § 30 Abs. 1 Satz 1 FGG). Gemäß Abs. 6 Satz 4 mit § 199 Abs. 1 FGG kann der Landesgesetzgeber die Entscheidung einem der mehreren OLG des Landes oder einem obersten Landesgericht zuweisen. Das ist nicht geschehen. In Berlin ist das Kammergericht zuständig. Die Entscheidung des OLG (ObLG) ist endgültig (Abs. 6 Satz 5). Es findet mithin kein Rechtsmittel statt. Auch eine Vorlegungspflicht entsprechend § 28 Abs. 2 FGG besteht abweichend von § 29 Abs. 1 Satz 2 EGGVG nicht; der Bundesgerichtshof ist daher in keinem Falle zur Entscheidung berufen.

b) Örtlich zuständig ist das OLG (ObLG), in dessen Bezirk die Landesjustizverwaltung, deren Entscheidung angefochten wird, ihren Sitz hat (Abs. 6 Satz 2) Es ist daher für jedes Land nur ein OLG zuständig.

c) Der **Antrag** kann schriftlich durch Einreichung einer Antragsschrift bei dem OLG oder durch Erklärung zum Protokoll der Geschäftsstelle des OLG gestellt werden (Abs. 6 Satz 4 mit § 21 Abs. 2 FGG). Erklärung zur Niederschrift eines Beamten der LJVerw. oder der Geschäftsstelle eines AG (§ 11 FGG) erfüllt die Schriftform. Für die Form der Antragsschrift gelten die Bem. zu § 21 Anm. 3 bis 6. Anwaltszwang besteht nicht. Der Antrag ist an keine Frist gebunden (BT-

Drucks. 530/58 S. 33). Der Antrag wird durch eine inzwischen im Vertrauen auf die Anerkennung geschlossene Ehe nicht unzulässig (Maßfeller, StAZ 1961, 303), obwohl die neue Ehe bei Aufhebung des Anerkennungsbescheides vernichtbar ist (§§ 20, 23 EheG). Das Vertrauen auf die Anerkennung wird nicht geschützt (str., vgl. Raape IPR[5] § 30 B I 4). Wird aber der Antrag unter diesen Umständen erst nach geraumer Zeit gestellt, so kann Verwirkung vorliegen (§ 21 Anm. 10). Der Antrag kann auf neue Tatsachen und Beweise gestützt werden (Abs. 6 Satz 4 mit § 23 FGG).

d) Das **Recht zu dem Antrage** auf gerichtliche Entscheidung steht zu:

α) wenn der Vornahmeantrag (auf Anerkennung oder auf Nichtanerkennung) von der Behörde als unzulässig oder als unbegründet zurückgewiesen worden ist (Anm. 9 f α, β), nur dem Antragsteller (Abs. 4, 7). Ein anderer Beteiligter kann die Entscheidung nicht anfechten, auch wenn er zur Stellung des Vornahmeantrags gemäß den Bem. zu 9d berechtigt gewesen wäre; es bleibt ihm unbenommen, seinerseits einen Antrag bei der Behörde zu stellen.

β) Wenn der Vornahmeantrag (auf Anerkennung oder Nichtanerkennung) Erfolg gehabt hat, steht das Recht zur Anrufung des Gerichts jedem Ehegatten zu, der den Antrag nicht gestellt hat (Abs. 5 Satz 1, Abs. 7). Diese Regelung ist weder erschöpfend noch erlaubt sie seinen Umkehrschluß. Allenfalls wird man daraus folgern können, daß der Ehegatte oder Nicht-Ehegatte, dessen Antrag Erfolg hatte, den Rechtsbehelf nicht hat, etwa um den Antrag zurückzunehmen, obwohl auch dagegen im Hinblick auf die Grundsätze für die Beschwerde in Ehesachen (Baumbach[26] Übers. 4 B vor § 606) Bedenken bestehen. Lebt zur Zeit der Entscheidung der Verwaltungsbehörde keiner der Ehegatten oder derjenige von ihnen nicht mehr, der den Antrag nicht gestellt hat, so muß des Recht zur Anrufung des Gerichts jedem zustehen, der ein rechtliches Interesse i. S. des Abs. 3 (Anm. 9d) an der Aufhebung der Entscheidung hat; ein nur berechtigtes Interesse (so Maßfeller, StAZ 1961, 303) reicht nicht aus. Dasselbe muß aber auch zu Lebzeiten des Ehegatten gelten, der den Antrag nicht gestellt hat. Ersichtlich muß auch das Kind der im Ausland geschiedenen Frau, dessen Ehelichkeit von der Anerkennung oder Nichtanerkennung abhängt (Anm. 2a) oder der neue Ehegatte wie zur Stellung des Antrags bei der Behörde (Anm. 9d), so auch zur Anrufung des Gerichts berechtigt sein. Abs. 5 Satz 1 schließt also das Anfechtungsrecht Dritter zu Lebzeiten des Ehegatten, der den Antrag nicht gestellt hat, nicht aus (so auch Finke, FamRZ 1958, 410; a. M. anscheinend Maßfeller a. a. O.); die scheinbare Diskrepanz zwischen Abs. 3 und Abs. 5 Satz 1 beruht darauf, daß Abs. 3 erst vom Rechtsausschuß eingefügt worden ist (BT-Drucks. 2812/61 S. 25, zu 2812 S. 10/11). Hierbei gebührt dem Abs. 3 das Übergewicht, weil das Recht zur Anrufung des Gerichts in demselben Umfange gewährt werden muß wie in Abs. 3 das Antragsrecht. Damit entfällt auch die Erwägung von Maßfeller (a. a. O.), ein Dritter könne das Gericht nicht mehr anrufen, wenn der Ehegatte verstorben ist, ohne innerhalb angemessener Frist von seinem Antragsrecht Gebrauch gemacht zu haben; die Beteiligten sind bei der Ausübung ihrer Rechte selbständig und unabhängig voneinander. Eine andere Frage ist es, ob nach Lage des Falles Verwirkung vorliegt (oben Anm. 10c, § 21 FGG Anm. 10).

e) Das **Verfahren des OLG** (ObLG) ist ein solches der freiwilligen Gerichtsbarkeit (Abs. 6 Satz 1). Die Vorschriften der §§ 23ff. EGGVG sind nicht anwendbar. Für die Ablehnung und Ausschließung der Gerichtspersonen gelten §§ 6, 7 FGG. Das OLG entscheidet als Tatsachengericht (Abs. 6 Satz 4 mit § 23 FGG).

Für die Aufklärung des Sachverhalts gilt der Amtsermittlungsgrundsatz (§ 12), für Beweiserhebungen § 15 FGG. Die Behörde, deren Bescheid angefochten wird, ist als Beteiligte zu dem Verfahren hinzuzuziehen, indem ihr Gelegenheit zur Stellungnahme gegeben wird, sofern der Antrag nicht von vornherein als unzulässig oder unbegründet erscheint. Die Zuziehung weiterer Beteiligter richtet sich nach der Lage des Einzelfalls, vgl. Anm. 9e. Mündliche Verhandlung ist nicht vorgeschrieben; ihre Anberaumung steht im Ermessen des Gerichts. Es gilt das Verbot der Schlechterstellung. Das Gericht darf über das Antragsbegehren nicht hinausgehen, ist aber an die Fassung des Antrags nicht gebunden (vgl. § 88 VwGO). Das Gericht entscheidet durch einen mit Gründen versehenen Beschluß (§ 25 FGG). Kommt das Gericht zur Aufhebung, so hat es grundsätzlich unter voller Würdigung der Tat- und Rechtsfragen in der Sache selbst zu entscheiden (BT-Drucks. 530/58 S. 33; Maßfeller, StAZ 1961, 303), da eine Ermessensausübung, die der Verwaltungsbehörde zu überlassen wäre, nicht in Betracht kommt (Anm. 9 g). Nur ausnahmsweise kann das OLG unter Aufhebung des angefochtenen Bescheides die Behörde zur Neubescheidung unter Beachtung der Rechtsauffassung des Gerichts verpflichten, wenn die Behörde zu Unrecht nicht in der Sache entschieden hat oder wenn nach Verwerfung eines von der Behörde als allein entscheidend geltend gemachten Ablehnungsgrundes die Begründetheit des Antrags von bisher nicht berücksichtigten Umständen abhängt, deren Klärung umfangreiche und daher besser von der Behörde als vom Gericht zu treffende Ermittlungen erfordert; vgl. BVerwG 18. 8. 60 (11 95 = NJW 1961, 793 zu d); BVerwG 27. 2. 59 (8 192). Jedoch ist es in jedem Falle zulässig, daß das Gericht nach eigener Sachaufklärung zur Sachentscheidung kommt, selbst wenn die Behörde den Antrag als unzulässig verworfen hat, BVerwG 12. 6. 58 (7 100 = NJW 1456); Zschacke, NJW 1958, 1420.

f) **Einstweilige Anordnungen** kann das OLG entsprechend § 24 Abs. 3 FGG erlassen, da der Antrag auf gerichtliche Entscheidung keine aufschiebende Wirkung hat (Abs. 6 Satz 3, 4). Die Aussetzung der Vollziehung einer anerkennenden Entscheidung kann mit der Folge angeordnet werden, daß deren Wirksamkeit vorläufig außer Kraft tritt; das kann angebracht sein, wenn eine Wiederverheiratung bevorsteht und der Antrag nicht aussichtslos ist. Eine Fristbestimmung der LJustVerw. nach Abs. 5 Satz 3 kann geändert werden.

11. **Bindende Wirkung** für Gerichte und Verwaltungsbehörden hat sowohl der positive als auch der negative Feststellungsbescheid (Abs. 8). Das bedeutet, daß die Richtigkeit der Feststellung in einem anderen Verfahren nicht nachgeprüft werden kann. Das gilt auch für die Feststellung der LJustVerw., sobald sie wirksam geworden ist, vorbehaltlich ihrer Aufhebung durch das OLG (Maßfeller, StAZ 1961, 303). Ein Antrag, die entgegengesetzte Feststellung zu treffen, ist unzulässig. Die Behörde kann ihre Entscheidung nicht widerrufen (Riezler, IZPR S. 515; Wieczorek § 328 F III b 4; Stein-Jonas-Schönke Anh. nach § 328 VIII 4). Auch das OLG kann seine Sachentscheidung nicht ändern. Für die Zulassung einer Wiederaufnahme des Verfahrens besteht kein Anlaß. Die Anerkennung wird von selbst gegenstandslos, wenn die ausländische Entscheidung auf Grund Wiedereinsetzung in den vorigen Stand oder Wiederaufnahme des Verfahrens aufgehoben wird.

Keine bindende Wirkung nach Abs. 8 hat die Zurückweisung eines Antrags als unzulässig oder unbegründet. Das Fehlen der Anerkennung hat dann aber schon kraft Gesetzes die Folge, daß die Entscheidung im Inland keine Wirkung hat (Anm. 2a). Der zurückgewiesene Antrag kann wiederholt oder von einem anderen Beteiligten erneut gestellt werden. Verweist die Behörde bei einer Wiederholung des Antrags nicht nur auf ihren früheren Bescheid, sondern tritt sie in eine erneute Prüfung ein, so eröffnet ein neuer ablehnender Bescheid wiederum den Rechtsweg („Zweitbescheid“ vgl. Haueisen, NJW 1959, 2137). War der frühere Bescheid vom Gericht bestätigt worden, so ist eine erneute Anbringung des Antrags durch denselben Antragsteller nur zulässig, wenn neue Tatsachen vorgebracht werden.

Kosten

2 **(1) Für die Feststellung, daß die Voraussetzungen für die Anerkennung einer ausländischen Entscheidung vorliegen oder nicht vorliegen (§ 1), wird eine Gebühr von 10 bis 500 Deutsche Mark erhoben. Ein Zuschlag nach Artikel 4 des Gesetzes über Maßnahmen auf dem Gebiete des Kostenrechts vom 7. 8. 1952 (Bundesgesetzbl. I S. 401) wird nicht erhoben.**

(2) Für das Verfahren des Oberlandesgerichts werden Kosten nach der Kostenordnung erhoben. Weist das Oberlandesgericht den Antrag nach § 1 Abs. 4, 5, 7 zurück, so wird eine Gebühr von 10 bis 500 Deutsche Mark erhoben. Wird der Antrag zurückgenommen, so wird nur die Hälfte dieser Gebühr erhoben. Die Gebühr wird vom Oberlandesgericht bestimmt. Hebt das Oberlandesgericht die Entscheidung der Verwaltungsbehörde auf und entscheidet es in der Sache selbst, so bestimmt es auch die von der Verwaltungsbehörde zu erhebende Gebühr.

1. Kosten. a) Die Verwaltungsbehörde erhebt für den positiven oder negativen Feststellungsbescheid eine Rahmengebühr von 10 bis 500 DM (Abs. 1). Ausfüllung des Rahmens nach den Grundsätzen des § 2 Abs. 2 JustVerwKostO. Wegen der Anwendbarkeit der JustVerwKostO auf die in Justizverwaltungssachen von den Justizbehörden der Länder zu erhebenden Gebühren vgl. Lauterbach, Kostengesetze[14], Vorbem. B zu Teil VIII A. Bei Ablehnung oder Zurücknahme des Antrags kann die Behörde dem Antragsteller die Hälfte dieser Gebühr, jedoch nicht weniger als den Mindestbetrag, auferlegen (§ 3 JustVerwKostO).

b) Das Gericht erhebt für die Zurückweisung des Antrags eine Rahmengebühr von 10 bis 500 DM, bei Zurücknahme die Hälfte (Abs. 2 Satz 2, 3). Die Gebühr bestimmt das OLG, also der Zivilsenat, nicht der Kostenbeamte. Hat der Antrag auf gerichtliche Entscheidung Erfolg, so ist das gerichtliche Verfahren gebührenfrei (Abs. 2 Satz 1, § 1 KostO). In diesem Fall bestimmt das Gericht, wenn es in der Sache entscheidet, die von der Verwaltungsbehörde nach Anm. 1a zu erhebende Gebühr (Abs. 2 Satz 5).

c) Gebühren des Rechtsanwalts nach § 118 BRAGebO. Geschäftswert für das Verfahren vor der Verwaltungsbehörde § 8 Abs. 2 Satz 2 Halbs. 2 BRAGebO, vor dem OLG § 30 Abs. 3, 2 KostO. Beide Verfahren sind verschiedene Angelegenheiten i. S. des § 13 Abs. 2 BRAGebO.

2. Kostenerstattung unter den Beteiligten, auch zu Lasten der Verwaltungsbehörde, nach § 13 a Abs. 1 FGG. Die Anrufung des OLG ist jedoch kein „Rechtsmittel“ i. S. des § 13 a Abs. 1 Satz 2. Die Erstattung im Verwaltungsverfahren entstandener Kosten kann vom Gericht nicht angeordnet werden, da kein „Vorverfahren“, vgl. § 162 Abs. 1 VwGO, BGH 6. 11. 58 (28 302), 30. 11. 59 (31 229). Die Kosten setzt der UdG des OLG fest (§ 13a Abs. 2 FGG, § 103 ZPO).

C

Anfechtung von Justizverwaltungsakten EGGVG §§ 23 bis 30 i. d. F. des § 179 VwGO

Vorbemerkung: Nach früherem Rechtszustand waren Verwaltungsakte auf dem Gebiet des Zivilprozesses, des Strafprozesses und der freiwilligen Gerichtsbarkeit von der verwaltungsgerichtlichen Generalklausel ausgenommen, ohne daß für ihre gerichtliche Nachprüfung ein anderes Verfahren ausdrücklich vorgesehen war (§ 25 Abs. 1 Satz 2 MRVO 165, § 23 Abs. 2 VVG Berlin, für den Geltungsbereich der südd. Verwaltungsgerichtsgesetze BVerwG 19. 12. 57 (6 86). Aus Art. 19 Abs. 4 GG folgte hieraus ihre Anfechtbarkeit durch Klage vor den ordentlichen Gerichten. Jedoch war die Abgrenzung im einzelnen zweifelhaft und streitig. Die Verwaltungsgerichte waren geneigt, ihre Zuständigkeit in weitem Umfange anzunehmen, z.B. auf dem Gebiet der familienrechtlichen Befreiungen. Bei der Beratung des Entwurfs der Verwaltungsgerichtsordnung wurde vom Bundesrat vorgeschlagen, die Nachprüfung der spezifisch justizmäßigen Verwaltungsakte der Justizverwaltung den ordentlichen Gerichten zu übertragen, und zwar in weiterem Umfange, als es der herkömmlichen Auslegung des Begriffs Justizverwaltungsakt entsprach, weil die ordentlichen Gerichte über die für die Nachprüfung erforderlichen zivil- und strafrechtlichen Kenntnisse und Erfahrungen verfügen (BT-Drucks. 3. Wahlp. Nr. 55 S. 61, 79, Nr. 1094 S. 15). Dieser Vorschlag wurde in der Weise Gesetz, daß § 179 der Verwaltungsgerichtsordnung vom 21. Januar 1960 (BGBl. I 17) in das Einführungsgesetz zum Gerichtsverfassungsgesetz die §§ 23 bis 30 einfügte. Durch diese Vorschriften wird die Entscheidung über die Anfechtung von Justizverwaltungsakten im Umfang der in § 23 Abs. 1 EGGVG enthaltenen Generalklausel den ordentlichen Gerichten zugewiesen und gleichzeitig ein besonderes Verfahren mit grundsätzlich erst- und letztinstanzlicher Zuständigkeit der Oberlandesgerichte geschaffen.

Die neue Regelung ist am 1. April 1960 in Kraft getreten (§ 195 Abs. 1 Satz 1 VwGO). Sie gilt auch in Berlin (Übernahme Gv. 4. 3. 1960, GVBl. 207). Inzwischen hat der Umfang der nach den §§ 23ff. EGGVG anfechtbaren Justizverwaltungsakte mit Wirkung vom 1. Januar 1962 dadurch eine Einschränkung erfahren, daß das Familienrechtsänderungsgesetz vom 11. August 1961 (BGBl. I 1221) Entscheidungen auf dem Gebiet des Familienrechts, die bisher im Verwaltungswege getroffen wurden, dem VormG zugewiesen und dadurch zu Rechtspflegeakten der freiwilligen Gerichtsbarkeit umgestaltet hat, insbesondere die Ehelichkeitserklärung (oben § 43a), die Befreiung von den Eheverboten der Schwägerschaft, der Geschlechtsgemeinschaft und des Ehebruchs (oben §§ 44a, 44b) und vom Erfordernis der Ehemündigkeit (oben S. 38). Ferner ist die Anerkennung ausländischer Entscheidungen in Ehesachen zwar ein Justizverwaltungsakt geblieben, das gerichtliche Verfahren zur Anfechtung dieser Entscheidungen aber in Art. 7 FamRÄndG besonders und abweichend von den §§ 23ff. EGGVG geregelt worden (oben S. 95).

Schrifttum: a) Rechtspolitisch: Tietgen, NJW 1956, 1129; 1957, 394; Ruscheweyh, DVBl. 1958, 686; Ule, JZ 1958, 628; Hamann, DVBl. 1959, 7. **b)** Zum geltenden Recht: Hornig, NdsRpfl. 1960, 52; Stich, DÖV 1960, 368; Lüke, JuS 1961, 205; Wieczorek, ZPO-HdAusg. §§ 23ff. EGGVG; Altenhain, JVBl. 1960, 193; 1961, 173; Baumbach-Lauterbach, ZPO[26] §§ 23ff. EGGVG; Ule, VerwProzRecht[2] § 32 II 6, Anh. § 32 zu IV; Forsthoff, VerwRecht § 6 zu 2, § 28; Eberhard Schmidt, Lehrkomm. zur StPO, Teil III § 23ff. EG; Zimmermann, Rpfleger 1962, 42; H. W. Schmidt, SchlHA 1962, 73; ferner die Kommentare zur VwGO.

Antrag auf gerichtliche Entscheidung über die Rechtmäßigkeit von Justizverwaltungsakten

23 **(1) Über die Rechtmäßigkeit der Anordnungen, Verfügungen oder sonstigen Maßnahmen, die von den Justizbehörden zur Regelung einzelner Angelegenheiten auf den Gebieten des bürgerlichen Rechts einschließlich des Handelsrechts, des Zivilprozesses, der freiwilligen Gerichtsbarkeit und der Strafrechtspflege getroffen werden, entscheiden auf Antrag die ordentlichen Gerichte. Das gleiche gilt für Anordnungen, Verfügungen oder sonstige Maßnahmen der Vollzugsbehörden im Vollzug der Freiheitsstrafen, der Maßregeln der Sicherung und Besserung, des Jugendarrests und der Untersuchungshaft.**

(2) Mit dem Antrag auf gerichtliche Entscheidung kann auch die Verpflichtung der Justiz- oder Vollzugsbehörde zum Erlaß eines abgelehnten oder unterlassenen Verwaltungsaktes begehrt werden.

(3) Soweit die ordentlichen Gerichte bereits auf Grund anderer Vorschriften angerufen werden können, behält es hierbei sein Bewenden.

1. **Justizverwaltungsakt.** Als Ausnahme von der verwaltungsgerichtlichen Generalklausel des § 40 VwGO weist § 23 die Entscheidung über die Rechtmäßigkeit der Anordnungen, Verfügungen oder sonstigen Maßnahmen (Verwaltungsakte) von Justizbehörden den ordentlichen Gerichten zu; der Umfang dieser Zuweisung wird wiederum durch eine Generalklausel dahin umschrieben, das der VA, soweit Zivilsachen in Betracht kommen, auf den Gebieten des bürgerlichen Rechts einschließlich des Handelsrechts, des Zivilprozesses oder der freiwilligen Gerichtsbarkeit ergangen sein muß. Da diese Gebiete zum Bereich der ordentlichen Gerichtsbarkeit gehören, bezieht sich die Regelung nicht auf VAe von Justizbehörden der anderen Gerichtszweige (allgemeine und besondere VerwGe) und der Gerichte in Arbeitssachen; insoweit verbleibt es bei der Zulässigkeit des VerwRechtswegs (Schunck-De Clerck, VwGO, § 40 Anm. 7b). Justizbehörden sind die Justizverwaltungsbehörden der ordentlichen Gerichtsbarkeit einschließlich des JustMin. und die Staatsanwaltschaften (Anm. k). Mithin scheiden aus Akte, die von einem Gericht als solchem, also von einem mit sachlicher und persönlicher Unabhängigkeit ausgestatteten Einzelrichter oder Kollegialgericht erlassen werden, wobei es nur auf die formelle Gerichtsqualität der entscheidenden Stelle, nicht auf die Zurechenbarkeit des Aktes zur Rechtsprechung oder Verwaltung im materiellen Sinne ankommt (Tietgen, NJW 1956, 1129 zu III 6; Maunz-Dürig, GG Art. 19 Abs. 4 Rn. 17). Keine Justizverwaltungsakte sind hiernach die Zurück-

weisung von Bevollmächtigten und Beiständen nach § 157 Abs. 1 ZPO (Baumbach[26] § 23 EG Anm. 1 A), die Untersagung des weiteren Vortrags nach § 157 Abs. 2 ZPO (Lüke, JuS 1961, 206), Maßnahmen der Sitzungspolizei (§§ 176, 177 GVG), der Erlaß eines Vorführungsbefehls (§ 5 Abs. 1 FrEntzG), die Amtsenthebung eines Handelsrichters (§ 113 Abs. 2 GVG). Nicht hierher gehören ferner Akte der Rechtspflege im funktionellen Sinne, mag auch das Rechtspflegeorgan, das sie erlassen hat, ein nichtrichterliches sein, z. B. ein Rechtspfleger, ein UdG oder eine nach § 194 FGG zuständige nichtrichterliche Behörde. Deshalb scheiden Verfügungen auf dem Gebiet der freiwilligen Gerichtsbarkeit, auch soweit diese Tätigkeit materiell als Verwaltung anzusehen sein sollte (vgl. § 1 FGG Anm. 1), aus (Ule, VwGO § 42 IV 3 c; Lüke, JuS 1961, 207). Keine Rechtsprechungsakte, aber auch keine JustVerwAe sind die Anordnungen der Präsidien der Gerichte (§§ 22a, 64, 117, 131, GVG), weil die Präsidien ein von der Justizverwaltnng der Idee nach unabhängiges Organ der gerichtlichen Selbstverwaltung sind. Überhaupt sind Maßnahmen auf dem Gebiet der Gerichtsverfassung, auch soweit sie von dem Präsidenten allein getroffen werden (§§ 22c Abs. 3, 65, 67 GVG), von der Anfechtung sowohl nach § 23, wo das Sachgebiet der Gerichtsverfassung nicht erwähnt wird (a. M. Wieczorek, ZPO-HdAusg. § 23 EG Anm. B I b 2), als auch im VerwRechtsweg ausgeschlossen, weil sie im Rahmen der Selbstverwaltung der Gerichte kraft richterlichen Amtes erlassen werden (Tietgen, NJW 1956, 1129 zu III 6c)[1]). Sonstige hoheitliche Maßnahmen von Justizbehörden, die dem Betrieb und der personellen und sachlichen Ausstattung der Gerichtsbehörden zu dienen bestimmt sind, gehören nicht zu den Sachgebieten des § 23, sind aber möglicherweise im VerwRechtsweg anfechtbar. Es verbleiben mithin für das Verfahren nach § 23 die ihrem sachlichen Gehalt nach spezifisch zu dem unmittelbaren Funktionsbereich der ordentlichen Gerichte gehörenden JustVerwAe (Anm. 2).

Der Begriff des Verwaltungsaktes ist derselbe wie der des allgemeinen Verwaltungsrechts (vgl. dazu Ule, VwGO[2] § 42 IV; Koehler, VwGO § 42 A III). Über die Anfechtbarkeit eines wiederholten Bescheides, nachdem ein erster Bescheid unanfechtbar geworden ist („Zweitbescheid"), vgl. Haueisen, NJW 1959, 2137; BVerwG 10. 10. 61 (NJW 1962, 362). Bescheide, durch die ein Einschreiten im Dienstaufsichtswege abgelehnt wird, sind keine VAe (Ule, VwGO[2] § 42 IV 5b; Klinger, VwGO 68 Anm. E 1; Eyermann-Fröhler, VwGO § 42 Anm. 55).

2. Als **Justizverwaltungsakte in Zivilsachen** i. S. des § 23 sind anzusehen:

a) Die Befreiung von der Beibringung des Ehefähigkeitszeugnisses für Ausländer und Staatenlose durch den OLGPräs. nach § 10 Abs. 2 EheG i. d. F. des Art. 2 Nr. 1 Buchst. e FamRÄndG. Sie ist ein JustVA auf dem Gebiet des bürgerl. Rechts (Koehler, VwGO, § 179 Anm. III 1d; Ule, VerwProzR[2] S. 106; Baumbach[26] § 23 Anm. 1 C; Beitzke, FamR[10] § 9 II 4; Lüke, JuS 1961, 205 zu II 1). Vgl. dazu Beyer, StAZ 1957, 33; KG 14. 9. 61 (NJW 2209 = FamRZ 480). Die Befreiung ist bei Staatenlosen und Ausländern, deren innere Behörden keine Ehefähigkeitszeugnisse ausstellen, ein gesetzesgebundener JustVA (KG a. a. O.); das Vorliegen eines „besonderen Falles", in dem auch Angehörigen anderer Staaten Befreiung erteilt werden darf (§ 10 Abs. 2 Satz 3 EheG), ist nachprüfbarer unbestimmter Rechtsbegriff.

---

[1]) Wie hier auch Müller, Die Anfechtbarkeit von Präsidialbeschlüssen, DRiZ 1962, 83.

b) Die Anerkennung freier Ehen rassisch und politisch Verfolgter (G v. 23. 6. 50, BGBl. 226, ÄndG v. 7. 3. 56, BGBl. I 104, in Berlin übern. durch G v. 7. u. 10. 9. 56, GVBl. 1003, 1010). Bisher wurde der VerwRechtsweg für zulässig erachtet, BVerwG 29. 1. 54 (1 74), 31. 1. 58 (6 167), 26. 2. 60 (10 192); Bettermann, FamRZ 1957, 18. Nunmehr ist der Rechtsweg nach § 23 eröffnet, da JustVA auf dem Gebiet des bürgerl. Rechts, Hamburg 23. 9. u. 25. 11. 60 (2 VA 1 u. 2/60), München (VA 1/60), KG 10. 8. 61 (1 W 1020/61), OVG Berlin 14. 7. 61 (IV ER 138/60); Koehler, VwGO § 179 Anm. III 1 e; Ule, VwGO[2] § 42 Anm. IV 3b; Baumbach[26] § 23 Anm. 1 C; Beitzke, FamR[10] § 7 I 4; a. M. Tannert, JZ 1960, 592 Fußn. 3. Die Anerkennungsfähigkeit der Verbindung unterliegt in vollem Umfange der richterlichen Nachprüfung, BVerwG 29. 1. 54 (1 74 = NJW 895), 26. 2. 60 (10 192 = DVBl. 395 = DÖV 714 = FamRZ 198 = MDR 343 = JVBl. 131 = StAZ 256), jedoch hat das Gesetz dem Ermessen der Behörde noch Raum gelassen, BVerwG 29. 1. 54 (a. a. O.). Die Antragsbefugnis (§ 24 Abs. 1) steht auch den in ihrem Erbrecht geschmälerten Verwandten des verstorbenen Partners zu, BayVGH 18. 6. 56 (DVBl. 764 = NJW 1957, 315); Tannert, DVBl. 1958, 752 u. JZ 1960, 592; Baumbach[26] § 24 Anm. 2 B; a. M. Tietgen, NJW 1957, 315; Bettermann, FamRZ 1957, 151, DVBl. 1958, 830; Menger, VerwArch. 1959, 199; Ule, VwGO[2] § 42 III 2; BVerwG 31. 1. 58 (6 167 = DVBl. 749 = NJW 725), 6. 3. 59 (RzW 425 = JZ 543). Anfechtbar ist auch die Rücknahme des Anerkennungsbescheides, BVerwG 14. 7. 61 (FamRZ 524).

c) Versagung oder Gewährung von Akteneinsicht oder Erteilung von Abschriften aus Akten, soweit eine JustizVerwBehörde entscheidet, z. B. der Vorstand des Gerichts nach § 299 Abs. 2 ZPO gegenüber Dritten (Baumbach[26] § 299 Anm. 4), in Angelegenheiten der FG, soweit nicht nach § 34 FGG, § 12 GBO das Gericht zu entscheiden hat, z. B. Gestattung der Einsicht in Grundbücher und Grundakten im Verwaltungswege nach § 35 der AV v. 25. 2. 36 (DJ 350). Dagegen ist die Gewährung von Einsicht in Vorgänge der Gerichtsverwaltung, z. B. über die Bildung des Präsidiums, der Schöffen- und Schwurgerichte oder über die Geschäftsverteilung (vgl. zum Einsichtsrecht der Rechtsanwälte BVerwG 26. 5. 61, NJW 1989) kein JustVA i. S. des § 23, sondern ein VA auf dem Gebiet der Gerichtsverfassung.

d) Gewährung oder Versagung von Rechtshilfe im Verkehr mit dem Ausland (Baumbach[26] § 23 Anm. 1 C); vgl. § 2 FGG Anm. 10; Baumbach[26] Anh. nach § 168 GVG. Darunter fällt auch die Ablehnung der Weiterleitung eines Gesuchs nach dem Übereinkommen über die Geltendmachung von Unterhaltsansprüchen im Ausland v. 20. 6. 56 (BGBl. 1959 II 149); Bülow-Arnold, Intern. Rechtsverkehr, A III 3 a.

e) Feststellung der Voraussetzungen für die Übertragbarkeit eines Nießbrauchs oder einer beschränkten persönlichen Dienstbarkeit, die einer juristischen Person zustehen, nach §§ 1059a Nr. 2, 1092 Abs. 2 BGB (Hornig, NdsRpfl. 1960, 52). Dazu v. Spreckelsen, DJ 1936, 1985. Zuständig ist der LG (AG)-Präsident, AV d. RJM v. 8. 12. 38 (DJ 1974), Bayern Bek. v. 16. 8. 56 (JMBl. 140), Berlin AV v. 27. 8. 54 (ABl. 1008), Niedersachsen AV v. 15. 3. 54 (NdsRpfl. 58)

f) Verfügungen in Stiftungsaufsichtssachen, sofern die Stiftungsaufsicht einer Justizverwaltungsbehörde zusteht und es sich um eine Stiftung des privaten Rechts handelt; vgl. Berliner StiftungsG v. 11. 3. 60 (GVBl. 228); Hamburg AGBGB i. d. F. v. 1. 7. 58 (GVBl. 196) §§ 6 bis 21; Bayern StiftungsG

v. 26. 11. 54 (BayBS II 661). JustVAe bei der Stiftungsaufsicht sind sachlich der freiwilligen Gerichtsbarkeit zuzurechnen.

g) In Hinterlegungssachen Entscheidungen des OLGPräs. nach § 3 Abs. 4 HinterlO, soweit nicht durch § 3 Abs. 5 HinterlO der ordentliche Rechtsweg zum LG eröffnet wird, sowie des LGPräs. im Fristsetzungsverfahren nach § 16 Abs. 3 HinterlO (Doerry, JVBl. 1960, 270; LVG Oldenburg 28. 1. 60, NdsRpfl. 104); Palandt[21] Einf. 3a vor § 372 zieht aus dieser Rechtslage noch keine Folgerungen.

h) In Schiedsmannssachen sind JustVAe auf dem Gebiet des Zivilprozesses oder der Strafrechtspflege die Entscheidungen des LGPräs. über Beschwerden gegen die Festsetzung von Ordnungsstrafen oder von Gebühren und Auslagen (§§ 22 Abs. 3, 39 Abs. 4, 50 PrSchiedsmO). Soweit im übrigen der Aufsichtsbehörde Entscheidungen zugewiesen sind (§ 7 Abs. 2 PrSchiedsmO, §§ 4, 7 Abs. 2, 8 Abs. 2 Satz 2 HessSchiedsmG), handelt es sich um Verwaltungsakte auf dem Gebiet der Gerichtsverfassung; der durch Art. 19 Abs. 4 GG erforderte Rechtsschutz wird aber zweckmäßig dadurch verwirklicht, daß die nach § 9 Abs. 2 PrSchiedsmO und HessSchiedmG bestehende Zuständigkeit des 1. ZS des OLG für Amtsenthebungen auf diese Fälle erweitert wird (sachlich nächstzuständiges Gericht, vgl. Maunz-Dürig, GG Art. 19 Abs. 4 Rn. 64c).

i) Petitionsbescheide (Art. 17 GG) von Justizverwaltungsbehörden auf den in § 23 Abs. 1 angeführten Gebieten (vgl. Maunz-Dürig, GG Art. 17 Randn. 80; Thormann, Zum Status des Petitionsrechts, DÖV 1961, 888.

k) Maßnahmen des Staatsanwalts auf dem Gebiete des Zivilrechts können JustVAe sein. Die StA ist eine Justizbehörde i. S. des § 23; sie bildet neben den Gerichten einen selbständigen Zweig der Rechtspflege und steht zu ihnen im Verhältnis gleichgeordneter Behörden (Löwe-Rosenberg, StPO[20] § 150 GVG Anm. II 2; vgl. auch Leverenz, DRiZ 1961, 101). Nach § 23 anfechtbar ist daher z. B. ein Vorführungsbefehl der StA, Bremen 3. 3. 61 (JVBl. 237). In Zivilsachen kommt in Betracht die Erhebung der Ehenichtigkeitsklage (§ 24 Abs. 1 EheG) oder die Vornahme von Verfahrenshandlungen in Entmündigungssachen, wie Stellung des Antrags, Einlegung einer Beschwerde, Erhebung der Anfechtungsklage (§§ 646 Abs. 2, 663 Abs. 1, 664 Abs. 2, 675, 678 Abs. 2, 679 ZPO), ferner die Mitwirkung des StA im Todeserklärungsverfahren (§§ 16 Abs. 2 Buchst. a, 17, 26 Abs. 2 VerschG). Hierbei handelt es sich zwar um Verfahrenshandlungen, die als solche keine JustVAe sind; ein JustVA ist aber die vorausgehende Entschließung der StA (Lüke, JuS 1961, 205 zu II 2; a. M. BVerwG 16. 12. 58, NJW 1959, 448). Die Bejahung des regelmäßig erforderlichen öffentlichen Interesses kann vom Prozeßgericht in dem durch Klage oder Antrag der StA eingeleiteten Verfahren nicht nachgeprüft werden, vgl. zu § 1595a BGB a. F. BGH 14. 12. 53 (LM § 1595a BGB Nr. 2), zu § 232 Abs. 1 StGB BGH 26. 5. 61 (NJW 2120); a. M. Lüke a. a. O. Einem Betroffenen, der nach § 24 Abs. 1 antragsbefugt ist, steht daher der Rechtsweg nach § 23 offen (vgl. Thierfelder, DVBl. 1961, 119 u. NJW 1961, 1101, 1962, 116; Kaiser, NJW 1961, 200 u. 1102). Ebenso ist die Ablehnung der angeführten Maßnahmen ein JustVA; jedoch fehlt es regelmäßig an der Klagebefugnis (§ 24 Abs. 1), weil die StA nur im öffentlichen Interesse tätig wird, ihr Vorgehen mithin nicht den Schutz eines Dritten bezweckt, sondern ihn als Reflexwirkung des objektiven Rechts nur mittelbar bewirkt.

3. Justizverwaltungsakte, die nicht die Rechtsgebiete des § 23 Abs. 1 betreffen und daher vor die Verwaltungsgerichte gehören, sind:

a) Die Erlaubnis zur Besorgung fremder Rechtsangelegenheiten (Zulassung als Rechtsbeistand) nach Art. 1 § 1 RechtsberMißbrG v. 13. 12. 35 (RGBl. I 1478) durch den LGPräs. (§ 11 1. AusfVO v. 13. 12. 35, RGBl. I 1481). Die Zulässigkeit des VerwRechtswegs (vgl. BVerwG 10. 5. 55, NJW 1532) ist unberührt geblieben (BT-Drucks. 1094/3. Wahlp. S. 15; Koehler, VwGO § 179 III 2c; Eyermann-Fröhler, VwGO § 40 Rn. 87; Ule, VwGO[2] § 42 IV 3; Nicken, SchlHA 1961, 127 zu II; Baumbach[26] § 23 Anm. 1 B; a. M. Wieczorek, ZPO-HdAusg. § 23 EG Anm. B III).

b) Die Zulassung als Prozeßagent nach § 157 Abs. 3 ZPO durch den LG(AG)Präs. (§ 5 AV d. RJM v. 23. 3. 35, DJ 486). Nach der Rechtsprechung des BVerwG ist der VerwRechtsweg zulässig, BVerwG 10. 5. 55 (2 89 = NJW 1534), 27. 10. 55 (2 276 = NJW 1956, 883), 4. 12. 58 (7 344 = NJW 1959, 546). Die Frage, ob nunmehr die Zuständigkeit des OLG durch § 23 Abs. 1 begründet ist, ist streitig; sie ist zu verneinen. § 157 Abs. 3 ZPO enthält trotz der verfahrensrechtlichen Auswirkungen eine Regelung der Berufsausübung, BVerwG 4. 16. 58 (a. a. O.), BVerfG 17. 9. 59 (10 185 zu IV). Die Maßnahme beschränkt sich auch nicht auf den Zivilprozeß oder die freiw. Gerichtsbarkeit, da die Zulassung als Prozeßagent zugleich die als Rechtsbeistand enthält (Art. 1 § 3 Nr. 3 RechtsberMißbrG) und zur Betätigung in Steuersachen befähigt (§ 107a Abs. 3 Nr. 2 AO). Außerdem ist für die Zulassung als Prozeßagent bei einem Verwaltungsgericht oder Sozialgericht weiter der VerwRechtsweg gegeben (Tietgen, DVBl. 1961, 296; OVG Hamburg 15. 11. 60, NJW 1961, 1421; Nicken, SchlHA 1961, 127 zu I 2d). Für diese Zersplitterung der Gerichtswege (vgl. auch Anm. 3a) besteht kein sachlicher Grund. Der VerwRechtsweg ist daher weiter gegeben, so auch BayVGH 21. 7. 61 (45 V 59); Ule, VwGO[2] § 42 IV 3 b; v. Schunck-De Clerck, VwGO, § 40 Anm. 7b, aa; Lüke, JuS 1961, 207; a. M. Celle 1. 3. 61 (NdsRpfl. 106); Eyermann-Fröhler, VwGO § 40 Rn. 87; Koehler, VwGO § 179 III 2d; Stich, DÖV 1960, 368; Nicken SchlHA 1961, 127 zu I 2; Baumbach[26] § 23 Anm. 1 B; Wieczorek, ZPO-HdAusg. § 23 EG Anm. B III; Schleswig 14. 12. 61 (SchlHA 1962 104).

c) Entscheidungen von Justizprüfungsämtern oder Richterwahlausschüssen.

4. **Subsidiarität des Rechtsweges.** Der Rechtsweg nach § 23 Abs. 1 gilt nicht, soweit JustVAe nach anderen Vorschriften bei den ordentlichen Gerichten angefochten werden können (Abs. 3). Eine anderweite Regelung enthalten: Art. 7 FamRÄndG über Anerkennung ausländischer Entscheidungen in Ehesachen (oben S. 95); Art. XI § 1 KostÄndG über die Anfechtung von JustVAen auf dem Gebiet des Kostenrechts. Gegen die Versagung von Reisekosten an mittellose Beteiligte (Kommentar Anl. II § 115 ZPO Anm. 2) ist kraft Sacnzusammenhangs die Sachbeschwerde nach § 127 ZPO gegeben; a. M. (§ 23 EG) Celle 5. 1. 62 (NdsRpfl. 55).

5. **Antragsarten.** Entsprechend der Anfechtungsklage und der Verpflichtungsklage des Verwaltungsprozesses (§ 42 VwGO) läßt § 23 die Anrufung des Gerichts auf zwei Arten zu, nämlich in Abs. 1 durch Anfechtungsantrag, in Abs. 2 durch Verpflichtungsantrag.

a) Der Anfechtungsantrag verfolgt das (kassatorische) Ziel der Aufhebung des rechtswidrigen Verwaltungsakts durch Richterspruch. Der Antrag ist auf Gestaltung gerichtet; die dem Antrag entsprechende Entscheidung führt den erstrebten Erfolg unmittelbar herbei, ist also mit Ausnahme des Kostenpunkts einer Vollstreckung nicht fähig.

b) Der Verpflichtungsantrag[1]) ist auf eine Leistung gerichtet. Der Antragsteller erstrebt damit ein Handeln der Verwaltungsbehörde, nämlich den Erlaß eines abgelehnten oder unterlassenen Verwaltungsakts. Abgelehnt ist ein VA, wenn die Behörde den Vornahmeantrag durch einen inhaltlich negativen VA beschieden oder eine Bescheidung abgelehnt hat; unterlassen ist ein VA, wenn die Behörde die Bescheidung des Vornahmeantrags unterlassen hat. Der Verpflichtungsantrag ist in der Gestalt des Vornahmeantrags oder des Bescheidungsantrags zu stellen. Der Vornahmeantrag, der darauf gerichtet ist, daß das Gericht der Behörde die Verpflichtung auferlege, die beantragte Amtshandlung vorzunehmen (§ 28 Abs. 2 Satz 1), kann nur Erfolg haben, wenn der abgelehnte oder unterlassene VA gesetzesgebunden ist. Steht der Erlaß des VA im Ermessen der Behörde, so kann nur ein Bescheidungsantrag mit dem Ziel gestellt werden, daß das Gericht die Verpflichtung der Behörde ausspreche, den Antragsteller — bei bisher nicht beschiedenem Vornahmeantrag erstmals, bei abgelehntem Vornahmeantrag anderweit — zu bescheiden (§ 28 Abs. 2 Satz 2). Bei Nichtbescheidung eines Vornahmeantrags oder einer Beschwerde im Vorverfahren regelt § 27 die Zulässigkeitsvoraussetzungen für den Verpflichtungsantrag, ohne dadurch aber eine weitere Antragsart („Untätigkeitsantrag") einzuführen.

Neben dem Verpflichtungsantrag hat ein Antrag auf Aufhebung des ablehnenden Bescheides keine selbständige Bedeutung, BVerwG 17. 12. 54 (1 296); Bettermann, NJW 1960, 651; Koehler, VwGO, § 42 B III 3b; Brück, NJW 1960, 2274.

Antragsbefugnis. Vorverfahren

24 **(1) Der Antrag auf gerichtliche Entscheidung ist nur zulässig, wenn der Antragsteller geltend macht, durch die Maßnahme oder ihre Ablehnung oder Unterlassung in seinen Rechten verletzt zu sein.**

(2) Soweit Maßnahmen der Justiz- oder Vollzugsbehörden der Beschwerde oder einem anderen förmlichen Rechtsbehelf im Verwaltungsverfahren unterliegen, kann der Antrag auf gerichtliche Entscheidung erst nach vorausgegangenem Beschwerdeverfahren gestellt werden.

1. **Antragsbefugnis.** Abs. 1 regelt entsprechend § 42 Abs. 2 VwGO die formelle Antragsbefugnis für den Anfechtungsantrag (Anm. 5a) und den Verpflichtungsantrag (Anm. 5b). Die Vorschrift will ähnlich wie § 20 Abs. 1 FGG für die Beschwerde die Popularklage ausschließen. Als Zulässigkeitsvoraussetzung des Antrags muß der Antragsteller geltend machen, durch den Verwaltungsakt oder die Ablehnung des Vornahmeantrags oder das Unterbleiben seiner Bescheidung in seinen Rechten verletzt zu sein. Hierfür kommt es nur auf den Vortrag des Antragstellers an. Die Rechtsverletzung erfordert zunächst ein Betroffensein des Antragstellers im Sinne einer subjektiven Beziehung des angefochtenen oder erstrebten VA zu den Rechten des Antragstellers und sodann eine rechtswidrige Schmälerung dieser Rechte. Das wirkliche Betroffensein gehört, anders als bei der Beschwerdebefugnis im FGG-Verfahren (§ 20 Anm. 2), zur Aktivlegitimation und damit zur Begründetheit des Antrags (§ 28 Abs. 1 Satz 1, Abs. 2 Satz 1); im Rahmen der Antrags-

[1]) **Schrifttum: Bettermann, Die Verpflichtungsklage nach der BVwGO, NJW 1960, 649; die dort vertretene Auffassung hat die Billigung des BVerwG gefunden, BVerwG 18. 8. 60 (11 99 = NJW 1961, 792).**

befugnis (Prozeßführungsbefugnis) genügt es, wenn der Antragsteller Tatsachen anführt, die, wenn sie zuträfen, sein Betroffensein ergäben. Die bloße Rechtsbehauptung kann allerdings die Antragsbefugnis nicht begründen. Ergibt eine rechtliche Prüfung, daß der Antragsteller nach den angeführten Tatsachen, ihre Richtigkeit unterstellt, von den Wirkungen des angefochtenen oder erstrebten VA in seinen Rechten nicht betroffen, d. h. überhaupt nicht berührt wird, so ist der Antrag unzulässig (BVerwG 28. 1. 60, **10** 122 = NJW 1315; Menger, VerwArch **48** 353; Ule, VwGO² § 42 III 1; a. M. Bettermann, NJW 1961, 1097 zu 2b; vgl. zum Meinungsstand im VerwProz. Engelhardt, JZ 1961, 588). Für die Rechtsbeeinträchtigung dagegen genügt es, daß der Antragsteller, ohne daß es auf eine Prüfung seiner Rechtsauffassung ankommt, geltend macht, durch die Maßnahme oder ihre Unterlassung in seinen Rechten zu Unrecht geschmälert zu sein. Die Rechtswidrigkeit des Aktes unterstellt, muß also der Antragsteller in den ihm nach seiner substantiierten Behauptung zustehenden Rechten verletzt sein. Betroffen und in seinen Rechten verletzt kann auch sein, wer nicht Adressat des VA ist, BVerGw 12. 4. 56 (**3** 237), 28. 1. 59 (DVBl. 396), BSozG 16.8.61 (NJW 2230); Maunz-Dürig, GG Art. 19 Abs. **4** Rdn. 38.

Hieraus ist nicht zu folgern, daß der Antrag, um zulässig zu sein, in tatsächlicher und rechtlicher Hinsicht begründet werden müßte. Es genügt, wenn die Antragsbefugnis sich aus dem Sachverhalt und dem erkennbaren Ziel des Antrags ergibt, notfalls nach einer vom Gericht aufgegebenen Ergänzung.

Rechte i. S. des § 24 Abs. 1 sind subjektive öffentliche Rechte. Jedoch ist dieser Begriff nicht mehr in der historisch überkommenen engen Auffassung zu verstehen, sondern im Umfang der durch Art. 19 Abs. 4 GG geschützten Rechte. Dazu gehören auch die rechtlich geschützten Interessen. Der Antragsteller muß sich auf eine Norm des objektiven Rechts berufen können. Die Beeinträchtigung nur wirtschaftlicher oder ideeller Interessen genügt nicht (Maunz-Dürig, GG Art. 19 Abs. 4 Rdn. 33—35; Ule, VwGO § 42 III 2; Eyermann-Fröhler, VwGO, § 42 Anm. 98—100; Koehler, VwGO § 42 C IV 4; BVerwG 30. 9. 58, **7** 237). Bloße Reflexwirkungen des objektiven Rechts begründen keine Antragsbefugnis (vgl. oben Anm. 2 k; Maunz-Dürig, a. a. O. Rdn. 34, 35; Koehler, VwGO § 42 C IV 6 c). Wenn der Erlaß eines Verwaltungsakts in das Ermessen einer Behörde gestellt ist, besteht zwar kein Rechtsanspruch auf Vornahme, aber ein Anspruch auf rechtmäßigen Ermessensgebrauch (Prüfungsanspruch), also auf Bescheidung ohne Überschreiten oder Mißbrauch des Ermessens (Bachof, Vornahmeklage, S. 69; Maunz-Dürig, a. a. O. Rdn. 36; a. M. Koehler, VwGO § 42 C IV 4).

2. Verwaltungsbehördliches Vorverfahren (Abs. 2). Die Erschöpfung des Verwaltungsweges ist nach Abs. 2 Voraussetzung für die Anrufung des Gerichts nur, soweit ein förmliches Verwaltungs-(Beschwerde-)Verfahren vorgesehen ist; abweichend von § 68 VwGO ist daher ein Widerspruchsverfahren nicht allgemein vorgeschaltet (Koehler, VwGO, § 179 IV 1; Hamm 24. 2. 61, JVBl. 188). Es muß in den einschlägigen Verfahrensregelungen ein förmlicher Rechtsbehelf vorgesehen sein; eine bloße Dienstaufsichtsbeschwerde hemmt die Antragsfrist (§ 26 Abs. 1) nicht. Ein Vorverfahren dieser Art ist einzuhalten bei Maßnahmen der Vollzugsbehörden i. S. des § 23 Abs. 1 Satz 2 gemäß der StrafvollzugsO (Altenhain JVBl. 1961, 174), in Hamburg nach § 6 AGVwGO v. 29. 3. 60 (GVBl. 291), in Bremen nach § 26 AGGVG v. 11. 10. 60 (GVBl. 123); in Zivilsachen bei den in Anm. 2 genannten JustVerwAkten nur noch in Hinterlegungs- und Schiedmannssachen.

Die Einhaltung des Vorverfahrens ist Voraussetzung nicht für die Zulässigkeit des Antrags (so Baumbach[26] § 24 EG Anm. 1, 3), sondern der Sachentscheidung („Sachurteilsvoraussetzung"). Der Antrag darf wegen Nichteinhaltung des Vorverfahrens als unzulässig nur zurückgewiesen werden, wenn der Mangel bis zum Zeitpunkt der Entscheidung nicht behoben ist, gegebenenfalls nach gebotener Aussetzung (Menger, System S. 131; Bettermann, DVBl. 1953, 166; 1959, 308; Dapprich, DVBl. 1960, 194; Stich, DVBl. 1960, 378; Ule, VwGO, § 68 I; Koehler, VwGO § 68 A V 3). Die Stellung des Antrags beim Gericht wahrt eine Beschwerdefrist nicht; Prozeßerklärungen der Behörde können den Beschwerdebescheid nicht ersetzen (Stich, a. a. O.).

Gegenstand der Anfechtung ist bei erfolglosem Beschwerdebescheid der ursprüngliche VA; falls der Beschwerdebescheid für den von dem VA Betroffenen eine zusätzliche Beschwer schafft, sind beide Bescheide zusammen anzufechten. Eine solierte Anfechtung nur des Beschwerdebescheides ist zulässig, wenn und soweit er gegenüber dem ursprünglichen VA für den Betroffenen oder einen Dritten eine erstmalige oder zusätzliche Beschwer enthält; vgl. § 79 VwGO und Bettermann, NJW 1958, 81; Hamm 19. 12. 60 (JVBl. 1961, 165).

Zuständigkeit

25 (1) Über den Antrag entscheidet ein Zivilsenat oder, wenn der Antrag eine Angelegenheit der Strafrechtspflege oder des Vollzugs betrifft, ein Strafsenat des Oberlandesgerichts, in dessen Bezirk die Justiz- oder Vollzugsbehörde ihren Sitz hat. Ist ein Beschwerdeverfahren (§ 24 Abs. 2) vorausgegangen, so ist das Oberlandesgericht zuständig, in dessen Bezirk die Beschwerdebehörde ihren Sitz hat.

(2) Ein Land, in dem mehrere Oberlandesgerichte errichtet sind, kann durch Gesetz die nach Absatz 1 zur Zuständigkeit des Zivilsenats oder des Strafsenats gehörenden Entscheidungen ausschließlich einem der Oberlandesgerichte oder dem Obersten Landesgericht zuweisen.

1. **Sachlich zuständig** ist in Zivilsachen ein Zivilsenat des OLG, für dessen Besetzung § 122 Abs. 1 GVG maßgebend ist (§ 30 FGG Anm. 1). Das OLG ist insoweit nicht ein „besonderes Verwaltungsgericht" (so Ule, JZ 1958, 630; Stich, DÖV 1960, 368), was im Hinblick auf Art. 96 GG bedenklich wäre, sondern bleibt ordentliches Gericht, wenn auch seine Rechtsprechung, wie auch auf anderen Gebieten der freiwilligen Gerichtsbarkeit (§ 1 Anm. 1) materiell Verwaltungsgerichtsbarkeit ist. Die in der Zuweisung öffentlich-rechtlicher Streitigkeiten an die ordentlichen Gerichte enthaltene Abweichung von Art. 96 Abs. 1 GG ist unbedenklich, weil sie wegen des engen Zusammenhangs der Sachgebiete des § 23 mit der ordentlichen Gerichtsbarkeit durch vernünftige Gründe gerechtfertigt wird und, wie BVerfG 23. 2. 56 (4 387) ausgesprochen hat, es kein verfassungsrechtlich geschütztes Entscheidungsmonopol der Verwaltungsgerichte für alle öffentlich-rechtlichen Fragen schlechthin gibt (Forsthoff, Festschr. für Isay, 1956, S. 118; Lüke, JuS 1961, 206; a. M. zum GWB und zum BaulBeschG Zweigert, DVBl. 1958, 737; Ule, DVBl. 1959, 541 u. VwGO[2] § 2 Anm. III 1). Ebenso ist die Beschränkung auf einen Rechtszug (§ 29 Anm. 1) verfassungsrechtlich un-

bedenklich, da kein Verfassungsgrundsatz besteht, daß jedes Gerichtsverfahren mehr als eine Instanz umfassen müsse, BVerfG 21. 10. 54 (4 94), 23. 2. 56 (4 411), 8. 10. 56 (6 12), 10. 6. 58 (8 181), KG 23. 1. 61 (DNotZ 217); Maunz-Dürig, GG Art. 19 Abs. 4 Rdn. 45.

2. Die örtliche Zuständigkeit des OLG knüpft an den Amtssitz der Justizbehörde an, die den VA erlassen oder die Bescheidung des Vornahmeantrags unterlassen hat. War jedoch ein Beschwerdeverfahren vorausgegangen (§ 24 Abs. 2), so ist das OLG am Amtssitz der Beschwerdebehörde örtlich zuständig (Abs. 1 Satz 2), und zwar ohne Rücksicht auf den Inhalt des Beschwerdebescheides (Abweichung von § 78 VwGO). Im Fall des § 27 ist der Amtssitz der Beschwerdebehörde maßgebend, die über die Beschwerde nicht fristgemäß entschieden hat.

3. Von der dem § 199 Abs. 1 FGG entsprechenden Befugnis, anstelle des nach Abs. 1 zuständigen OLG ein zentrales Obergericht für zuständig zu erklären (Abs. 2), hat kein Land der BRD Gebrauch gemacht.

4. Verweisung von einem Verwaltungsgericht an das zuständige OLG und umgekehrt ist trotz der besonderen Ausgestaltung des Verfahrens als zulässig anzusehen, da die Verweisungsmöglichkeit durch § 41 VwGO und § 17 GVG i. d. F. des § 178 VwGO allgemein eröffnet wird (Stich, DÖV 1960, 368).

Antragsfrist. Wiedereinsetzung in den vorigen Stand

26 **(1) Der Antrag auf gerichtliche Entscheidung muß innerhalb eines Monats nach Zustellung oder schriftlicher Bekanntgabe des Bescheides oder, soweit ein Beschwerdeverfahren (§ 24 Abs. 2) vorausgegangen ist, nach Zustellung des Beschwerdebescheides schriftlich oder zur Niederschrift der Geschäftsstelle des Oberlandesgerichts oder eines Amtsgerichts gestellt werden.**

(2) War der Antragsteller ohne Verschulden verhindert, die Frist einzuhalten, so ist ihm auf Antrag Wiedereinsetzung in den vorigen Stand zu gewähren.

(3) Der Antrag auf Wiedereinsetzung ist binnen zwei Wochen nach Wegfall des Hindernisses zu stellen. Die Tatsachen zur Begründung des Antrags sind bei der Antragstellung oder im Verfahren über den Antrag glaubhaft zu machen. Innerhalb der Antragsfrist ist die versäumte Rechtshandlung nachzuholen. Ist dies geschehen, so kann die Wiedereinsetzung auch ohne Antrag gewährt werden.

(4) Nach einem Jahr seit dem Ende der versäumten Frist ist der Antrag auf Wiedereinsetzung unzulässig, außer wenn der Antrag vor Ablauf der Jahresfrist infolge höherer Gewalt unmöglich war.

1. Antragsfrist. Der Antrag auf gerichtliche Entscheidung ist innerhalb einer (gesetzlichen Handlungs-) Frist von einem Monat zu stellen. Die Versäumung der Frist hat zur Folge, daß der Antragsteller mit der vorzunehmenden Prozeßhandlung, dem Antrag, ausgeschlossen wird. Versäumung liegt nicht nur vor, wenn die Prozeßhandlung verspätet oder gar nicht vorgenommen wird, sondern auch wenn sie innerhalb der Frist nicht in der gesetzlichen Form (Anm.2) angebracht wird. Fristberechnung nach § 17 FGG, §§ 187, 188 BGB. Die Frist wird in Lauf gesetzt durch förmliche Zustellung oder durch (formlose) Bekanntgabe eines schriftlichen Bescheides. Auch mündliche Bescheide sind zwar nach § 23 anfechtbar; eine nur mündliche Bekanntgabe setzt jedoch die Antragsfrist nicht in Lauf, so daß der Antrag unbefristet zulässig ist, Hamm 7. 8. 61 (JVBl. 261 mit zust. Anm. Altenhain); a. M. Nürnberg 27. 7. 61 (JVBl. 260). Förmliche Zustellungen erfolgen nach dem VerwZustG v. 3. 7. 52 (BGBl. I 379), soweit der Landesgesetzgeber dieses Gesetz für das Verfahren der LJustizbehörden für anwendbar erklärt hat (so in Berlin §§ 1 Abs. 4, 16 VerwVerfG v. 2. 10. 58, GVBl. 951). Soweit ein förmliches Vorverfahren vorgesehen ist (§ 24 Anm. 2), wird die Antragsfrist erst mit der förmlichen Zustellung des Beschwerdebescheides in Lauf gesetzt; formlose Bekanntgabe des schriftlichen Beschwerdebescheides genügt nicht. Bescheide im nichtförmlichen Dienstaufsichtsbeschwerdeverfahren haben diese Wirkung nicht.

Der Lauf der Frist ist nicht davon abhängig, daß der JustVerwAkt oder der Beschwerdebescheid mit einer Rechtsmittelbelehrung versehen ist; eine Belehrungspflicht begründen weder die §§ 23ff. EG noch die nach § 29 Abs. 2 maßgebenden Vorschriften des FGG; § 58 VwGO ist nicht anwendbar (Stich, DÖV 1960, 370; Hornig, NdsRpfl. 1960, 54; Altenhain, JVBl. 1960, 195; Baumbach[26] § 26 EG Anm. 2; Ule, VwGO[2] § 179 Anm. 4; Eyermann-Fröhler, VwGO § 26 EG Anm. 1; a. M. Noack, DÖV 1961, 217).

2. Form des Antrags. Das Gesetz läßt drei Formen des Antrags zu:

a) einfache Schriftform;

b) mündliche Erklärung zur Niederschrift der Geschäftsstelle des nach § 25 zuständigen OLG;

c) mündliche Erklärung zur Niederschrift der Geschäftsstelle eines jeden Amtsgerichts.

Zu a: Für die Wahrung der Schriftform gelten die Bem. zu § 21 FGG Anm. 3 entsprechend. Unterzeichnung der Antragsschrift ist mithin nicht schlechthin erforderlich (a. M. Baumbach[26] § 26 EG Anm. 3). Einreichung durch Telegramm oder Fernschreiber genügt, nicht aber fernmündlich. Der Antrag kann durch einen Bevollmächtigten gestellt werden. Für den Nachweis der Vollmacht gelten die Bem. zu § 13 FGG Anm. 6. Anwaltszwang besteht nicht. Die Antragsfrist wird erst durch den Eingang der Antragsschrift bei dem nach § 25 zuständigen OLG gewahrt; Schleswig 23. 2. 61 (SchlHA 146).

Zu b und c: Bereits die Erklärung zur Niederschrift des OLG oder eines AG wahrt die Antragsfrist. Auf den Zeitpunkt, in welchen die Niederschrift des AG bei dem OLG eingeht, kommt es nicht an. Die Erklärung zur Niederschrift der JustVerwBehörde wahrt die Antragsfrist nicht; die Niederschrift wahrt zwar die Schriftform, sie muß dann aber innerhalb der Antragsfrist bei dem OLG eingehen, ebenso eine etwa bei einem Antsgericht eingereichte Antragsschrift.

3. Wiedereinsetzung. Gegen die Versäumung der Antragsfrist (Abs. 1) ist die Wiedereinsetzung in den vorigen Stand statthaft (Abs. 2). Die Regelung ist der des § 60 VwGO nachgebildet, entspricht aber im wesentlichen der des § 22 Abs. 2 FGG mit der Abweichung, daß die Wiedereinsetzung auch ohne Antrag (Abs. 3 Satz 3) sowie bei Versäumung der Jahresfrist (Abs. 4) gewährt werden kann.

a) Es genügt, daß die Fristversäumung **unverschuldet** war. Abweichend von § 233 ZPO, aber ebenso wie nach § 60 Abs. 1 VwGO und § 22 Abs. 2 FGG ist Anwendung „äußerster Sorgfalt" nicht erforderlich; vgl. zum Begriff des Verschuldens § 22 FGG Anm. 5. Ein Verschulden des gesetzlichen oder rechtsgeschäftlichen Vertreters steht auch hier, wie nach § 22 Abs. 2 Satz 2 FGG, dem des Vertretenen gleich (ebenso Baumbach[26] § 26 EG Anm. 4 A; Wieczorek, ZPO-HdAusg. § 26 EG Anm. B I), obgleich es nicht besonders bestimmt wird; das folgt aus der Entstehungsgeschichte des § 60 VwGO, dem § 26 nachgebildet ist (vgl. Koehler, VwGO, § 60 I 1, III 1).

b) Für den Wiedereinsetzungsantrag gilt eine Frist von zwei Wochen seit dem Wegfall des Hindernisses (vgl. § 22 FGG Anm. 7). Gegen die Versäumung dieser Frist gibt es keine Wiedereinsetzung (§ 22 FGG Anm. 7, 12); insofern weicht die Regelung von der des § 60 VwGO ab, der Wiedereinsetzung gegen Versäumung aller gesetzlichen Fristen, also auch der Wiedereinsetzungsfrist, zuläßt (Koehler, VwGO, § 60 V 4). Innerhalb derselben Frist, nicht notwendig gleichzeitig mit dem Wiedereinsetzungsantrag, muß der Antrag auf gerichtliche Entscheidung gestellt werden. Die Tatsachen, die die Wiedereinsetzung rechtfertigen, sollen zwar in der Regel schon im Antrag angeführt und glaubhaft gemacht werden; jedoch ist es unschädlich, wenn das erst im späteren Verlauf des Verfahrens nach Ablauf der Wiedereinsetzungsfrist geschieht (Abs. 3 Satz 2); das gilt nicht nur für die Mittel der Glaubhaftmachung (so Baumbach[26] § 26 EG Anm. 4 B). sondern auch für die Angabe der Tatsachen selbst; eine Abweichung von den hierfür geltenden Grundsätzen des FGG-Verfahrens (§ 22 FGG Anm. 8) ist nicht geboten. Ohne Antrag kann Wiedereinsetzung gewährt werden, wenn der Antrag auf gerichtliche Entscheidung innerhalb der Wiedereinsetzungsfrist gestellt worden ist. Das kommt in Betracht, wenn der Wiedereinsetzungsgrund offenkundig oder aktenkundig ist. „Kann" stellt nicht in das Ermessen des Gerichts, sondern beseitigt das Antragserfordernis.

c) Nach Ablauf einer Jahresfrist seit dem Ende der versäumten Frist ist die Wiedereinsetzung grundsätzlich ausgeschlossen, es sei denn, daß die Stellung des Antrags vor Ablauf der Jahresfrist, also auch noch bei ihrem Ablauf, infolge höherer Gewalt unmöglich war (Abs. 4). Höhere Gewalt ist, wenn es sich um die Vornahme von Rechtshandlungen innerhalb einer Frist handelt, gleichbedeutend mit unabwendbarem Zufall i. S. des § 233 ZPO (§ 7 FGG Anm. 8). Das ist ein Ereignis, welches bei Würdigung der Umstände des Falles auch durch die äußerste, diesen Umständen angemessene und vernünftigerweise zu erwartende Sorgfalt nicht zu vermeiden war, BGH 11. 3. 52 (5 278). Ein strenger Maßstab ist anzulegen. Bloße Schuldlosigkeit genügt nicht (Rosenberg, ZPR[9] § 77 II 2). Leichtes Verschulden schließt die Unabwendbarkeit aus. Die Wiedereinsetzungsfrist nach Abs. 3 ist auch hier zu wahren.

d) Für die Entscheidung über die Wiedereinsetzung gelten die Bem. zu § 22 FGG Anm. 10 entsprechend. Die Entscheidnug ist unanfechtbar (§ 29 Abs. 1 Satz 1).

4. Zurücknahme des Antrags ist jederzeit bis zum Erlaß (§ 18 FGG Anm. 1) der Entscheidung des OLG ohne Einwilligung des Gegners oder eines sonstigen Beteiligten zulässig (vgl. § 21 FGG Anm. 8); § 92 Abs. 1 Satz 2 VwGO ist nicht entsprechend anwendbar. Eines Beschlusses über die Einstellung des Verfahrens bedarf es nicht.

Verfahren bei unterlassener Bescheidung eines Vornahmeantrags oder einer Beschwerde

27 (1) Ein Antrag auf gerichtliche Entscheidung kann auch gestellt werden, wenn über einen Antrag, eine Maßnahme zu treffen, oder über eine Beschwerde oder einen anderen förmlichen Rechtsbehelf ohne zureichenden Grund nicht innerhalb von drei Monaten entschieden ist. Das Gericht kann vor Ablauf dieser Frist angerufen werden, wenn dies wegen besonderer Umstände des Falles geboten ist.

(2) Liegt ein zureichender Grund dafür vor, daß über die Beschwerde oder den förmlichen Rechtsbehelf noch nicht entschieden oder die beantragte Maßnahme noch nicht erlassen ist, so setzt das Gericht das Verfahren bis zum Ablauf einer von ihm bestimmten Frist, die verlängert werden kann, aus. Wird der Beschwerde innerhalb der vom Gericht gesetzten Frist stattgegeben oder der Verwaltungsakt innerhalb dieser Frist erlassen, so ist die Hauptsache für erledigt zu erklären.

(3) Der Antrag nach Absatz 1 ist nur bis zum Ablauf eines Jahres seit der Einlegung der Beschwerde oder seit der Stellung des Antrags auf Vornahme der Maßnahme zulässig, außer wenn die Antragstellung vor Ablauf der Jahresfrist infolge höherer Gewalt unmöglich war oder unter den besonderen Verhältnissen des Einzelfalles unterblieben ist.

1. Allgemeines[1]. Die Vorschrift regelt die Zulässigkeitsvoraussetzungen für die Anrufung des Gerichts sowie das Verfahren bei Nichtbescheidung eines Vornahmeantrags oder einer Beschwerde in einem nach § 24 Abs. 2 vorgeschriebenen Vorverfahren. Hierdurch wird keine besondere Antragsart eingeführt („Untätigkeitsantrag"), sondern das Verfahren des § 27 kommt für jede der nach § 23 Anm. 5a, b zulässigen Antragsarten in Betracht; welche davon der Antragsteller zu wählen hat, bestimmt sich danach, wodurch er beschwert ist (Bettermann, NJW 1960, 1081 zu VII). Verpflichtungsantrag (§ 23 Anm. 5b) ist zu stellen bei Nichtbescheidung eines Antrags auf Erlaß eines VA und bei Nichtbescheidung einer Beschwerde (§ 24 Abs. 2), die sich gegen die Ablehnung eines Antrags richtet, und zwar in der Unterart des Vornahmeantrags, wenn es sich um einen gesetzesgebundenen, in der Unterart des Bescheidungsantrags, wenn es sich um einen in das Ermessen der Behörde gestellten VA handelt. Bei Nichtbescheidung einer Beschwerde gegen den Erlaß eines VA ist Anfechtungsantrag (§ 23 Anm. 5a) mit dem Ziel der Aufhebung zu stellen.

2. Wartefrist. Die Anrufung des Gerichts ist statthaft, sobald über einen Antrag auf Erlaß eines VA oder über eine Beschwerde in einem nach § 24 Abs. 2 vorgeschriebenen förmlichen Vorverfahren nicht innerhalb von drei Monaten seit dem Eingang des Antrags oder der Beschwerde bei der Behörde entschieden worden ist. Richtet sich der Verpflichtungsantrag gegen die Unterlassung eines VA (§ 23 Anm. 5b), so entfällt in Ermangelung eines Gegenstandes ein etwa nach § 24 Abs. 2 vorgeschriebenes förmliches Beschwerdeverfahren im Verwaltungswege. Das

[1]) Schrifttum zu der entspr. Regelung der §§ 75, 76 VwGO: Bettermann, Der verwaltungsgerichtliche Rechtsschutz bei Nichtbescheidung des Widerspruchs oder des Vornahmeantrags, NJW 1960, 1081.

Erfordernis eines unzureichenden Grundes für die Nichtbescheidung ist keine weitere, zu dem Fristablauf hinzutretende Antragsvoraussetzung, sondern es greift das Aussetzungsverfahren des Abs. 2 Platz, wenn die Behörde einen zureichenden Grund für die Fristüberschreitung hat (Bettermann, NJW 1960, 1084 zu IV 2).

Die Dreimonatsfrist ist nicht starr, sondern verkürzt sich, wenn dies wegen besonderer Umstände, die nur in der Interessensphäre des Antragstellers liegen können, geboten ist (Abs. 1 Satz 2). Die Fristverkürzung tritt, wenn ihre Voraussetzungen vorliegen, kraft Gesetzes ein, ist also nicht, wie sonst nach § 224 Abs. 2 ZPO, von einer richterlichen Bewilligung abhängig.

Der Mangel verfrühter Antragstellung ist heilbar. Die Heilung tritt ein, wenn während des Verfahrens die Dreimonatsfrist abläuft oder die besonderen Umstände des Abs. 1 Satz 2 eintreten und die Behörde den Antragsteller noch immer nicht beschieden hat (Bettermann a. a. O. zu III 4). Erteilt die Behörde einen Bescheid noch vor Ablauf der Wartefrist, so muß der Antragsteller, wenn der Bescheid ihm günstig ist, das Verfahren in der Hauptsache für erledigt erklären; ist der Bescheid ungünstig, so kann er das Verfahren mit geändertem Antrag fortsetzen, es sei denn, daß bei Ablehnung eines VA ein förmliches Beschwerdeverfahren nach § 24 Abs. 2 vorgeschrieben ist; in diesem Fall muß der Antragsteller, wenn das Gericht ihm nicht gestattet, den Beschwerdebescheid nachzubringen (§ 24 Anm. 2 Abs. 2), und er eine Prozeßabweisung vermeiden will, den Antrag zurücknehmen, Beschwerde im Verwaltungswege einlegen und deren Erfolg abwarten.

3. Ausschlußfrist. Die Anrufung des Gerichts gegen die Nichtbescheidung des Antrags auf Erlaß eines VA oder einer Beschwerde im förmlichen Vorverfahren wird unzulässig, wenn seit der Stellung des Antrags oder der Einlegung der Beschwerde bei der Behörde ein Jahr verstrichen ist (Abs. 3). Auch diese Frist ist nicht starr, sondern es tritt eine Fristerstreckung ein, wenn die Antragstellung vor Ablauf der Jahresfrist

a) entweder infolge höherer Gewalt unmöglich war oder

b) unter den besonderen Verhältnissen des Einzelfalls unterblieben ist.

Zum Begriff der höheren Gewalt vgl. § 26 Anm. 3c. Die Voraussetzung zu b) ist erfüllt, wenn die Versäumung der Jahresfrist durch die besonderen Verhältnisse des Einzelfalls gerechtfertigt wird und deshalb die Verlängerung der Frist geboten, d. h. notwendig ist. Die Fristerstreckung tritt, wenn ihre Voraussetzungen vorliegen, kraft Gesetzes ein; ein besonderes Wiedereinsetzungsverfahren ist weder erforderlich noch überhaupt zulässig (Bettermann, NJW 1960, 1082 zu III 1, 2; bei § 76 VwGO str.).

Der Ablauf der Jahresfrist enthebt die Behörde nicht ihrer Verpflichtung, den Antrag auf Erlaß des VA oder die förmliche Beschwerde nach § 24 Abs. 2 zu bescheiden. Nur kann die Bescheidung jetzt nicht mehr durch Anrufung des Gerichts erzwungen werden. In der Regel kann aber der Antrag auf Erlaß des abgelehnten oder unterlassenen VA bei der Behörde wiederholt und dadurch wiederum der Rechtsweg entweder nach § 24 oder nach § 27 eröffnet werden, sofern nicht der Antrag auf Erlaß des VA befristet und die Antragsfrist inzwischen abgelaufen ist.

4. Gerichtliches Verfahren. Ist der Antrag auf gerichtliche Entscheidung nach Ablauf der regelmäßigen oder gemäß Abs. 1 Satz 2 verkürzter Wartefrist gestellt oder ist der Mangel verfrühter Antragstellung geheilt (Anm. 2 Abs. 3) und steht auch die Ausschlußfrist des Abs. 3 nicht entgegen, so verfährt das Gericht nach folgenden Grundsätzen:

a) Ist der Antrag unzulässig (nämlich aus anderem Grunde als dem der Warte- oder Ausschlußfrist), so wird er durch Prozeßentscheidung abgewiesen.

b) Ist der Antrag zulässig, so wird über einen Anfechtungsantrag (vgl. Anm. 1) nach Maßgabe des § 28 Abs. 1, über einen Verpflichtungsantrag nach Maßgabe des § 28 Abs. 2 sachlich entschieden, gegebenenfalls aber erst nach einer Aussetzung des Verfahrens (vgl. nachstehend zu c).

c) **Aussetzung des Verfahrens** (Abs. 2). Vor Erlaß einer Sachentscheidung (vorstehend zu b) hat das Gericht von Amts wegen zu prüfen, ob ein zureichender Grund dafür vorliegt, daß die Behörde den Vornahmeantrag oder die Beschwerde noch nicht beschieden hat, z. B. weil die Ermittlungen noch nicht abgeschlossen werden konnten oder aus Gründen der Geschäftslage. Liegt dieser Sachverhalt vor, so muß das Gericht (kein Ermessen) das Verfahren durch Beschluß aussetzen und der Behörde eine Frist zur Bescheidung des Antragstellers setzen. Der Behörde wird dadurch Gelegenheit gegeben, die Beschwer des Antragstellers zu beseitigen, während diesem zugemutet wird, seinen Anspruch auf Rechtsschutz einstweilen zurückzustellen. Von einer Prüfung der Erfolgsaussichten darf die Aussetzung nicht abhängig gemacht werden. Auch wenn das Gericht den Antrag für sachlich aussichtslos hält, darf es durch eine Sachabweisung dem Antragsteller nicht die Chance abschneiden, daß die Behörde, deren Entschließung noch aussteht, eine ihm günstigere Auffassung vertritt (a. M. Bettermann, NJW 1960, 1086 zu V 3). Hält das Gericht den Antrag schon jetzt für sachlich begründet, so wird es wohl immer an einem zureichenden Grunde für die Nichtbescheidung durch die Behörde und damit an dem Aussetzungsgrunde fehlen.

Die Aussetzung erfordert keinen förmlichen Antrag, wenn es auch regelmäßig Sache der Behörde sein wird, sich auf den Sachverhalt des Abs. 2 zu berufen. Die Aussetzungsfrist ist kalendermäßig zu bestimmen und so zu bemessen, daß die Behörde voraussichtlich in der Lage sein wird, den Antragsteller innerhalb der Frist zu bescheiden. Die Frist muß ohne Antrag (auch nach ihrem Ablauf) verlängert werden, wenn und solange ein zureichender Grund dafür vorliegt, daß die Behörde noch nicht sachlich entschieden hat. Nach fruchtlosem Ablauf der Aussetzungsfrist wird das Verfahren beim Fehlen eines Grundes zu weiterer Aussetzung von Amts wegen fortgesetzt und über den Antrag sachlich entschieden (oben Anm. 4b).

5. Bescheidung des Antragstellers während des gerichtlichen Verfahrens. Wird der Antragsteller während des gerichtlichen Verfahrens, d. h. bis zur Hinausgabe der Entscheidung des Gerichts, von der Behörde beschieden, so nimmt das Verfahren je nach dem Inhalt des Bescheides folgenden Verlauf:

a) Hat die Behörde den erstrebten VA erlassen oder der Beschwerde (§ 24 Abs. 2) stattgegeben, ist der Antragsteller also klaglos gestellt, so haben die Beteiligten (Antragsteller und Behörde) die Hauptsache für erledigt zu erklären. Das Gebot des Abs. 2 Satz 2 wendet sich an die Beteiligten, nicht an das Gericht (Bettermann, NJW 1960, 1087 zu VI; a. M. Baumbach[26] § 27 EG Anm. 3). Das Gericht entscheidet nach Maßgabe des § 30 Abs. 2 nur noch über die Kosten (§ 30 Anm. 4). Geben die Beteiligten trotz Belehrung keine Erledigungserklärung ab, so erklärt das Gericht die Hauptsache durch Beschluß für erledigt. Erklärt nur der

Antragsteller für erledigt, während die Behörde den Zurückweisungsantrag aufrechterhält, so stellt das Gericht durch Beschluß die Erledigung fest. Erklärt nur die Behörde für erledigt, während der Antragsteller seinen Sachantrag aufrechterhält, so ist der Antrag abzuweisen. Für dieses Verfahren ist es unerheblich, ob die Erledigung, worauf der Gesetzeswortlaut allein abstellt, während des Laufs der Aussetzungsfrist oder erst später eintritt (Koehler, VwGO, § 75 IV 1; Bettermann a. a. O. zu VI 1 c); der Unterschied kann nur Kostenfolgen haben.

Anstelle der Erledigungserklärung kann der Antragsteller auch einen sog. unechten Feststellungsantrag nach § 28 Abs. 1 Satz 4 stellen, wenn er ein berechtigtes Interesse an der Festellung hat, daß der angefochtene und inzwischen aufgehobene VA oder die Ablehnung oder Unterlassung des beantragten VA rechtswidrig war; dieser Antrag wird durch § 27 Abs. 2 Satz 2 nicht ausgeschlossen (Bettermann a. a. O. zu VI 1 b). Der Antrag kann auch bei einem Verpflichtungsantrag nach § 23 Abs. 2, 28 Abs. 2 gestellt werden (§ 28 Anm. 6; Ule, VwGO § 113 Anm. II a. E.).

b) Hat die Behörde den Antragsteller nach Eintritt der Rechtshändigkeit während des Laufs der Aussetzungsfrist oder nachher negativ beschieden, hat sie also den Erlaß des erstrebten VA abgelehnt oder eine Beschwerde gegen die Ablehnung des beantragten oder gegen den Erlaß des bekämpften VA (§ 24 Abs. 2) zurückgewiesen, so ist keine Erledigung eingetreten. Vielmehr ist auf Grund des gestellten Anfechtungs- oder Verpflichtungsantrags (Anm. 1) nach Maßgabe des § 28 über die Rechtmäßigkeit des Bescheides zu befinden (Bettermann, a. a. O. zu VI 2; Koehler, VwGO, § 75 IV 2; a. M. Baumbach[26] § 27 EG Anm. 3 a. E.). War Verpflichtungsantrag wegen unterlassener Bescheidung gestellt, so findet ein gegen die Ablehnung des VA sonst nach § 24 Abs. 2 etwa vorgesehenes Beschwerdeverfahren im Verwaltungswege nicht mehr statt (Koehler a. a. O.; Klinger, VwGO, § 75 C 3; Redeker-v. Oertzen, VwGO, §§ 75, 76 Anm. 9).

Entscheidung über den Anfechtungs- oder Verpflichtungsantrag

28 **(1) Soweit die Maßnahme rechtswidrig und der Antragsteller dadurch in seinen Rechten verletzt ist, hebt das Gericht die Maßnahme und, soweit ein Beschwerdeverfahren (§ 24 Abs. 2) vorausgegangen ist, den Beschwerdebescheid auf. Ist die Maßnahme schon vollzogen, so kann das Gericht auf Antrag auch aussprechen, daß und wie die Justiz- oder Vollzugsbehörde die Vollziehung rückgängig zu machen hat. Dieser Ausspruch ist nur zulässig, wenn die Behörde dazu in der Lage und diese Frage spruchreif ist. Hat sich die Maßnahme vorher durch Zurücknahme oder anders erledigt, so spricht das Gericht auf Antrag aus, daß die Maßnahme rechtswidrig gewesen ist, wenn der Antragsteller ein berechtigtes Interesse an dieser Feststellung hat.**

(2) Soweit die Ablehnung oder Unterlassung der Maßnahme rechtswidrig und der Antragsteller dadurch in seinen Rechten verletzt ist, spricht das Gericht die Verpflichtung der Justiz- oder Vollzugsbehörde aus, die beantragte Amtshandlung vorzunehmen, wenn die Sache spruchreif ist. Andernfalls spricht es die Verpflichtung aus, den Antragsteller unter Beachtung der Rechtsauffassung des Gerichts zu bescheiden.

(3) Soweit die Justiz- oder Vollzugsbehörde ermächtigt ist, nach ihrem Ermessen zu handeln, prüft das Gericht auch, ob die Maßnahme oder ihre Ablehnung oder Unterlassung rechtswidrig ist, weil die gesetzlichen Grenzen des Ermessens überschritten sind oder von dem Ermessen in einer dem Zweck der Ermächtigung nicht entsprechenden Weise Gebrauch gemacht ist.

1. Allgemeines. Die Vorschrift regelt entsprechend §§ 113 Abs. 1 u. 4, 114 VwGO die Frage, unter welchen Voraussetzungen der **Antrag begründet** ist, und bestimmt den Inhalt der gerichtlichen Entscheidung, und zwar in Abs. 1 für den Anfechtungsantrag (§ 23 Anm. 5a), in Abs. 2 für den Verpflichtungsantrag (§ 23 Anm. 5b). Ergänzend zu Abs. 1 und 2 bestimmt Abs. 3, wann eine Ermessensausübung rechtwidrig ist. Durch Umkehrschluß ergibt sich, daß der Antrag unbegründet ist, wenn es an einem Erfordernis des § 28 fehlt.

2. Zurückweisung als unzulässig. Die Zulässigkeitsvoraussetzungen des Antrags sind nicht in § 28, sondern in den §§ 23 bis 27 geregelt. Zurückweisung als unzulässig ist geboten: **a)** wenn die angefochtene oder erstrebte Maßnahme kein JustVerwAkt ist, also entweder überhaupt kein VA oder nicht ein solcher auf den Sachgebieten des § 23 Abs. 1; hierfür ist nicht die Behauptung des Antragstellers, sondern die wirkliche Rechtsnatur des Aktes maßgebend (Ule, VwGO, § 42 III 1; Koehler, VwGO, § 113 B II 1a); **b)** wenn es an der Antragsbefugnis fehlt (§ 24 Anm. 1); **c)** wenn ein vorgeschriebenes Beschwerdeverfahren (§ 24 Abs. 2) nicht stattgefunden hat und der Mangel nicht behoben wird (§ 24 Anm. 2); **d)** wenn die Antragsfrist (§ 26) oder bei einem Verpflichtungsantrag wegen Nichtbescheidung eines Antrags oder einer Beschwerde die Wartefrist (§ 27 Anm. 2) oder die Ausschlußfrist (§ 27 Anm. 3) nicht gewahrt ist; **e)** wenn der Antrag nicht bei dem zuständigen OLG (§ 25) und **f)** nicht in der gesetzlichen Form (§ 26 Anm. 2) angebracht ist.

3. Ein Anfechtungsantrag ist **begründet** (Abs. 1 Satz 1), wenn zwei Erfordernisse zusammen gegeben sind:

a) in objektiver Hinsicht die Rechtswidrigkeit des VA,

b) in subjektiver Beziehung eine dadurch verursachte Verletzung des Antragstellers in seinen Rechten (Sachbefugnis), d. h. ein ihn zu Unrecht beschwerendes Betroffensein seiner Rechte. Das im Rahmen der Klagebefugnis nur substantiiert zu behauptende Betroffensein (§ 24 Anm. 1) muß nunmehr als wirklich vorliegend festgestellt werden.

Fehlt es an einem dieser Erfordernisse, so kann es dahingestellt bleiben, ob auch das andere fehlt. Bei begründetem Anfechtungsantrag ist der VA und ein etwa vorausgegangener Beschwerdebescheid (§ 24 Abs. 2) aufzuheben.

4. Rechtswidrig ist ein VA, der erlassen ist, obwohl die rechtlichen oder tatsächlichen Voraussetzungen, die das Gesetz verlangt, nicht vorliegen. Das trifft sowohl zu, wenn die Behörde den Tatbestand falsch subsumiert hat, als auch wenn die Tatsachen, die den VA rechtfertigen, nicht vorgelegen haben (Bachof, Klage auf Vornahme, S. 79). Maßgebend ist die wahre (objektive) Sachlage; ob die Behörde die von ihr zugrunde gelegte Sachlage ohne Pflichtverletzung annehmen durfte, ist nicht entscheidend. Auch kommt es nicht darauf an, ob die Rechtswidrigkeit von dem Betroffenen oder der Behörde verschuldet ist oder ob die Ursache für die Nichtbeachtung eines Rechtssatzes oder das Übersehen einer

Tatsache von der einen oder anderen Seite gesetzt worden ist (Menger, VerwArch. Bd. **51**, 156; Haueisen, NJW 1960, 1884; 1962, 335; BVerwG 30. 8. 61, NJW 1962, 360). Beim Anfechtungsantrag bestimmt sich die Rechtswidrigkeit des angefochtenen VA nach der Sach- und Rechtslage zur Zeit seines Erlasses, nicht nach der zur Zeit der Entscheidung des Gerichts; dieser Grundsatz des VerwProzeßR gilt auch hier (Ule, VwGO, § 108 III; Klinger, VwGO, § 42 C 2 2b; Redeker-v. Oertzen, VwGO, § 108 Anm. 12—15; Koehler, VwGO, § 113 B X 1). Im Fall des § 24 Abs. 2 ist der Erlaß des Beschwerdebescheides maßgebend. Jedoch ist für die richtige Beurteilung der Sach- und Rechtslage zu diesem Zeitpunkt von dem Stande der Erkenntnis zur Zeit der Entscheidung des Gerichts auszugehen, BSozG 11. 6. 59 (**10** 72 = NJW 1607). Bei Ermessensentscheidungen darf aber die neu hervorgetretene, bereits zur Zeit des Erlasses des angefochtenen VA vorhanden gewesene Sachlage, welche den VA rechtfertigen könnte, nur herangezogen werden, wenn die Behörde sich darauf beruft, weil das Gericht andernfalls in die Ermessensfreiheit der Behörde eingreifen würde; ein Nachschieben von Gründen durch die Behörde ist zulässig, wenn der Grund schon vor dem Erlaß des Bescheides vorhanden war, den Bescheid in seinem Wesen nicht verändert und den Antragsteller in seiner Rechtsverteidigung nicht beeinträchtigt, VBerwG 24. 9. 53 (**1** 12), 15. 4. 59 (**8** 234), 24. 10. 60 (**11** 170); Koehler, VwGO, § 113 B IX; Klinger, VwGO § 108 F; Ule, VwGO § 108 IV 1. Die Rechtswidrigkeit kann sich auch aus einer Verletzung formellen Rechts ergeben, z. B. aus örtlicher oder sachlicher Unzuständigkeit, sofern letztere nicht Nichtigkeit zur Folge hat. Wegen Rechtswidrigkeit von Ermessensentscheidungen vgl. Anm. 8.

5. **Folgenbeseitigung** (Abs. 1 Satz 2, 3). Die Vollziehung eines VA steht seiner Aufhebung als rechtswidrig nicht entgegen, und zwar ohne Rücksicht darauf, ob die Vollziehung rückgängig gemacht werden kann, Bremen 20. 1. 61 (JVBl. 191), Hamburg 10. 3. 61 (VAs 8/61). Zur Verstärkung des Rechtsschutzes läßt das Gesetz es zu, daß das Gericht, wenn es den vollzogenen VA aufhebt, der Behörde auf Antrag aufgibt, die Vollziehung in näher zu bestimmender Weise rückgängig zu machen, sofern dies in der Rechtsmacht der Behörde steht und Spruchreife gegeben ist. Wenn die Wiederherstellung des früheren Zustandes nicht möglich ist, muß ein Zustand angestrebt werden, der dem früheren gleichwertig ist (Koehler, VwGO § 113 C II 2). Der Antrag ist ein zu dem Anfechtungsantrag hinzutretender Verpflichtungsantrag und kann jederzeit auch während des Verfahrens gestellt werden. Unterbleibt der Ausspruch wegen mangelnder Spruchreife und bleibt die Behörde untätig, so kann der Antragsteller nach § 27 vorgehen (Baumbach[26] § 28 Anm. 2 B). Die Vollziehung ist keine Erledigung i. S. des Abs. 1 Satz 4, Bremen 20. 1. 61 (JVBl. 191).

6. **Unechter Feststellungsantrag** (Abs. 1 Satz 4). Der VA kann sich während des gerichtlichen Verfahrens erledigen durch Zurücknahme (Widerruf eines rechtmäßigen oder Rücknahme eines fehlerhaften VA) durch die Behörde, die ihn erlassen hat, oder auf andere Weise, z. B. durch Aufhebung in einem Verwaltungsverfahren durch die übergeordnete Behörde (§ 24 Abs. 2) oder dadurch, daß er infolge Zeitablaufs gegenstandslos wird, nicht aber durch Vollziehung (Anm. 5). Dann ist für eine Aufhebung des VA kein Raum mehr. Das Aufhebungsbegehren des Antragstellers ist in der Hauptsache erledigt. Das Gesetz räumt dem Antragsteller jedoch die Befugnis ein, anstelle des Antrags, die Hauptsache für erledigt zu erklären (§ 27 Anm. 5a), zu beantragen, das Gericht möge aussprechen, der

VA sei rechtswidrig gewesen. Der Antrag braucht nicht ausdrücklich gestellt zu werden, wenn der Wille des Antragstellers, ihn zu stellen, sich aus den Umständen ergibt, BVerwG 9. 7. 56 (NJW 1652 = DÖV 728). Gegenstand der Feststellung ist nicht das Bestehen oder Nichtbestehen eines Rechtsverhältnisses (vgl. § 43 VwGO), sondern die Rechtswidrigkeit des erledigten VA. Zulässigkeitserfordernis des Antrags ist ein berechtigtes Interesse (Begriff § 57 FGG Anm. 27) an der Feststellung. Ein solches Interesse kann bestehen bei Wiederholungsgefahr oder wenn die Feststellung für einen beabsichtigten Zivilprozeß (Amtshaftungsklage) von Bedeutung werden kann, mag auch das ordentliche Gericht an die Feststellung nicht gerade gebunden sein, es sei denn, daß der beabsichtigte Rechtsstreit offensichtlich aussichtslos ist, BVerwG 20. 5. 58 (**6** 347 = NJW 1887), 9. 10. 59 (**9** 196 = JZ 1960, 98), 16. 12. 59 (NJW 1960 1363); Baumbach § 28 EG Anm. 2 Cb; a. M. Ule, VwGO, § 113 I 3a). Es genügt, daß der Antragsteller durch die Entscheidung einem ihm günstigen Ausgang des Schadensersatzprozesses näher kommt, BVerwG 15. 8. 61 (NJW 1942). Das Kosteninteresse (§ 30 Abs. 2) genügt nicht (Baumbach[26] a. a. O.); a. M. Bergmann, NJW 1959, 501). Das Interesse entfällt, wenn die Behörde die Rechtswidrigkeit des VA anerkennt (Koehler, VwGO, § 113 D II 6). Im VerwProzeßR ist streitig, ob eine Feststellungsklage in erweiternder Anwendung des § 113 Abs. 1 Satz 4 zulässig ist, wenn der VA sich bereits vor Klageerhebung erledigt hat (vgl. Ule, VwGO, § 113 I 3b; Koehler, VwGO, § 113 D II 1; Redeker-v. Oertzen, VwGO, § 113 B 4); Baumbach[26] § 28 EG Anm. 2 C b bejaht das auch für JustVerwAe.

7. Entscheidung über einen Verpflichtungsantrag (Abs. 2). Für die Entscheidung über einen Verpflichtungsantrag (§ 23 Anm. 5b) kommt es darauf an, ob der abgelehnte oder unterlassene VA gesetzesgebunden oder in das Ermessen der Behörde gestellt ist.

a) Bei gesetzesgebundenen VAen hat das Gericht in vollem Umfange in tatsächlicher und rechtlicher Hinsicht zu prüfen, ob die Ablehnung oder Unterlassung der Maßnahme rechtswidrig und der Antragsteller dadurch in seinen Rechten verletzt ist. Hierfür ist die Sach- und Rechtslage zur Zeit der Entscheidung maßgebend (h. M., vgl. Ule, VwGO, § 108 III 2). Soweit der Sachverhalt noch aufklärungsbedürftig ist, hat das Gericht ihn auf Grund des Amtsermittlungsgrundsatzes (§ 29 Anm. 3e) aufzuklären und die Sache, d. h. den von der Behörde pflichtwidrig abgelehnten oder nicht beschiedenen Vornahmeantrag „spruchreif" zu machen. Es ist im allgemeinen nicht zulässig, daß das Gericht den ablehnenden Bescheid der Behörde wegen ungenügender Aufklärung des Sachverhalts ohne eigene Sachaufklärung aufhebt; BVerwG 26. 5. 55 (**2** 135 = NJW 1247), 4. 7. 56 (**4** 20), 12. 6. 58 (**7** 100 = NJW 1458), 4. 3. 60 (**10** 202), 18. 8. 60 (**11** 95 = NJW 1961, 793); Ule, VwGO, § 113 II; Bettermann, NJW 1960, 649 zu III 5; Baumbach[26] § 28 EG Anm. 3. Nur ausnahmsweise kann das Gericht unter Aufhebung des angefochtenen Bescheides die Behörde zur Neubescheidung unter Beachtung der Rechtsauffassung des Gerichts verpflichten, wenn die Behörde zu Unrecht nicht in der Sache entschieden hat oder wenn nach Verwerfung eines von der Behörde als allein entscheidend geltend gemachten Ablehnungsgrundes die Begründetheit des Antrags von bisher nicht berücksichtigen Umständen abhängt, deren Klärung umfangreiche und deshalb besser von der Behörde als vom Gericht zu treffende Ermittlungen erfordert; vgl. BVerwG 18. 8. 60 (**11** 95 = NJW 1961, 793 zu d). Zulässig ist eine Sachentscheidung des Gerichts auf Grund eigener Sachaufklärung auch dann, wenn die Behörde den Antrag als unzulässig ablehnend beschieden hat; BVerwG 12. 6. 58. (7 100 = NJW 1456); Zschacke, NJW 1958, 1420. Ebenso, wenn die Behörde bisher untätig geblieben ist (§ 27), BVerwG 13. 4. 61 (NJW 1956). Erweist der Antrag sich als begründet, so spricht das Gericht die Verpflichtung der Behörde aus, den beantragten VA zu erlassen; das Gericht erläßt ihn also nicht selbst. Die Verurteilung zur Vornahme enthält zugleich die Aufhebung des ablehnenden Bescheides, ohne daß die Aufhebung besonders ausgesprochen werden müßte; jedoch ist ein Ausspruch über die Aufhebung, mag dies beantragt sein oder nicht, jedenfalls unschädlich und mitunter zweckmäßig (Ule, VwGO, § 113 II; Bettermann, NJW 1960, 649 zu III 2 c).

b) Ist ein in das Ermessen der Behörde gestellter Vornahmeantrag abgelehnt worden, so ist die Pflicht des Gerichts zur Aufklärung des Sachverhalts auf die Umstände begrenzt, die die Behörde selbst ihrer Ermessensentscheidung zugrunde gelegt hat, BVerwG 9. 5. 56 (3 279 = NJW 1411). Es ist nicht zu prüfen, ob die Behörde mit einer anderen Begründung zu dem gleichen Ergebnis hätte kommen können. Außerdem hat das Gericht zu prüfen, ob der Stattgabe des Vornahmeantrags rechtliche Hindernisse zwingend entgegenstehen, aus denen die Behörde dem Antrage nicht stattgeben darf. Erst wenn feststeht, daß der von der Behörde geltend gemachte Ablehnungsgrund ermessensfehlerhaft ist und der Vornahme kein rechtliches Hindernis entgegensteht, sie also nach dem nunmehr fehlerfrei auszuübenden Ermessen der Behörde möglich, wenn auch nicht nötig ist, ist die Ablehnung rechtswidrig (Bettermann, NJW 1960, 649 zu III 5e); BVerwG 18. 8. 60 (11 95 = NJW 1961, 793).

c) Ist ein in das Ermessen der Behörde gestellter Vornahmeantrag nicht beschieden worden, so kommt es nur darauf an, ob die Nichtbescheidung rechtswidrig ist. Das hängt davon ab, ob die Behörde zur Bescheidung des Antragstellers verpflichtet ist. Eine solche Pflicht besteht bei Verwaltungsakten, die nur auf Antrag oder nicht nur von Amts wegen, sondern auch auf Antrag vorgenommen werden dürfen, gegenüber einem Antragsberechtigten; bei ausschließlich von Amts wegen vorzunehmenden VAen kann eine Pflicht zur Bescheidung gegenüber demjenigen bestehen, zu dessen Gunsten das Gesetz die Vornahme der Amtshandlung vorsieht (Obermayer, NJW 1956, 361; Bettermann, NJW 1960, 652). Vgl. aber auch Art. 17 GG (Petitionsrecht) und oben § 23 Anm. 2 i.

d) Ist das Verpflichtungsantrag in der Form des Bescheidungsantrags (§ 23 Anm. 5b) in den Fällen vorstehend zu b) und c) begründet, so spricht das Gericht die Verpflichtung der Behörde aus, den Antragsteller unter Beachtung der Rechtsauffassung des Gerichts (erstmalig oder anderweit) zu bescheiden. An die der ausdrücklichen oder stillschweigenden Aufhebung des Ablehnungsbescheides zugrundeliegende Rechtsauffassung des Gerichts darüber, daß und warum die Ablehnung des Vornahmeantrags dem Antragsteller gegenüber rechtswidrig ist, ist die Behörde bei ihrer erneuten Entscheidung über den Antrag gebunden (vgl. § 565 Abs. 2 ZPO,. Spruchreif i. S. der Auferlegung einer Vornahmeverpflichtung können in das Ermessen der Behörde gestellte Vornahmeanträge nur in dem seltenen Falle sein, daß jede andere Entscheidung als die Vornahme ermessensrechtswidrig ist (Ule, VwGO, § 113 II).

8. Nachprüfbarkeit von Ermessensentscheidungen. Abs. 3 bestimmt, unter welchen Voraussetzungen eine Ermessensausübung der Behörde rechtswidrig ist. Soweit die Behörde ermächtigt ist, nach ihrem Ermessen zu handeln, ist die gerichtliche Nachprüfung darauf beschränkt, ob die Behörde die gesetzlichen Grenzen des Ermessens überschritten hat (Ermessensüberschreitung) oder ob sie von dem Ermessen in einer dem Zweck der Ermächtigung nicht entsprechenden Weise Gebrauch gemacht hat (Ermessensmißbrauch). Darüber hinaus liegt ein Rechtsfehler (Ermessensmangel) vor, wenn die Behörde sich für gebunden hält, wo sie Ermessensfreiheit hat (Jellinek, VerwR³ S. 37; Wolff, VerwR³ I § 31 II) oder wenn sie Ermessen ausübt, obwohl ihr keine Ermessensfreiheit zusteht (Friedrichs in HdWtb. d. Rechtswiss. II Art. Ermessen S. 337). Ferner sind Ermessensentscheidungen rechtswidrig, wenn sie auf Verfahrensmängeln beruhen (vgl. § 27 FGG Anm. 4 f). Da das Wesen der Ermessenshandlung darin besteht, daß ihre Vornahme wie ihre Unterlassung in gleicher Weise rechtmäßig sein können, kann die Rechtswidrigkeit bei der Ablehnung von Ermessenshandlungen nicht im Ergebnis liegen, sondern nur auf Rechtsfehlern bei der Bildung der Entscheidung beruhen, also auf Mängeln im Verfahren oder Fehlern in der Motivierung der Ablehnung (Bettermann, NJW 1960, 652). Ermessensmißbrauch liegt vor, wenn sachfremde oder pflichtwidrige Erwägungen angestellt (vgl. Klein, AöR 82, 91ff.) oder die rechtlich gezogenen inneren Schranken mißachtet werden (Wolff, a. a. O.) oder die Behörde ohne Vorliegen neuer Umstände von einer ständigen VerwÜbung im Einzelfall abweicht (Selbstbindung der Verwaltung), BVerwG 24. 4. 59 (NJW 1843); jedoch gibt es keinen Gleichheitsanspruch auf Wiederholung von Ermessensfehlern. In keinem Fall ist das Gericht befugt, sein eigenes Ermessen an die Stelle des Ermessens der Behörde zu setzen. Keine Ermessensausübung, sondern Rechtsanwendung und deshalb unbeschränkt nachprüfbar ist die Anwendung unbestimmter Rechtsbegriffe (vgl. § 27 FGG Anm. 4g). In Grenzfällen, die aber bei JustVerwAen kaum vorkommen werden, können auch unbestimmte Begriffe Raum für (kognitives) Verwaltungsermessen bieten (Beurteilungsspielraum, Vertretbarkeitsbereich)[1]).

Ergänzende Verfahrensvorschriften. Vorlegungspflicht. Armenrecht

29 **(2) Die Entscheidung des Oberlandesgerichts ist endgültig. Will ein Oberlandesgericht jedoch von einer auf Grund des § 23 ergangenen Entscheidung eines anderen Oberlandesgerichts oder des Bundesgerichtshofes abweichen, so legt es die Sache diesem vor. Der Bundesgerichtshof entscheidet an Stelle des Oberlandesgerichts.**

(2) Im übrigen sind auf das Verfahren vor dem Zivilsenat die Vorschriften des Reichsgesetzes über die Angelegenheiten der freiwilligen Gerichtsbarkeit über das Beschwerdeverfahren, auf das Verfahren vor dem Strafsenat die Vorschriften der Strafprozeßordnung über das Beschwerdeverfahren sinngemäß anzuwenden.

(3) Auf die Bewilligung des Armenrechts sind die Vorschriften der Zivilprozeßordnung entsprechend anzuwenden.

[1]) Aus dem umfangreichen Schrifttum zum Ermessen und unbestimmten Rechtsbegriff ist außer auf die Kommentare zu § 114 VwGO hinzuweisen auf Reuß, DVBl. 1953, 585, 649; 1959, 268; Bachof, JZ 1955, 97; Ule, Gedächtnisschrift für W. Jellinek, S. 309; R. Klein, AöR 82, 75; Jesch, AöR 82, 163; Ehmke, Ermessen und unbestimmter Rechtsbegriff im VerwR. 1960; Göppinger, Die Erledigung des Rechtsstreits, 1958. S. 171 ff.; Czermak, NJW 1961, 1905.

1. Die Entscheidung des OLG ist endgültig, d. h. mit Rechtsmitteln nicht anfechtbar. Es gibt mithin nur einen Rechtszug (vgl. dazu § 25 Anm. 1); der Bundesgerichtshof kann von den Beteiligten in keinem Falle angerufen werden. Ein gleichwohl eingelegtes Rechtsmittel kann das OLG selbst als unzulässig verwerfen, es sei denn, daß trotz Belehrung ausdrücklich Vorlegung an den BGH verlangt wird, KG 7. 1. 60 (WM 207). Von der Unanfechtbarkeit zu unterscheiden ist die Frage, ob das OLG selbst seine Entscheidung auf Gegenvorstellungen ändern kann. Das ist für Beschlüsse, durch die der Antrag als unzulässig verworfen wird, zu bejahen, wenn die Verwerfung auf Tatsachenirrtum, nicht wenn sie auf Rechtsirrtum beruht, dagegen für Sachentscheidungen zu verneinen, vgl. BGH 5. 6. 51 (NJW 771); § 18 Abs. 1 FGG ist nicht anwendbar. Eine Wiederaufnahme des Verfahrens ist, wie allgemein im FGG-Verfahren (§ 18 Anm. 14), nicht vorgesehen; § 153 VwGO gilt nicht.

2. **Vorlegungspflicht** (Abs. 1 Satz 2, 3). Zur Wahrung der Rechtseinheit wird dem OLG zur Pflicht gemacht, den Antrag (§ 23) dem Bundesgerichtshof zur Entscheidung vorzulegen. Voraussetzung dafür ist, daß das OLG bei seiner Entscheidung über den Antrag von einer Entscheidung eines anderen OLG oder des BGH abweichen will, die auf Grund des § 23 ergangen ist. Entscheidungen aus der Zeit vor dem 1. 4. 1960 kommen mithin nicht in Betracht. Auch Entscheidungen auf weitere Beschwerde nach § 28 Abs. 1 FGG oder, abweichend von § 28 Abs. 2 FGG, Urteile des BGH im Zivil- oder Strafprozeß begründen keine Vorlegungspflicht. Sowohl die Entscheidung des vorlegenden OLG als auch die des anderen OLG oder des BGH muß eine Entscheidung über einen Anfechtungsantrag oder einen Verpflichtungsantrag (§ 23 Anm. 5a, b) nach § 23 sein. Hierbei macht es keinen Unterschied, ob die Meinungsverschiedenheit die Entscheidung in der Sache oder die Zulässigkeit des Antrags (§ 28 Anm. 2) oder die Wiedereinsetzung in den vorigen Stand (§ 26 Anm. 3) betrifft (a. M. Baumbach[26] § 29 EG Anm. 2). Abweichung bei der Entscheidung über die Pflicht zur Kostentragung genügt; § 28 FGG Anm. 4; BGH 23. 10. 59 (31 92), nicht dagegen bei der Festsetzung des Geschäftswerts (§ 30 Abs. 3), BayOLG 12. 8. 60 (Z 345) oder im Kostenfestsetzungsverfahren (§ 30 Abs. 2). Die Vorlegungspflicht entfällt, wenn das andere OLG auf Anfrage erklärt, an seiner abweichenden Auffassung nicht festhalten zu wollen; § 28 FGG Anm. 6; Frankfurt 10. 4. 59 (Rpfleger 275); BGH 21. 6. 60 (NJW 1533 = JZ 644 = JR 349); Schröder, NJW 1959, 1520.

Die Vorlegung erfolgt durch begründeten Beschluß, der den Beteiligten bekanntzumachen ist. Über den Begriff der Abweichung und das Verfahren des BGH vgl. § 28 FGG Anm. 8—10. Der BGH entscheidet, wenn er die Vorlegung für zulässig erachtet, über den Antrag nach § 23 an Stelle des OLG und nach denselben Grundsätzen wie dieses, also als Tatsachengericht.

3. **Ergänzende Verfahrensvorschriften** (Abs. 2). Die Vorschriften des FGG über das Beschwerdeverfahren sind in Zivilsachen für das Verfahren vor dem Zivilsenat ergänzend heranzuziehen, soweit das Verfahren nicht durch die §§ 23 bis 28, 30 Abs. 2 EG abweichend geregelt ist; diese Vorschriften haben mithin den Vorrang vor den allgemeinen Vorschriften des FGG. Auch kann sich aus der Gleichartigkeit des Verfahrensgegenstandes die Notwendigkeit ergeben, beim Schweigen des Gesetzes allgemeine Rechtsgrundsätze des Verwaltungsgerichtsverfahrens heranzuziehen, insbesondere, soweit das Verfahren in den §§ 23 bis 28 dem VerwProzR nachgebildet ist (vgl. die Bem. zu §§ 23—28).

Nicht anwendbar sind wegen der in den §§ 23ff. EG enthaltenen Sonderregelung § 20 FGG über das Beschwerderecht (wegen § 24 Abs. 1 EG), § 21 FGG über die Form der Beschwerde (wegen § 26 Abs. 1 EG), § 22 über die Wiedereinsetzung (wegen § 26 Abs. 2—4), ferner §§ 26 bis 29 FGG (wegen § 29 Abs. 1 EG). Sinngemäß anwendbar sind daher:

a) **§ 23 FGG.** Der Antrag kann auf neue Tatsachen und Beweise gestützt werden. Das OLG entscheidet also als Tatsachengericht. Es kann den Sachverhalt auch in tatsächlicher Hinsicht selbständig würdigen, ohne jedoch in das Ermessen der Behörde einzugreifen (§ 28 Anm. 8), und darf auf Grund des Amtsermittlungsgrundsatzes (§ 12 FGG) von Amts wegen neue Tatsachen und Beweise in das Verfahren einführen, soweit sich nicht aus der Art des Verfahrensgegenstandes eine Beschränkung des Tatsachenstoffes ergibt (§ 28 Anm. 4, 7b).

b) **§ 24 FGG.** Der Antrag hat keine aufschiebende Wirkung (§ 24 Abs. 1 FGG); § 80 VwGO ist nicht anwendbar (Hornig, NdsRpfl. 1960, 54; Ule, VwGO, § 179 Anm. 8). Das OLG kann entsprechend § 24 Abs. 3 FGG die Vollziehung eines angefochtenen VA aussetzen oder eine einstweilige Anordnung erlassen (Hornig, Ule a. a. O.; a. M. Baumbach[26] § 29 EG Anm. 3).

c) **§ 25 FGG.** Die Entscheidung des OLG ist mit Gründen zu versehen.

d) **§ 30 Abs. 2 FGG.** Für das BGH gelten die §§ 136, 137 Abs. 1 GVG.

e) Entsprechend anwendbar müssen ferner außer den engeren Vorschriften über das Beschwerdeverfahren auch diejenigen Vorschriften des FGG sein, die für das Gericht des ersten Rechtszuges und für das Beschwerdegericht in gleicher Weise gelten, nämlich § 2 (Rechtshilfe), §§ 6, 7 (Ausschließung und Ablehnung der Gerichtspersonen), §§ 8, 9, 10 (Gerichtssprache, Beratung, Abstimmung, Sitzungspolizei, Gerichtsferien), § 12 (Amtsermittlungsgrundsatz), § 13 (Bevollmächtigte und Beistände), § 15 (Beweiserhebung), § 17 (Fristen), § 31 (Rechtskraftattest), § 34 (Akteneinsicht). Ein Zuständigkeitsstreit ist entsprechend § 5 FGG vom BGH zu entscheiden. § 13a FGG ist durch § 30 Abs. 2 EG, § 14 FGG durch § 29 Abs. 3 EG ersetzt.

f) Ein Vergleich ist entsprechend dem Grundsatz des § 106 VwGO für zulässig zu erachten, soweit der Verfahrensgegenstand der Verfügung der Beteiligten unterliegt. Das ist bei gesetzesgebundenen VAen nicht der Fall. Bei Ermessensentscheidungen ist ein Vergleich zulässig, soweit er sich im Rahmen der Ermessensfreiheit der Behörde hält. In demselben Rahmen sind Anerkenntnis und Verzicht möglich.

4. **Verfahrensbeteiligte** sind der Antragsteller und die Behörde, die den angefochtenen Verwaltungsakt erlassen oder den Erlaß des VA abgelehnt oder unterlassen hat. Die Behörde ist daher als Gegner hinzuzuziehen (Hornig, NdsRpfl. 1960, 54; a. M. Baumbach[26] § 23 EG Anm. 2). Die Behörde, die den ursprünglichen VA erlassen oder den beantragten VA unterlassen hat, kommt allein als Gegner auch dann in Betracht, wenn ein Beschwerdebescheid (§ 24 Abs. 2 EG) ergangen ist oder Verpflichtungsantrag wegen Nichtbescheidung einer Beschwerde nach § 27 Abs. 1 gestellt wird, also nicht die Beschwerdebehörde (Ule, VwGO, Bem. zu § 78 Abs. 3); das gilt auch dann, wenn die örtliche Zuständigkeit des OLG sich gemäß § 25 Abs. 1 Satz 2 EG nach dem Sitz der Beschwerdebehörde richtet. Nur wenn ein Beschwerdebescheid isoliert angefochten wird (§ 24 Anm. 2 Abs. 3), ist

Gegner die Beschwerdebehörde. Inwieweit sonstige Beteiligte hinzuzuziehen sind, richtet sich nach der Lage des Einzelfalles.

Für die Beteiligtenfähigkeit gelten die allgemeinen Grundsätze. Da Behörden im Verfahren der FG beteiligtenfähig sind (§ 6 Anm. 4 Abs. 2), ist Beteiligter die Behörde selbst, nicht der Bund oder das Land als Träger der Behörde; § 78 Abs. 1 Nr. 1 VwGO ist nicht anwendbar.

5. **Armenrecht.** Für die Bewilligung des Armenrechts gelten die Vorschriften der ZPO entsprechend (Abs. 3). Vgl. §§ 114 bis 127 ZPO (abgedruckt und erläutert im Kommentar Anl. II S. 597ff. und Nachtrag S. 706ff.). Für die Beiordnung eines Rechtsanwalts gilt, da kein Anwaltszwang besteht, § 116 ZPO (Kommentar S. 706).

Kosten

30 **(1) Für die Kosten des Verfahrens vor dem Oberlandesgericht gelten die Vorschriften der Kostenordnung entsprechend. Abweichend von § 130 der Kostenordnung wird jedoch ohne Begrenzung durch einen Höchstbetrag bei Zurückweisung das Doppelte der vollen Gebühr, bei Zurücknahme des Antrags eine volle Gebühr erhoben.**

(2) Das Oberlandesgericht kann nach billigem Ermessen bestimmen, daß die außergerichtlichen Kosten des Antragstellers, die zur zweckentsprechenden Rechtsverfolgung notwendig waren, ganz oder teilweise aus der Staatskasse zu erstatten sind. Die Vorschriften des § 91 Abs. 1 Satz 2 und der §§ 102 bis 107 der Zivilprozeßordnung gelten entsprechend. Die Entscheidung des Oberlandesgerichts kann nicht angefochten werden.

(3) Der Geschäftswert bestimmt sich nach § 30 der Kostenordnung. Er wird von dem Oberlandesgericht durch unanfechtbaren Beschluß festgesetzt.

1. **Gerichtskosten** (Abs. 1). Es gelten die Vorschriften der KostO, soweit nicht Abs. 1 eine abweichende Regelung trifft. Die Entgegennahme des Antrags zur Niederschrift (§ 26 Anm. 2 b, c) ist gebührenfrei (§ 129 KostO). Auch der Antrag als solcher löst keine Gebühr aus (§§ 1, 131 Abs. 4 Satz 3 KostO). Das Doppelte der vollen Gebühr (§ 32 KostO) wird erhoben bei Zurückweisung des Antrags, sei es als unzulässig oder als unbegründet. Bei Zurücknahme, bevor die Entscheidung i. S. des § 18 FGG Anm. 1 erlassen ist, entsteht eine volle Gebühr. Bei teilweiser Zurückweisung oder Zurücknahme gilt § 130 Abs. 4 KostO. Keine Gerichtsgebühren entstehen, wenn dem Antrage stattgegeben oder die Hauptsache für erledigt erklärt wird (Baumbach § 30 EG Anm. 1). Gebührenfreiheitsvorschriften, die für das Verwaltungsverfahren gelten (z. B. § 3 Abs. 2 EheAnerkG), gelten nicht für das gerichtliche Verfahren. Eines Ausspruchs über die Pflicht zur Tragung der Gerichtskosten oder über die Gebührenfreiheit bedarf es nicht, weil diese Folgen sich aus dem Gesetz ergeben (§ 20a FGG Anm. 2; Keidel, FGG[7] Vorb. 5a vor § 13a).

2. **Anwaltsgebühren.** Nach § 66a BRAGebO i. d. F. des § 182 VwGO gelten die Vorschriften des 3. Abschnitts der BRAGebO sinngemäß.

3. Geschäftswert. Er bestimmt sich nach § 30 KostO. Festsetzung durch Beschluß des OLG entweder in Verbindung mit der Entscheidung zur Hauptsache oder durch besonderen Beschluß. Der Beschluß ist unanfechtbar, kann aber vom OLG auf Gegenvorstellungen geändert werden.

4. Kostenerstattung (Abs. 2). Die Kostenerstattung wird durch Abs. 2 besonders geregelt; § 13a FGG ist mithin nicht anwendbar (§ 13a Abs. 3 FGG). Grundsätzlich trägt jeder Beteiligte, auch der Antragsteller, die ihm entstandenen Kosten selbst. Die Nichterstattung der Kosten der Beteiligten ist daher die Regel. Das OLG kann jedoch nach billigem Ermessen anordnen, daß die notwendigen außergerichtlichen Kosten des Antragstellers ganz oder teilweise aus der Staatskasse erstattet werden. Dazu genügt das bloße Unterliegen der Behörde abweichend von § 154 Abs. 1 VwGO nicht; die Auflegung der Kosten muß nach der besonderen Lage des Einzelfalls durch Billigkeitsgründe gerechtfertigt sein (vgl. § 13a FGG Anm. 3). Über die Bedeutung der teilweisen Bezugnahme auf § 91 ZPO vgl. die Bem. zu § 91 ZPO (Kommentar Anl. II S. 593). Zugunsten oder zu Lasten sonstiger etwa zum Verfahren hinzugezogener Beteiligter (§ 29 Anm. 4) kann eine Kostenerstattung nicht angeordnet werden.

5. § 102 ZPO über die Verurteilung von Beamten, Vertretern und Rechtsanwälten zur Tragung von Kosten gilt entsprechend. Vgl. die Erl. zu § 102 ZPO (Kommentar Anl. II S. 593).

6. Kostenfestsetzungsverfahren. §§ 103 bis 107 ZPO (Kommentar Anl. II S. 594ff.) gelten entsprechend. Die zu erstattenden Kosten setzt der UdG des OLG fest. Dagegen befristete Erinnerung nach § 104 Abs. 3 ZPO, bei Ablehnung aus verfahrensrechtlichen Gründen unbefristet nach § 576 ZPO an das OLG, dessen Entscheidung endgültig ist.

Sachverzeichnis

Anführungsweise: 53 (56b[6]) bedeutet Seite 53 § 56b Anm. 6

A

Anführungsweise: 53 (56b⁶) bedeutet Seite 53 § 56b Anm. 6

Kolibri 360 GmbH
Ferdinand-Jühlke-Straße 7
99095 Erfurt, Deutschland
produktsicherheit@kolibri360.de